宗教学入門

棚次正和・山中　弘　編著

ミネルヴァ書房

まえがき

二一世紀は、二〇世紀の遺産——正の遺産であれ負の遺産であれ——を継承した形で進行している。この新しい世紀をどのような時代として受け止めるかについては、われわれの多くはまだ暗中模索の段階にあるのが実情であろう。振り返れば、二〇世紀は、地球全域に激震が走った時代であった。特に最後の四半世紀は、エネルギー問題、環境破壊、生活様式の激変、貧富の格差増大、人口流動、人間性の尊厳の喪失、ガンやエイズの蔓延、民族紛争・宗教対立の激化、IT革命など、未曾有の現象とそれに随伴する諸問題が一挙に噴出した時代であった。

二〇世紀の顕著な特徴の一つは、特殊なものと普遍的なものとのせめぎ合いが地球規模で表面化したという点にある。例えば、民族主義や民族自決の原則の標榜、近代西欧起源の（あるいは近代西欧で再解釈された）諸概念——近代化、産業社会、デモクラシー、テクノロジー、経済システムなど——のグローバルな普及、特定の宗教や思想の原理主義・普遍主義の問題などである。実は、ある特殊が対立するのは他の特殊に対してのみであるから、特殊と普遍との対立は、擬似問題と見なされるべきものであるが、こうした特殊と普遍との見かけ上の相剋は、政治・経済・社会・教育・医療などの諸領域のみならず、それら文化現象の根幹をなすと思われる宗教現象においても顕著な仕方で現れている。思考や行動の規範、あるいは価値判断の基準が最終的に問われるのが、その根拠としての絶対者（究極的なもの）にかかわる「宗教」の領域である。二一世紀は、この特殊と普遍の問題の他に、さらにそこに唯一独自の「個」の問題が自覚的に結ばれる時代になると予想される。それゆえ、二〇世紀の遺産を継承して二一世紀に突入した現代の時代的位相を明確に認識することが重要であるとともに、価値基準や存在根拠が最終的に問われる宗教に関する学としての宗教学がもつ意義と課題を再確認することも不可欠な作業になると思われる。

以上のような認識と展望に立って、本書の企画が誕生した。既存の宗教学に対する理解や評価はまちまちであるが、従来の研究成果を着実に踏まえながら、なお二一世紀のこの学問の方向性をも意識した、かなり欲張った企画になっている。本書の構成は、次の通りである。まず序章において現代人と宗教のかかわりについて問いかけ、第一章で世界の諸宗教のなかから主要な宗教を取り上げて、神話・教義や儀礼・実践、その歴史と現状などを概説する。第二章で宗教学の歴史と研究領域・方法の問題について要点を整理した後、第三章と第四章では「体験」の観点と「社会」の観点からそれぞれ重要と思われるキーワードの解説を試み、そして最後に宗教学を学ぶための基本文献を解題し、現代の宗教研究の成果と宗教資料の調べ方を紹介をする。

あえて「体験」と「社会」に着眼したのは、共編者がそれぞれ学問的に立脚している視座にもかかわっているが、それ以外にも理由がある。そもそも、宗教現象というものは、内面と外面、主観と客観、個人と社会、価値と事実など、相互に対極的な視座からの分析を交差させ、その交差が生み出す複眼的な風景から接近していくというのも、有効な方法であると考えられるからである。本書を企画・立案した際に、共編者が思い浮かべた基本イメージは「十字路」であった。そこには、少なくとも二重の意味がこめられている。一つは、共編者自身の立脚点――「体験」の視点と「社会」の視点――を交差させているということ、いま一つは、現代の宗教学の認識枠組みが急速にグローバル化する一方で、部族や民族に固有の価値を再評価する気運があり、そこには正に普遍と特殊が交差した様相が窺えるということである。しかも、この二極分化の学問動向は、和魂洋才・和洋折衷の日本において実に日本的な仕方で現れていると言える。したがって、この「十字路」のイメージには、地理的に洋の東西が出会う場所が象徴されているとともに、起源や歴史を異にする複数の宗教学が出会う場所も象徴されているのである。こうした「十字路」に立つ時、いったいどのような精神的風景が眼前に広がるのであろうか。われわれの役目は、ひとまず読者をその十字路へと案内することである。

筑波大学の宗教学関係の現有スタッフを中心にして宗教学のテキストを作成するのは、実は今回が初めての試みである。本書は初学者用のテキストとして編纂されているが、専門の研究者にも有益な視点が提供できるよう工夫されている。カバー絵は、著名な絵本作家の葉祥明先生にお願いした。その紺碧の見事なカバー絵に映えて、われわれが描き出す宗教把握の輪郭線が、先達の諸先生方の深い洞察と豊かな見識が反映された独特の風光として浮かび上がることを願っている。

二〇〇四年一月

棚次正和

宗教学入門

目次

第四章　宗教現象を読み解く（Ⅱ）……187
――「社会」の視点から――

装幀　戸田ツトム

序章

現代人と宗教

第一節　現代日本人の宗教意識

私たちは、好むと好まざるとにかかわらず、一九九五年のオウム真理教事件、そして、二〇〇一年三月のタリバンによるバーミヤンの大仏の破壊、同年九月一一日に発生したアメリカ同時多発テロの後の時代に生きている。宗教という言葉で連想されるものは、かぎりなく狂信に近いものになってしまった。そして、身近の宗教団体ですら、金もうけに走っていて怖いしうさんくさいものと映るようになっている（「宗教観本社全国世論調査」『読売新聞』二〇〇〇年三月二日付朝刊）。

実際、各種の統計によると、日本人のなかで自覚的に特定の信仰をもっていると答えた人はおよそ二〇〜三〇％にすぎない。大学生に限定した調査になると、その数字はさらに下がり、わずか数％ということになる。宗教行動を見ても、祈り、読経、坐禅、瞑想、などの自覚的な宗教行動を行なっている人々は数％にとどまっている。むしろ、何らかの信仰をもっていると公言したりすれば、人々から警戒されることさえある。もちろん、現代社会において、宗教のイメージ形成に最も大きく関与しているのは新聞やテレビなどのマスメディアであることが指摘されており、彼らの興味半分の報道がその警戒心に拍車をかけていることは注意しなければならない。

しかしながら、宗教は同時に私たちの年中行事のなかに深く浸透している。墓参りや初詣に行く人々の割合は現在でも五〇〜七〇％前後の数字が報告され、神仏にすがりたいと思った人々も五〇％を超えるという。これらの数字を見る限り、日本人のライフスタイルに宗教がしみこんでいると考えてまちがいはない。ただ、こうした行動は必ずしも宗教的なものとして自覚されているわけではなく、第三者などに指摘されてはじめてそれが宗教的行動だと気がつく場合が多いのが実態だろう。いずれにしても、日本では、墓参などの習俗化している宗教的行動と信仰との間にはかなり大きな隔たりがあるわけである。

さらに、日本人の宗教状況の特異性を示す資料としてよく引き合いに出されるのが、各宗教からの信徒数の申告を集計した日本人の宗教所属人口である。各宗教の信徒合計が日本の人口の一・七倍近くにもなるからである。自覚的に信仰をもっている人々が二〇〜三〇％しかいないのに対して、宗教人口が実人口の二倍弱もあるわけである（巻末統計表参照）。一見不可解なこうした数字からいろいろなことが読み取れるが、少なくともこの信徒合計は、キリスト教などの一部の宗教を除いて、日本の宗教の多数派である仏教と神道の側が、信仰の有無よりも氏子や檀家といった伝統的な信徒カテゴリーに基づいて信徒を数えていることを示している。しかし、このことは、これらの宗教が人々の信仰心に無関心であることを必ずしも意味しない。むしろ、そこには日本の宗教と政治とをめぐる複雑な歴史的経緯が存在しているといってよい。

政治権力による宗教の統制を最も象徴し、現在の日本人の宗教生活のあり方を規定することになったものが、近世における寺請制度（寺檀制度）（一六六四年）と明治初年の神仏分離（判然）令（一八六八年）であろう。前者は隠れキリシタンを摘発することを目的として考案され、住人の所属宗派を確認するために宗門改めを行ない、定期的に住人の檀那寺を確認して宗門人別帳を作成した。この制度によって、だれしも地元の檀那寺の檀家に所属するようになったのである。後者は明治政府が政治と宗教の一致（祭政一致）を理念にして、神道を国家の宗教の地位に押し上げるために行なったものである。神道と仏教が習合しつつ共存していた宗教状況は終わりを告げ、地域によっては激しい廃仏毀釈に見舞われた。多くの僧侶が還俗《げんぞく》を余儀なくされ、仏教でも神道でもない修験道は廃止された。伊勢神宮を頂点として各地の神社の社格が決められ、明治末までには一村に一社となるように神社が整理統合され、六万社以上の神社が破壊されたという。ある村の住民はその村に唯一の神社の氏子と見なされるようになった。

これらの歴史的背景のもとで、日本人は信仰の有無にかかわらず、先祖の墓のある寺の檀家であるとともに、居住地の神社の氏子としてカウントされることになった。日本人の宗教性は、血縁原理を担う仏教と地縁原理を担う神道の両者によって包括されることになったのである。こうして、日本人の大半は、自分たちほど世俗的で無宗教な人間はいないと思いながら、仏教と神道その他が入り交じった年中行事のなかで日々生活しているわけである。

しかし、グローバル化の進展のなかで、終身雇用や年功序列など、戦後の日本人の精神構造を支えてきた「守ってくれる社会（会社）」というイメージは明らかに大きく揺らいでいる。国家のために命を捧げた戦前の多くの日本人も、会社のために全身全霊を尽くして働いた企業戦士たちも、彼らの無私の奉仕に対する「社会」の庇護を疑わなかった。しかし、過酷な国際的競争にさらされて、国家も会社も、自己責任の名のもとに個人を守る余力を失っている。世界で最も長寿を誇る日本人は、彼らに残された人生を謳歌するよりも、健康保険の自己負担の増大や厚生年金の給付年齢の引き上げなどによって、「老い」、「病」、そして「死」の問題をこれまで以上に切実に見つめなければならないのだ。宗教はかつて人間の生と死に対して究極的な意味づけを与える機能を果たしてきたといわれる。戦後の日本人が宗教に無関心のままでいわばこれらの実存的問題を何とかやり過ごすことができたのは、「家族」「会社」「国家」などの「社会」が、宗教に代わって彼らの人生に意味づけを与えてくれる機能を果たしていたとみることもできる。それが揺らいでいるのである。

「社会」のこうした機能が衰退するなかで、日本の伝統的宗教が「老い」や「病」に対して今日の日本人を納得させる説明ができないとすれば、これらに代わって、新しい様々な宗教か、あるいはかつて宗教とは呼ばれなかった様々なものが人々のこうした欲求に応えることになるかもしれない。「構造改革」と呼ばれる経済領域を中心とした大きな変動が、日本の宗教の領域においても大きな変化をもたらすという事態は十分に予想されることなのである。

第二節　現代世界と宗教

宗教をうさんくさいもの、できれば近づきたくないものと考え、宗教とは無関係に生きていると思っている大部分の日本人の気持ちとは裏腹に、世界に目を転じると、世界各地で宗教をめぐって紛争が起きていることがわかる。特に、一九八九年のベルリンの壁崩壊に象徴される東西の冷戦状態が事実上終結した後で、各地で民族紛争が起こったが、その背後には宗教対立が少なからず垣間見えていた。パレスチナの人々とイスラエル政府との間の際限のない報復の応酬、平和が訪れたかにみえた北アイルランドにおけるプロテスタントとカトリックとの対立の再燃、さらにインド北部のアヨーディアにあるモスクをめぐるヒンドゥー原理主義者とムスリムとの激しい緊張など、それらはいずれも暴力を伴っていつ終わるともなく続いている。さらにまた、二〇〇一年九月一一日にオサマ・ビン・ラディン率いるアルカイーダによるアメリカ同時多発テロをきっかけとして、アメリカ対イスラム原理主義という対立構図が鮮明になり、その構図がイラクをはじめ世界の至るところで暗い影を落とし始めている。

もちろん、世界全体がこうした宗教的相違をめぐる地域紛争一色に塗りつぶされているわけではない。紛争とは直接にかかわりのない人々の日常生活があり、様々な宗教が人々の心をつかみ、その生活を彩っている。そこには昔から変わらない人々の神々への敬虔な祈りがあるとともに、近年、目立ってきた種々の変化も存在している。キリスト教、イスラーム、ヒンドゥー教などにおいて、宗教の教えを字義通りにかたくなに実践しようとする人々が増加してきており、アメリカではある程度の政治的影響力を確保している。また、ヨーロッパではカトリックを含めた制度化されたキリスト教の伝統的諸教会はその信者を失っているが、それに代わって、福音派やペンテコステ派などの熱狂的でアグレッシブなプロテスタントが人々をひきつけており、特にブラジルなどの南米での勢いは目を見張るものがある。さらに、先進工業社会を中心にして、既存の宗教の枠組みを越えて、新たなスピリチュアリティを探求しようとする人々も存在する。これらはニューエイジや新霊性運動と呼ばれ、自己変容や霊性的覚醒の体験による自己実現などを求めている。このような流れは、伝統的な意味での宗教の枠組みを越えて、東洋医学、気功、瞑想、アロマセラピーなど、様々な領域に拡散している。

また、グローバル化の進展は、かつて国別に固定していた感のあった宗教地図にも微妙な変化を与えている。多くの移民たちが豊かな生活を求めてヨーロッパなどの先進諸国に移動し、彼らが集中する都市部を中心にイスラームのモスクやヒンドゥー寺院が目立つようになっている。しかし、その急激な増加は、フランスの公立学校でのムスリマのスカーフ着用をめぐる対立に象徴されるように、その地域の政治・宗教伝統との間に摩擦を引き起こしている。そこで問題となっているものは、いわば西欧的価値に由来する平等の普遍性を盾にして、キリスト教とは異なって「聖」と「俗」とを区別しない、イスラーム的宗教観念に基づく行為の正当性を主張するというものであり、単に外来の宗教が地元の文化伝統と摩擦を起こしたという単純な問題ではないのである。

さらに、サイエントロジーや統一教会などの新しい宗教が次々に進出し、課税や洗脳などをめぐって訴訟などが頻繁に起きている。こうした裁判では、彼らの活動が宗教的か否かが大きな論争点となり、その判断が世俗的な裁判所に委ねられるということになっているのである。

以上のように、世界に存在する諸宗教は、急速に変わりつつある現代社会のなかで様々な形で自己を表現しながら変容を遂げている。現代国家もまた、一部の宗教の活動は社会秩序や国民の生命にとっても危険なものであると見なし、その活動に目を光らせている。さらに、移民や新宗教の布教のように、こうした国家の枠にとらわれない宗教の動きも加速しているわけである。もちろん、これらの動向は、宗教によっても地域によっても異なっている。しかし、変わっているのは宗教の社会的形態にすぎないという見方もあろう。それぞれの宗教において、次々に変化する時代の装いとは裏腹に、人々と聖なるものとの出会いと交流は過去から現在まで一貫して変わるところがないとみえるかもしれない。宗教をめぐって考えるべき事柄は限りなく存在する。諸宗教を知り、それらを理解・分析するための学問である「宗教学」の旅を始めてみることにしよう。

（山中　弘・渡辺　学）

コラム

I　宗教概念をめぐって

「宗教とは何か」、この問いは、改めて言うまでもなく、宗教学という学問が成立して以来、一貫して問われてきたものである。しかし、その前に、そもそもその問いが向けられている「宗教」という概念をそれほど自明な前提にしていいのか、ひょっとしたらこの概念自体が宗教学者たちの「創作」にすぎないのではないか。

こうしたことが問われる理由としていくつかのことが考えられる。その一つは、宗教があまりにも多様になり、宗教とそれ以外の領域を区別する境界がますます曖昧になってしまったことがある。新しい宗教団体の行なう活動が宗教的行為なのか、それとも宗教を騙った経済的な詐欺行為なのか、こうした議論が新聞紙上を賑わしたことは記憶に新しい。学問の領域における大きな変化も、宗教概念の再検討を促している。この話を簡単にまとめることは難しいが、その一つとして、宗教学を含めた異文化を対象とする西欧の知の体系の根本には西欧の植民地支配の問題が横たわっているという認識が次第に共有されるようになったということがあろう。それが支配と権力の問題にかかわってきた以上、そこから生まれてきた知の体系は自分たちの尺度を普遍的なものとし、非西欧世界の側も、その尺度にあわせて自らの宗教世界を見直すことを余儀なくされた。その眼差しのなかで、インドではヒンドゥー教という宗教概念が「発明」されたともいわれている。欧米の砲艦外交によって鎖国を解いた日本の場合も、江戸時代には宗教などという言葉ではなく「宗旨」や「宗門」が一般に使われていたのである。それが明治初年になってキリスト教の取り扱いや欧米との外交上の問題をめぐって宗教という言葉が使われ始め、それがいつしか自明なものになった。同時に、新政府によって神と仏が分離され、それらが近代的な宗教という装いをまとっていく。近代化に伴う宗教世界の大きな変化が外側から急激にもたらされたとすれば、この新しい動きと伝統的な宗教意識との間にずれが生じたのも無理もない。日本人の宗教性がどうもうまくつかめないといわれるのも、宗教という概念のこの素性にも関係しているかもしれない。

（山中　弘）

第一章　世界の諸宗教

第一節　古代の宗教

この節では、古代文明の諸宗教のうち、メソポタミア、エジプト、ギリシア・ローマの三地域の宗教を扱う。これらの宗教のほとんどはその文明の崩壊とともに失われたが、今日なお存続するユダヤ教やキリスト教はこれらの宗教の影響なしには考えられない。

◉ 古代メソポタミアの宗教

古代メソポタミア（両河地域）文明は、麦の潅漑農業と羊や山羊の飼育を基盤として発展した。紀元前四〇〇〇年紀末頃に北方または東方の山岳地域からこの地に移り住んだ出自不明のシュメール人は、この地に多くの都市国家を建設したが、セム系のアッカド人に次第に吸収され、紀元前二三三〇年頃にはセム系最初の帝国が立てられた。その後もバビロニアやアッシリアなど多くの帝国が生まれたが、アレキサンダー大王の東方遠征などによって紀元前三世紀に終焉を迎えた。粘土板に刻まれた楔形文字や円筒印章などが、様々な神話や儀礼を今日に伝えている。

各都市国家の中心には神殿と聖塔（ジッグラト）がおかれ、大祭司を兼ねた王（祭司王）が支配していた。神殿には各都市の守護神が祭られ、神を讃える儀礼や供物の奉納が行なわれた。他方、災いを祓う浄めの儀礼や神の意図を知るための卜占も広く行なわれた。シュメール人の天地創造神話によると、初め互いに一つの塊として合体していた天神アンと地神キが、息子の大気の神エンリルによって引き離された。エンリルは、地神とともに世界の諸物の土台を創り、創造主、主神となる。この神話はアッカド人にも受け継がれ、バビロニアの創造神話『エヌマ・エリシュ（高きにいますときに）』では、天地の材料となる塊は原初の荒れ狂う海水または大蛇の母神ティアマートとされ、このティアマートから世界を創造する主神はバビロンの守護神マルドゥクとなる。『エヌマ・エリシュ』は、原初への退却を欲する混沌の神々（ティアマートら）と世界の創造を欲する若い秩序の神々（マルドゥクら）との壮大な闘争劇として描かれている。

バビロニアの創造神話は、その最大の行事である新年祭においてきわめて重要な役割を果たした。祭の最初の四日間、王は「山の中」つまり冥界に幽閉される（王の死）。五日目、王を迎えるに先立って、悪魔・罪・不幸などの祓除を担う祓魔師によって浄めの儀式が行なわれる。祓魔師は、マルドゥクの神殿とマルドゥクの息子ナブ神の社をユーフラテス河の水で浄めた後、太刀持ちに羊一頭の首を切らせ、その死骸をナブ神の社に擦り付けて神殿の穢れをすべて羊に移転させてユーフラテス河に投げ捨てる。一切の浄めの完了後、ようやく大祭司と王の登場となる。大祭司は王から王冠などの王権の象徴物を剥奪し、王の頬を叩いて平伏させたうえで、王に王としての任務に忠実だった旨の弁明をさせる。これがマルドゥクによって受理されると、王は再びすべての王の象徴物を戻されて王位に復し、ここに王権の更新が完了する（王の再生）。その後の聖婚儀礼や大宴会の後、アキートゥ神殿に向けて大行列が催され、そこで『エヌマ・エリシュ』が実際に演じられたと考えられている。最後に神々によって新年の「運命」が決定される。この祭は、旧年がその穢れとともに葬られることで世界が原初の混沌へと退行し、神々の新たな闘争的創造行為によって世界が再度創造されるという死と再生のドラマとして解釈できる。

麦作農業を基盤とするこの文明は数多くの豊穣神話を残している。なかでも、豊穣の女神イナンナ（アッカド名はイシュタル）とその配偶神ドゥムジ（同じくタンムズ）の聖婚儀礼の神話が有名である。聖婚儀礼とは豊穣の女神と都市国家の王との儀礼的婚姻、つまり生殖行為を神聖視する儀礼である。その宗教的意味については、①女神との関係を通じて王が代表するその国家全体が豊穣の力を受け取る、②王が女神を通じて王権を神々より授かる、③女神との関係を通じて王自身が神になるなど、いくつかの解釈がある。

「イナンナの冥界下り」という神話では、イナンナは武装して冥界に下るが、冥界の女神にすべてを剥ぎ取られて死者となり、父エンキの助けで一命を取り留める。身代わりを要求されたイナンナは、夫ドゥムジをその姉とともに冥界に差し出した。イナンナの冥界での失態はおそらく死の克服の失敗を意味している。ドゥムジの冥界行きはイナンナの不在によって中断した地上の聖婚と繁殖を復活させるための自己犠牲と解釈され、その死を悼む儀礼が各地で行なわれた。これはユダヤ教とキリスト教の聖典である旧約聖書では、タンムズ崇拝として批判されている。また、シリアのアドニスとアシュタルテ、ギリシアのアドニスとアフロディテなどは、このカップルが起源とされる。

彼らの死生観はバビロニアの英雄神話『ギルガメシュ叙事詩』の中に見ることができる。主人公ギルガメシュは三分の一が人間で三分の二が神のウルクの王である。彼はその力を持て余した暴君だったが、温厚な森の人エンキドゥとの出会いによって、人間を拒む糸杉の森の怪物フワワ退治にその力を向けるようになる。しかし森の主人イシュタルからの聖婚儀礼への誘いを拒否して女神の怒りに触れ、その報復として親友エンキドゥを失った彼は、初めて死への恐れを抱き、永遠の命を求める旅に出る。しかし永遠の命は獲得できず、結局彼は死すべき人間として、生きている間を存分に生き、家族やウルクの民のために生きることを学ぶ。エジプトとは対照的に、メソポタミアの王は原則的に神格化されず、死後の世界は暗黒の世界としてきわめて否定的にとらえられ、死後の永世、死後の救済という観念もなかったのである。この二人の勇者は神の領域（森）と人間の領域（都市）を行き来して人間の何たるかを教える典型的な英雄として描かれている。

この叙事詩にはウトナピシュティムを主人公とする洪水神話が挿入されている。この原型もシュメール時代に遡る。これは実際にたびたび人々を苦しめていたチグリス・ユーフラテス河の大洪水がモデルと考えられる。洪水神話は、世界を混沌の原初へと引き戻し再度世界を創造し直す神話として、創造神話の一種に分類されることがある。メソポタミアの洪水神話は、後の旧約聖書のノアの箱舟の物語などの原型となった。

◉ エジプトの宗教

古代エジプトは、おびただしい数の神々をもっていた。それらの多くは動物や天体などを神格化した町の守護神だが、動物信仰そのものは早くに失われた。メソポタミアほど都市国家が発達しなかったエジプトでは、圧倒的に有力な王家や都の神々が地方の神々を吸収し、多くの場合、征服される神々の特徴や名前は征服した神々の属性として保持された。エジプトの象形文字である聖刻文字（ヒエログリフ）は、紀元前四〇〇〇年頃のシュメール文明との接触によって文字が伝えられて開発された可能性が指摘されている。

エジプトは、ナイルの賜物として、定期的に氾濫するナイル河がもたらす豊かな実りに支えられて発展し、紀元前三〇〇〇年頃、上下（ナイルの上流域と下流のデルタ地域）エジプトが初めて統一されて初王国が興こった。ピラミッドが多く作られた古王国期には最初の神話の体系化が起こり、最も重要な神である太陽神ラアが確立し、その後の神学を決定づけた。エジプトでは最初のものこそ最も尊いものとされ、変化や変更が好まれなかったのである。他国からの攻撃を阻止する砂漠の存在で王権が比較的安定していたことや、ナイル河の氾濫の規則的な反復などがこれと関係していると思われる。アレキサンダー大王の遠征以降はギリシアやローマの支配下に入り、クレオパトラの死と共に王国は終焉した。

最初の体系化であるヘリオポリスの神学によると、宇宙は初めヌンと呼ばれる原初の海だったが、そこで最初の存在者アトゥムが自らの意思で自らを創造した。それは氾濫したナイル河に最初に出現した「原初の丘」としてエジプトの始まりとみなされ、また暗黒に差した最初の光として太陽神ラアと同一視された。そこから大気の神シュウや大地の神ゲブ、天空の女神ヌトなどが生まれ、一塊だった天と地をシュウが引き離して世界の舞台が形作られた。その後にオシリス、イシス、セト、ネフティスが生まれる。この四神はファラオ（エジプトでは王をこう呼ぶ）と同一視される隼《はやぶさ》神ホルスに直接連なる神々であり、王権の神聖性を保障する神話を構成している。デルタ地域の穀物神オシリスは、上流

図1-1　オシリスの復活

出典：『図説 世界の宗教大事典』ぎょうせい，1991年，69頁。

の砂漠地域の神セトの執拗な攻撃によって二度も死に至ったが、妻イシスの呪力によって甦り、最後は息子ホルスに地上の支配を譲って自らは冥界に下り、地下から地上の王国の繁栄を保障する「死せるファラオ」となる。

太陽神ラアは最初の神であり本来親をもたないが、東から西への太陽の運行との結びつきから、朝に天空の女神ヌトの腿の間から生まれ、夕にヌトの口から呑み込まれる。東の空で生まれたラアは、丸い糞を後足で転がす習性をもつスカラベ（タマオシコガネ）の姿と同一視され、昼間天を移動するラアは天翔る隼神ホルスと同一視され、夜に死者の国を船で旅するラアはオシリスと同一視された。つまり、ラアとオシリスとホルス、そしてホルスと同一視されるファラオは同じものとされ、ラアが毎日死と再生を繰り返して永遠に生き続けるのと同様に、ファラオもまた同様に永遠に生き続けると考えられた。王の即位式や即位後三〇年目から三年ごとに行なわれたセド祭（王位更新祭）では、衰退した王のエネルギーの再生が計られたと考えられる。

死と再生の観念は、王権そのものの弱体化に伴い、ラアやファラオだけでなく一般の人間にも適応されるようになる。ピラミッド内の壁や棺、また埋葬時に死者に添えられた冥界への案内書「死者の書」などに書かれた葬送儀礼やオシリスの死者に対する審判の神話によれば、人々はまず死者と墓所の守護神であるアヌビスの保護の下で死者の亡骸をミイラ化し、これに「開口の儀式」を施して死者に再度生気を与え、供物などを食すことができるようにする。その後死者はナイル河の西岸に埋葬されて冥界に入り、「死者の書」に書かれた呪文と護符の助けによって数々の困難を潜り抜け、アヌビスとホルスに付き添われて審判の間に入る。地上の各州の代表に対する弁明の後、知徳の保護者で書記の神トトが司る秤の一方に死者の心臓を、他方に正義の女神マアトの象徴である羽毛を置いて最終審判を行なう。ちょうど釣り合えば死者は正しき者と認められて、ホルスに導かれてオシリスの間に入り、オシリスより冥界での永世と家と財産を得る。釣り合わなければ、冥界にふさわしくないものとして傍らに控える怪物に食われ、二度目の決定的な死に至るとされる。

砂漠で自然ミイラ化した遺体を見ていたであろう人々は、太陽が毎朝東の空に再生するように、またナイル河の氾濫の後に再び新しい芽吹きがあるように、人間もまた死後その身体を伴ったまま再生し、死んで蘇ったオシリスとともに死後の生を生き続けられると考えた。穀物豊穣の守護神オシリスの死と再生は人々の生きる希望となった。彼らは死後の審判に備えて道徳的に生きることを重要と考えたが、それ以上に、ミイラ化の処置を完全に行なって自らをオシリスと同一化することをより重要視したようである。オシリスとイシスへの信仰は王国滅亡の後も続き、オシリスの死と再生にかかわる秘儀は古代ローマ帝国で大変流行した。

◉ ギリシア・ローマの宗教

ギリシア文明は、先行するオリエントやエジプトとの交流を契機に始まる。クレタ島のミノア文明は前二〇〇〇年頃、ギリシア本土のミュケナイ文明も前一六世紀頃である。ミノア文明は前一四世紀頃崩壊するが、印欧語族のミュケナイ人（アカイア人）が彼らの文化と神々を受け継いだ。ミュケナイ文明は前一二〇〇年頃崩壊し、その後前八世紀頃まで続く暗黒時代の末期にギリシア特有の国家形態であるポリスが生まれる。ポリスの中心には神殿があって、都市国家の守護神が祭られた。山が多く果樹栽培や漁撈、採石程度の産業しかなかったポリスは、耕地を求めて地中海沿岸の諸地域に植民都市を築いたが、それらは同時に他国との貿易の拠点となり、本国に大きな富をもたらした。ホメロスの叙事詩は、多くの植民都市が置かれた小アジアのイオニアで生まれた。

ポリスは互いの抗争の末、紀元前四世紀にマケドニアのアレキサンダー大王の支配下に入り、オリエント、エジプトを含む広い地域が政治的、文化的にギリシア化されるヘレニズム時代が始まる。この時代には、従来の諸文明の融合が起こった。そのなかで、かつては一都市国家にすぎなかったローマがしだいに台頭し、紀元前三〇年にエジプトのプトレマイオス朝を滅ぼして地中海全体の支配を完成させると、古代ローマ帝国が誕生した。しかし三世紀には帝国も次第に衰退・変容し、四七六年の西ローマ帝国滅亡と相前後して、地中海世界の古典古代時代もついに終焉を迎えることとなる。

ギリシアの宗教は、吟遊詩人らによって語り継がれたホメロスの叙事詩『イリアス』『オデュッセイア』、ヘシオドスの『神統記』『仕事と日々』、ギリシア悲劇などに語られている。ゼウスは印欧語族の先遣隊としてこの地に侵入したアカイア人（ギリシア人）がもち込んだ神であり、天空、雷鳴、嵐の神にして最高神である。ゼウスはギリシア先住の地母神や動物神、オリエントの豊穣神などの儀礼と神話を自らの下に取り込んで融合していった。クレタの密儀宗教の神ゼウス・イダイオス、鎮魂祭の神ゼウス・メイリキオスなどはゼウスの名を冠しているが、本来前ギリシア的祭儀の神であり、ホメロスの叙事詩のなかでゼウスが家族関係を結ぶヘラ、アテナ、アルテミス、デメテル、アフロディテなどの女神も本来は土着神、またはオリエントに起源をもつ。ヘラはゼウスの妹で妻であり、クノッソスにおけるゼウスの聖婚の相手として、豊穣、出産、結婚を司る。本来はペロポネソス半島東北部のアルゴリス地方の主神だった。アテナはゼウスの頭から武装して生まれたアテナイの守護神だが、その起源はミノアの家を守る女神とされる。それが好戦的なギリシア人に取り込まれることによって、戦士や英雄の守護神になった。アテナはまた機織や馬術などの技術や職人の守護神でもあった。

アルテミスは、クレタ島やミュケナイでは「野獣の女主人」と呼ばれる狩猟女神で、動物の仔を守る神であることから、出産、子育ての神として崇められたが、結婚とは無縁で、処女神とされた。崇拝の中心地、小アジアのイオニアのエフェソスには多数の乳房を胸に付けたアルテミス像があるが、近年その乳房は狩人たちが女神に奉納した獲物の睾丸であるという説が出され、アナトリアの他の豊穣神との関連が指摘されている。

デメテルは穀物神であり、冥界の神ハデスの妻になった娘コレとともにエレウシスの秘儀やアテネのテスモポリア祭などの豊穣祭で祭られた。ゼウスは娘に一年の三分の一を冥界で過ごし、残りは地上の母とともに過ごすことを許す。娘は母の豊穣性を受け継いだ種子を表し、娘の地上への帰還を祝うこれらの秘儀は、娘の再生と繁殖の再開を意味した。この秘儀には奇妙な仔豚の犠牲や性的なシンボルなど、前ギリシア的要素が豊富である。

ヘシオドスの『神統記』は地上の王権の推移を天上に移した天上王権神話の性格をもつ。ギリシアには対応する強力な王権は存在しないので、バビロニアの『エヌマ・エリシュ』に代表されるオリエント系のそれが伝わった可能性が指摘されている。小アジアのヒッタイト帝国に伝わるフリ人の神話「クマルビの神話」と「ウルリクンミの歌」の主人公クマルビとヘシオドスのクロノスとの共通性は、両者の間接的影響関係を予想させる。

ホメロスの叙事詩のなかでは、本土の儀礼を失った植民都市の人々に神々をよりリアルに示すために擬人化という方法がとられたが、その結果、神々の世界が人間的判断や倫理観から批判可能なものになり、人間と神々の関係から呪術的要素が失われた。これに対し、本来の生々しい宗教的情念は前ギリシア的儀礼やディオニュソスの狂乱的儀礼（オルギー祭）に向けられた。

他方、自然物はすでにある視覚的形態の制約のために擬人化は成功せず、そこから自然哲学が芽生えた。また、ホメロスの神々に対する人々の不信感は、人々に何が真理であるかを自ら考えさせることとなり、それがギリシア哲学の始まりとなった。それらは抽象的概念や論理的言語を発達させ、その後の諸文化に多大な影響を与えた。

ヘレニズム時代になると、古代文明崩壊に伴う文化的基盤と共同体の喪失のなかで、人々は拠り所のない世界に投げ出された不安から個の救済を求めるようになる。他方で、儀礼や共同体といった具体的形態を失った古代の諸宗教は神学的抽象化が進み、善と悪、生と死などのラディカルな二元論的思想や唯一神的概念を発達させた。ヘレニズム社会の共通語となったギリシア語の抽象的・論理的言語表現力によって、抽象化・思想化が進んだ諸宗教の伝播と融合が促進され、そこから終末論的傾向と救済論を特徴とする新しい宗教運動が生まれた。オシリス信仰の密儀宗教化、ユダヤ教の唯一神教化、ゾロアスター教の善悪二元論、グノーシス的諸派、そしてローマ時代にはユダヤ人イエスを中心とする宗教運動も起こる。

ローマ人は印欧語族に属するが、彼らの神々のうち、ユピテル、マルス、クィリヌスの三神は他の印欧語族にも共通する三機能神（祭司と法、戦士、豊穣と富）に対応しているとするジョルジュ・デュメジルの説がある。この三機能神はローマ建国神話のなかに組み込まれる形で、その名残を留めているという。ローマは早い時期からエトルリア人やギリシア人の強い影響を受け、ギリシアの神々をそのままローマの神々として受け入れてゼウスとユピテル、アレスとマルスなど、ことごとく同一視した。しかし彼らの本来の宗教性は、家庭、部族、法律などに対する忠誠心や敬虔さといった社会的・実際的側面を重視したものだった。彼らがより個人的な救済の宗教を知るのは、オシリス崇拝などの東方密儀宗教やミトラス教、キリスト教などがローマに入ってからのことになる。

参考文献

J・ボテロ著、松島英子訳『最古の宗教　古代メソポタミア』法政大学出版局、二〇〇一年。

月本昭男訳『ギルガメシュ叙事詩』岩波書店、一九九六年。

S・ロッシーニ／R・シュマン゠アンテルム著、矢島文夫・吉田春美訳『図説　エジプトの神々事典』河出書房新社、一九九七年。

M・P・ニルソン著、小山宙丸・丸野稔・兼利琢也訳『ギリシャ宗教史』創文社、一九九二年。

W・ブルケルト著、橋本隆夫訳『ギリシャの神話と儀礼』リブロポート、一九八五年。
M・エリアーデ著、荒木美智雄・島田裕巳ほか訳『世界宗教史Ⅰ・Ⅱ』筑摩書房、一九九一年。

（山中利美）

第二節　ユダヤ教

◉ ユダヤ人の教えと歴史

あるひとつの集団が、存亡にかかわる歴史的体験を通して、超越的存在との特別な関係を構築し一つの強固な宗教的民族的共同体を形成することがあるが、その顕著な事例がユダヤ人とユダヤ教である。かつて、エジプトとメソポタミアの大帝国が勢力を衰えさせた時期に、両大帝国に挟まれたレバント地方に、遊牧民がいくつもの小国家を設立した。その大半は、再び勢力を回復した大帝国によって破壊され歴史から消えていったなかで、イスラエルという国家を構成する一二部族中の二部族ユダとベニヤミンが、二度の祖国喪失と神殿破壊によって世界に四散したにもかかわらず、一つの宗教共同体を形成して今日に至っている。それがユダヤ人である。

祖国喪失や神殿崩壊は、その集団の精神的物質的支柱を失うことを意味するが、ユダヤ人は、その原因がイスラエルの神に対する自分たちの背信行為にあったと自覚し悔悛することによって、民族の危機に宗教的意味づけを与えた。そして彼らは祖国喪失のたびに、聖典を編纂していった。エルサレム第一神殿崩壊後に、トーラー（創世記・出エジプト記・レビ記・民数記・申命記を総称してモーセ五書と呼ぶ。成立は紀元前四〇〇年頃）や預言者の書物（前二〇〇年頃）が、そし

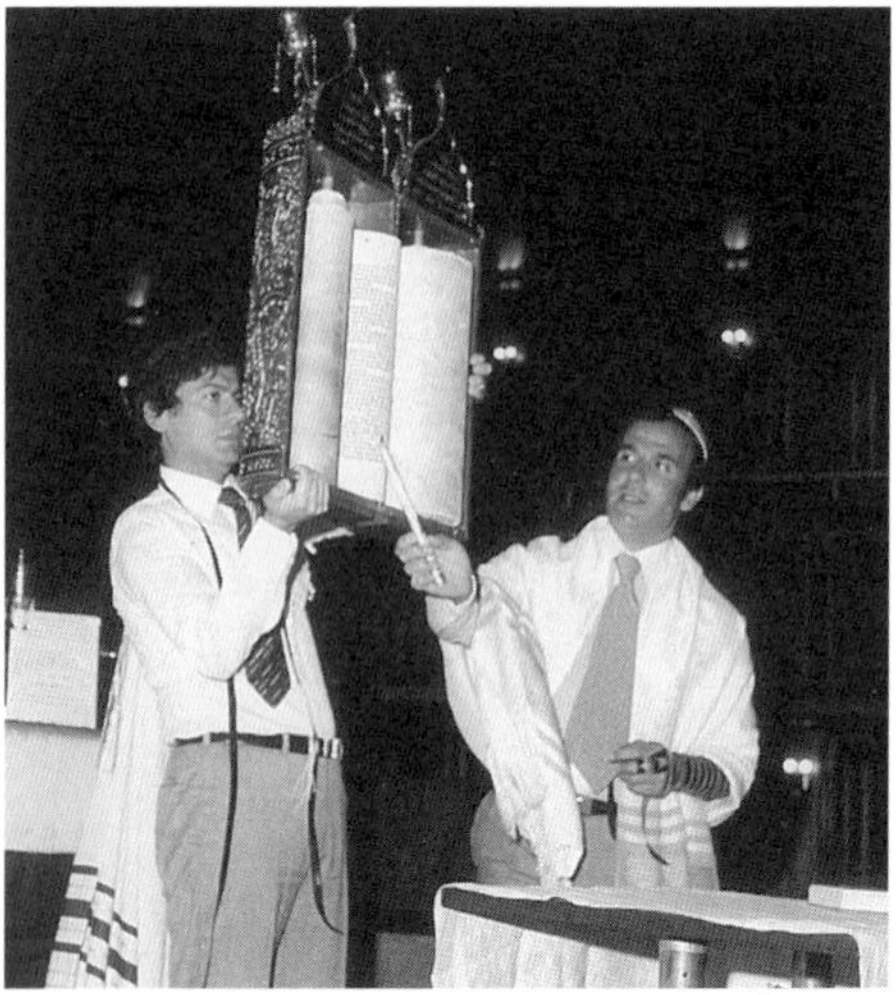

図1-2　聖典（トーラーの巻物）の提示
出典：『図説 世界の宗教大事典』ぎょうせい，1991年，362頁。

て第二神殿崩壊後に、ミシュナ（西暦二〇〇年頃）とタルムード（五〇〇年頃）が編纂されている。これら民族の法伝承の遺産はイスラエルの唯一神が啓示した教えであると信じられ、ユダヤの民はこの教えを身に受けることによって神との契約を結んだのである。唯一神はノアの子孫であるすべての人類と契約を結んでいるが、一般にはノアの七誡を守りさえすれば足りるのに対して、弱小の民イスラエルは神に選ばれてトーラーの六一三誡を遵守して神に対して聖なる民になることを誓約したという宗教の構造が確立した。これによって、ユダヤ教は民族の存続を目指すなかで、神の似姿としての人間本来の面目の達成を追求することになったといえる。

今日のユダヤ教を考えるうえで特に重要なのが、法の宗教としてのラビ・ユダヤ教の成立である。西暦七〇年のエルサレム第二神殿崩壊後、世襲の権威に依拠する神殿祭司と知恵と知識を権威とするラビとの主導権争いを経て、西暦二〇〇年頃に、口伝の法伝承であるミシュナが編纂されることによって、ラビを指導者とするユダヤ法（ハラハー）の支配が樹立された。これによって成立したユダヤ教は、その特徴であるラビやユダヤ法に則って、ラビ・ユダヤ教（Rabbinic Judaism）もしくは規範的ユダヤ教（Normative Judaism）と呼ばれる。こうしてユダヤ教は神殿を中心とする宗教から法の宗教へと変貌したと見なすことができる。

ラビ・ユダヤ教の特徴を三つ挙げておこう。

第一に、ラビ・ユダヤ教における模範的な人間は預言者モーセである。モーセは、聖書における最も偉大な預言者であり、神のしもべであるが、後のラビ・ユダヤ教においては、彼らにとっての師匠（ラビ）にほかならず、「モシェ・ラッベーヌー（我らのラビ・モーセ）」として呼ばれ、今日に至っている。

第二に、神の啓示の二重性、ないしは二つのトーラーという概念である。ラビ・ユダヤ教においては、モーセに啓示されたトーラー（教え）が唯一の法であるが、神はモーセに二通りの仕方でトーラーを授けたとする。文字に刻まれたものの他に、口頭で伝えられた教えがある。これらは、代々口頭で伝達され文字に残されることはなく、すべて記憶によっている。それゆえ、文字によるトーラーを成文トーラー、伝承によるものを口伝トーラーと呼んで区別する。口伝トーラーは、のちにラビたちによってミシュナやタルムードとして編纂されるが、その当初も、文字にのこすことは意図されていなかった。

第三に、ラビとその弟子との学習伝達方法は、モーセとヨシュアの師弟関係が荒野の四〇年間継続し、モーセの死の直前、ヨシュアに神の知恵の霊が伝達されたことをもって師資相承が完成した故事にちなんで、市井での教育を含めた全人格的教育であった。弟子はラビの一挙手一投足に学んで師の心を己の心とするに至るまで一体化することが求められた。

◉ ユダヤ人共同体の分布とその変遷

ユダヤ人は、七〇年のエルサレム神殿崩壊後、地中海周辺地域とバビロニアの多くの都市に散在し、二〇〇年頃のミシュナ成立後には、パレスチナとバビロニアでミシュナが徹底して学習され、ミシュナを注釈し法律論を展開した集積がパレスチナ・タルムード（四〇〇年頃）とバビロニア・タルムード（五〇〇年頃）に結実し、イスラーム時代にはバビロニアが学問の中心地となるが、一二世紀までにユダヤ人共同体の中心地は他の地域へと移動した。

今日、ユダヤ人は三つの集団に大別されるが、それらは主として中世のユダヤ人分布に由来している。従来は、スフアラディ（スペイン系）とアシュケナズィ（ドイツ系）に二分して説明されてきたが、現在ではそれにミズラヒ（東方系、アジア系、オリエント系）を加えるのが妥当である。

スファラディは、スファラドというヘブライ語がスペインを指示する通り、イスラームとともにスペインに渡りイスラーム文明とともに黄金期の繁栄を遂げたユダヤ人を先祖にもつ集団である。一四九二年にカトリックのレコンキスタの完成とともにスペインから追放され、イタリア、北アフリカ、オスマントルコ領など地中海周辺へと四散した。また、キリスト教へ改宗したマラノ（豚の意で、新キリスト教徒の蔑称）も加わってオランダ、イギリス、ドイツ、アメリカ合衆国へも進出し、各地で共同体の伝統を守って今日に至っている。スペインの神智学的傾向をもつカバラー（神秘主義的伝承）はガリラヤの町ツファト（サフェードとも呼ばれる）でルーリアのカバラーとして再生され、ハラハー（ユダヤ法）とカバラー（ユダヤ神秘主義）とを合体させ、以後のユダヤ人の生活に重大な影響を与えていく。また、インドや中国へと交易を広げたサッスーン家もこの一団に属す。日常語としてラディノ語を話す。

アシュケナズィは、一〇世紀頃からライン河畔を基点に北フランス、ドイツ、ポーランドへと広がったユダヤ人共同体で、早くからスファラディとは慣習やヘブライ語の発音、儀礼で違いが意識された。十字軍で反ユダヤ主義が広がり、ドイツからポーランドへ移動し、ポーランドからウクライナにかけて、シュテットルという独自のユダヤ人集落を形成した。コサックの反乱による暴動で疲弊した社会に、シャブタイのメシア運動やハシディズム、フランク主義などの神秘主義的大衆運動が浸透した。近代になり最も栄えたのはドイツのユダヤ人であるが、東欧では、ユダヤ人が全人口の一割にのぼり、アメリカ合衆国や西欧への大規模な移民も、ナチのショアーの犠牲になった者も、主として東欧のユダヤ人である。イディッシュ語を日常語とした。

ミズラヒは、西は北アフリカ西端のモロッコから東は中央アジアまで、主としてイスラーム圏に居住したユダヤ人を総称し、一九四八年のイスラエル国家樹立に伴って大挙してイスラエルへ移住したが、新国家でアシュケナズィが社会の中枢を占めるなかで差別を実感し、政治意識を高めた。代表的な集団には、エジプト、トルコ、イエメン、シリア、イラク、イラン、アフガニスタン、インドのコーチン、中央アジアのブハラなどがあり、出身地別に固有の共同体意識をもち、父祖の伝統の保持にも関心を注いでいる。

◉ 多様性と統一性——コミュニティと宗教教義

世界各地に離散して一〇〇〇年以上も経過したユダヤ人社会の特徴は、「多様性のなかの統一」、「統一のなかの多元性」である。これは、一方で時代や地域の独立性を保持しつつ、他方で時代・地域を超えたユダヤ人としての統一を維持したことによって達成された。これを可能にしたのは、近代以前のユダヤ人社会が、法の宗教としてラビの法学者的権威によって秩序が形成されていたことによる。その特徴を三つ挙げてみよう。

第一に、ユダヤ人の行動規範を定めるハラハー（法、歩み）の分野では、時代と地域を超えた連綿とした学問の系譜があって、難解な問いに対しては共同体を超えて質疑のやり取り（レスポンサ）が行なわれた。ラビの学問は、①ユダヤ法典の編纂と学習、②聖書の注釈、③レスポンサ、そして、④その地域で行なわれる一般諸学、医学、天文学、哲学、言語学などに及んでいる。

第二には、ハラハーの分野でも地域的多様性が認められ、各地の習俗と慣習の固有性が認められ、共同体のラビは自ら法令（タッカノート）を定める権限を有していた。

第三に、神学的な意見の対立はユダヤ教を分裂させるような深刻な信仰上の論争にならなかった。例えば、ユダヤ教では、魂の不死性や霊魂と肉体のかかわりについての議論は、キリスト教世界では考えられないほどに淡白で相互に矛盾する言説が共存し、哲学や神学の究極的な信仰論争へと発展しなかった。ハラハーの法的規範以外の伝承はアガダー（語り、説話）と呼ばれ、神学的な主題も含めて、キリスト教のようなクレドとしての拘束力はなく、ラビの個人的注釈や伝承集のなかで伝達され、説教や釈義に応用される形を取った。これは、ユダヤ教が聖典解釈の自由を最大限に許容したことに起因する。「トーラーには七〇の顔（面相）がある」という格言にもそれは表現されている。ハラハーは、トーラーの渋面であっても、顔のひとつでしかない。ユダヤ知識人個々の思惟はトーラーの諸々の面相として自由と独自性を容認するのがアガダーの特徴である。しかし、アガダーの柔軟性はハラハーがあってこそ機能しうるものであり、基盤がうせれば、もはや無秩序な主張の羅列でしかなくなる。まさにこの事態は、近代になって現実のものとなった。

ユダヤ教の伝統では神学的な問題がアガダーのまま放置され権威を構成しないという特徴は、ユダヤ教の思想的柔軟性に貢献してきたが、西欧近代のユダヤ人解放が、ユダヤ教を統一させる宗教的権威を失墜させた今、複数の宗派が並立し聖典の範囲や序列が多元化している状況とあいまって、神学的な議論の不在、議論のための共通言語の不在をもたらしている。

◉ハラハーと現代ユダヤ教

西欧近代のユダヤ人解放は、西欧近代国家の主権概念の実行によって惹起された事態のひとつである。憲法によってすべての市民の自由と権利と義務を規定し、国家と市民との間に介在する自律的団体の権威を奪うことである。貴族の領土やギルドの支配もこうして失われた。ユダヤ人にあっては、史上初めて法的に市民としての同等の権利を取得した代わりに、集団としてユダヤ人共同体のハラハー的自治を完全に奪われたことを意味した。

近現代に生起した事態は、ユダヤ人社会に即してみると、伝統的ラビ・ユダヤ教体制に対する四つの挑戦としてとらえることができる。

①　啓蒙主義に由来するユダヤ教改革の挑戦

これは、近代主権国家における宗教結社の自由によって、複数の教団が成立することを意味した。そして今日では、ユダヤ教の教団は、三つのカテゴリーに分類できる複数の教団が並存する状況になっている。(1)は、近代主義をすべて拒絶し中世以来のハラハー支配を継続する伝統主義の教団で、超正統派を代表とする。(2)は、近代に適応するモダニストの改革で、その適応の程度に従って、正統派、保守派、改革派に分かれる。(3)は、伝統的なユダヤ教の枠を超えた急進的な代替物を探求するグループで、アメリカ合衆国の再建派やハヴーラーと呼ばれる小グループ、また世俗的ユダヤ人もこの範疇に入る。また、ユダヤ哲学のヘルマン・コーヘン、フランツ・ローゼンツヴァイク、M・ブーバー、A・ヘシェルの系譜は、ハシディズムの影響を受けて、神と人との直接体験を機軸に据えた宗教論を展開した。

② 直接的宗教体験に由来するハシディズムの挑戦

これは、ツァディーク（義人）と呼ばれる新たな宗教権威が登場し、その周囲に教団が形成され、新たな聖典群が複数成立する事態がもたらされたことを意味する。今日でも、人数の割合はわずかだが、ルバヴィッチ派やラビ・ナハマンのハシディズムなどは、独自の宗教的生活を展開して一定の影響力を保っている。

③ 近代科学技術による挑戦

これは、古典的には電気、電信、電話の出現、電車、自動車、飛行機の出現が、安息日の労働禁止とどうかかわるか、という重大なハラハー上の問いを提示したが、近年では、分子生物学の発展による新たな事態が問題となる。具体的には、臓器移植・体外受精・代理母・安楽死などである。生命は神が賦与するものという教義との抵触の問題である。

④ ユダヤ人国家建設の挑戦

これは、宗教と国家の新たな問題である。ユダヤ人は中世の長い期間に一度として国家をもたなかったため、ユダヤ教と国家権力との関係についての理論は構築されずに現代に至った。大多数のユダヤ人が既存の主権国家の市民としての身分を取得する方向に向かい、また、正統派のハラハーもこの問題に消極的であったため、シオニズム国家イスラエルは、伝統的なユダヤ教のハラハーを基盤としたユダヤ教国家ではなく、二〇世紀の民族自決にのっとった世俗的な国家建設を行なった。

これらの問題群は、ユダヤ人であればだれもが直面して態度を決定せざるを得ない問題であるため、これらにどう対応したかを考察することによって、現実のユダヤ人がユダヤ教をどのように認識しているかを把握することができよう。ラビ・ユダヤ教の後継者を自認する正統派のラビであれば、上記のすべての問いは、伝統的なハラハーの現代における応用問題にすぎず、かつてと同様の分析と解釈によって回答が出せるものと見なされるかもしれない。しかし、もはや正統派の権威はごく限られた範囲でしか妥当せず、ユダヤ教と呼べる実体は、いくつかの宗派によって分有されているのであり、それぞれの立場は神の啓示のとらえ方において、もはや同一ではありえなくなっている。


（市川　裕）

参考文献

R・アロン／A・ネエール／V・マルカ著、内田樹訳『ユダヤ教——過去と未来』ヨルダン社、一九九八年。

市川裕『ユダヤ教の精神構造』東京大学出版会、二〇〇四年。

臼杵陽『見えざるユダヤ人——イスラエルの〈東洋〉』平凡社、一九九八年。

E・R・カステーヨ／U・M・カポーン著、市川裕監修、那岐一堯訳『図説ユダヤ人の二〇〇〇年——歴史篇、宗教・文化篇』同朋舎出版、一九九六年。

A・コーヘン著、村岡崇光・市川裕・藤井悦子訳『タルムード入門I–III』教文館、一九九七年。

R・C・ムーサフ＝アンドリーセ著、市川裕訳『ユダヤ教聖典入門——トーラーからカバラーまで』教文館、一九九〇年。

N・デ・ラーンジュ著、柄谷凛訳『ユダヤ教入門』岩波書店、二〇〇二年。

第三節　キリスト教

キリスト教は最も多く人口をかかえ、最も広い地域にみられる宗教である。「世界が一〇〇人の村だとすれば、三〇人はキリスト教徒である」と言われるように約二〇億人、世界人口の三分の一がキリスト教徒である。また日本人は、キリスト教と聞くとヨーロッパの宗教だと考えがちであるが、今ではラテンアメリカやアフリカでのキリスト者人口が増え、全体の四割を占める。

◉ キリスト教の誕生とその歴史的展開

▼ナザレのイエスとキリスト教会の成立

キリスト教は、元来、紀元一世紀頃、地中海世界の東辺に生まれた「ナザレのイエス」（前六／四頃～三〇年頃）の運動から興った宗教である。イエスはローマ統治下のユダヤ地方に生まれ、形式主義（律法主義）に陥った当時のユダヤ教を批判して魂の悔い改めによる救済を説き「神の国」の到来を告げた。イエスは、メシアもしくはキリスト（それぞれヘブライ語、ギリシア語で油を注がれたもの、「救い主」の意味）と呼ばれ、社会的に虐げられた多くの人々の心を摑んだ。その運動はユダヤ人の支配層、ローマの官憲から危険視されてついに捕らえられ、エルサレムで十字架刑に処せられる。のちに十字架は、救い主イエスの愛と神と人間の和解を意味するものとしてキリスト教の象徴と解されるに至った。

しかし、イエスは死後に復活し残された弟子たちのもとに現れたと信じられた。この「復活」信仰は残された人々の間に急速に広がり、最初の教会が形成されたと考えられている。当初、彼らは、ユダヤ教内部の「ナザレ人の分派」とみられていたが、それと同時にユダヤ人以外にも積極的な伝道が試みられた。なかでも大きな役割を果たしたのがパウロである。パウロは、イエスの福音がユダヤ民族の枠をこえて人類すべてに開かれていると説き、その足跡は小アジアからギリシアに及び、各地に教会を建てた。イエスの弟子たちのこのような宣教活動はローマにまで達した。

当時のローマには、様々な新興宗教が流行していた。キリスト教もそのような迷信のひとつと一般には見なされ、特に皇帝崇拝を拒否したために酷い迫害を経験する。しかし迫害にもかかわらず、二世紀はじめにはローマ帝国の全域にほぼ広がっていた。三一一年には寛容令が公布されて教会は礼拝の自由を確保し、さらに三一三年にコンスタンティヌス帝のミラノ勅令によって公認宗教の地位を得る。コンスタンティヌス帝はキリスト教を公的に保護し帝都をコンスタンティノポリス（ビザンティン）へと移す。以後の教会と国家の関係はきわめて密接なものに変化した。三八〇年にはテオドシウス帝によってキリスト教は国教と定められ、ついで三九一年には他宗教の礼拝が禁じられた。

▼正統信仰の成立と東西の分裂

当時のキリスト教会は、内部に様々な対立や分裂をかかえていたが、最も深刻であったのは、キリスト理解をめぐっての問題であった。神とその子イエスの関係についてアレイオスは、イエス・キリストの神性を否定し、正統派と鋭く対立した。この事態に、コンスタンティヌス帝は三二五年にニケア公会議を招集し、アレイオス派は異端と認定され、「父なる神と子なるイエス・キリストは一つの実体であるが、位格（ペルソナ）としては区別される」ことが確認された。コンスタンティノポリスの第二回公会議（三八一年）で聖霊に関する条項が加えられ、それは「ニケア・コンスタンティノポリス信条」（いわゆるニケア信条）として今日でも教会の基本信条として用いられている。さらにイエスの神性と人性をめぐってネストリオス派の異端が生まれ、四五一年のカルケドン公会議でキリストの神性と人性とは同等であることを確認して、正統派教会の教義（三位一体説）が確立された。このとき単性論をとる東方諸教会（西シリア教会・コプト教会・アルメニア教会・少し遅れてエチオピア教会）が分離した。

ローマを中心とした西方教会とビザンティンを中心とした東方教会は、その首位権をめぐって対立の兆しがあったが、帝国の東西分裂（三九五年）、さらに西ローマ帝国の滅亡（四七六年）という事態をうけて、その針路を大きく違えていく。東方教会は、皇帝が教会の首長をかねる皇帝教皇主義をとり、また、ギリシア文化を受け継いで観想的・瞑想的な傾向をもった。他方、西方教会はラテン文化を背景とし法的・政治的・実利的な性格をもつ。すでに五世紀、ローマ司教が使徒ペトロの権威に建つ教会として他教会に対する優位を主張し東西対立の火種となっていた。東西の教会の対立は、聖画像をめぐる論争をはじめ、八世紀以降激しくなり、一〇五四年に東西の両教会が相互に破門宣告するに至って決定的に分裂をきたした。以後、西方教会は普遍的を意味する「カトリック」教会と、東方教会もまた正統教会を自認して「正」教会と呼称するようになる。

東方正教会は東ローマ帝国とともにその繁栄を享受し、キリストや聖母マリアを板や壁に描いた聖画像（イコン）の崇敬などの独自の伝統を保った。（四四頁以降参照）キリストの受肉を法的観念（贖罪）でとらえる西方教会に対し、正教会はキリストの復活にあずかって人間を神化（テオーシス）することを目指す。イコンはこのような神化された人間のイメージを人々に与え神へと導く役目を果たした。それゆえイコンは「天国の窓」とも呼ばれ、正教会の不可欠の要素であり、美術的にも高い評価を得ている。のちにイスラームからの圧迫がきびしくなると、正教会はその勢力を北方のスラブ民族へと伸ばすよう努力した。九八八年にキエフ公ウラディミールが改宗し、続いてその勢力はモスクワ公国にまで至った。しかし、一四五三年にコンスタンティノポリスが、トルコのスルタンによって陥落すると、正教会の中心もモスクワへと移さざるをえなくなった。

▼カトリック教会の展開

西ローマ帝国が崩壊するに及んで、カトリック教会は政治的に不安定なヨーロッパ世界にあって国家にかわり教育や社会事業を担い、ゲルマン民族に対して積極的な布教活動を試みた。その結果、七世紀初頭にはイングランドにまで及んだ。八世紀に至り、ローマ教皇はフランク王ピピンと結んでローマを守り広大な領地を確保し、その子カール大帝に「神聖ローマ皇帝」として冠をさずけ、教皇の権威は決定的に高められる。しかしながらこの協力関係は緊張にみちたものであり、その後、しばしば国王と教皇は、聖職者の叙任権などをめぐって争うことになるが、教皇が国家の上位にあるとの体制（教会国家主義）が一一世紀頃には確立した。

西方で教会の勢力が強まるとともに、そのような世俗的な傾向に反して修道院運動が展開する。早くから東方には脱俗して砂漠や岩山に隠棲して瞑想と祈りに専心する伝統（隠修士）があり、それは今日もギリシアの聖山アトスに継承されている。ここで生きる修道思想はヘシカスム（静寂神秘主義）と呼ばれ、祈りを通じて完全な心の平安を実現しようとする。祈る心には神が臨在すると考えられているが、このような修道生活の理想にみられる神秘思想は、正教会の核心を具現するものでもある。他方、西方では「祈り働く」ことが重んじられ、最初の修道会のひとつを建てたベネディクトは、その会則に清貧・貞潔・従順を定め、のちの修道会の範となった。一三世紀にはさらに托鉢修道会（フランシスコ会、ドミニコ会など）が生まれ、巡回説教を行なって民衆への福音の宣教に努力した。

カトリック教会の権威は、イノケンティウス三世の時代にその絶頂期を迎えたが、その一方で教会はその衰退の芽を育てていた。一〇九五年から一三世紀後半まで続けられた十字軍は、一時的に聖地エルサレムを回復したものの、ビザンティンを略奪して東西の分裂に拍車をかけるなど失敗に終わる。十字軍の失敗は教会の権威を失墜させると同時に国王への中央集権体制の強化へのきっかけを与えた。また巨大な世俗的権力としても肥大化しすぎていた教会は、教皇のアヴィニョン捕囚や大分裂の混乱のなかで腐敗が進み、聖職禄が売買されるなど教皇の統制も十分に効果をみない事態に陥った。こうして一五世紀に至るとチェコ人ヤン・フスによる教会批判など改革への要求が高まっていく。

▼宗教改革

ヨーロッパに訪れたルネサンスによって生まれた人文主義者は、キリスト教を聖書の原典から見直す努力をし、宗教改革の準備をした。一五一七年にマルティン・ルターの抗議によって始まった宗教改革は、またたくまにヨーロッパ各地に拡大し、ドイツや北欧にルター派教会が成立した。同じ頃、スイスではフルドライヒ・ツヴィングリやジャン・カルヴァンが現れる。カルヴァンの運動はのちに改革派教会となりオランダなどに広がった。これら宗教改革運動で生まれた教会はプロテスタント教会と総称され、礼拝形態・教会政治の制度などに違いがあるが、信仰義認、聖書主義、全信徒祭司性という点でおおよそ一致する。またイギリスでは、ヘンリー八世によって独自に宗教改革がすすめられ、一五三三年に国王自身を首長とする英国国教会（聖公会）が成立した。

宗教改革のうねりは、カトリック教会からの応答をよんだ。いち早く刷新に着手したのが、一五三四年に設立されたイエズス会である。イエズス会は対抗宗教改革に努力するほか、海外宣教に積極的に取り組んだ。このような刷新運動に触発されてトリエント公会議で本格的なカトリック教会の改革がすすめられる。一五四五年から六三年まで続けられたこの会議では、信仰の基礎としてのニケア信条、また七つの秘蹟が確認され、さらに聖職者の独身制・煉獄の存在があらためて承認された。この改革によって、その後のカトリック教会の大枠が与えられた。

宗教改革運動から生まれたプロテスタント教会からは、さらに様々な諸教派が誕生した。一六世紀、英国国教会からロバート・ブラウンの指導で分離自立した会衆派、もと英国国教会司祭でオランダに亡命したジョン・スミスによって設立されたバプテスト教会、一八世紀の英国国教会内の信仰覚醒運動からジョン・ウェスレーが組織し、のちに独立した教会となったメソジスト教会がある。その後も、プロテスタント諸教派からは福音派やペンテコステ派教会などの様々なグループが生まれる。

◉　信仰内容と儀礼・暦

▼旧約聖書と新約聖書

キリスト教の諸教派は、教会制度や儀礼において異なっているが、聖書（バイブル、ギリシア語ビブロスに由来し、もともと書物一般を指す）を信仰の規準として承認する点では一致する。キリスト教の聖書は、ユダヤ教から受け継いだ旧約聖書三九巻と新約聖書二七巻からなる。旧約聖書は律法・歴史書・預言書・詩編などからなり、天地創造から神とイスラエルの民《たみ》の契約とその歴史、さらに将来の救いへの希望が記される。新約聖書には、福音書と呼ばれるイエス・キリストの出来事についての報告、その弟子である使徒たちの働きの記録や彼らの書簡などが収められる。「旧約」「新約」という呼び名は、キリスト教的な歴史理解に基づいている。神は、まずイスラエルをその民として選んだが（古い契約）、さらにイエス・キリストを介して「新しい契約」を結び、その救いの実現が人類すべてに開かれたと考えるわけである。したがってユダヤ教徒は自分たちの聖書を旧約聖書と呼ぶことはない。

今日では聖書は部分訳を含めれば、二〇〇〇種類以上の言語に翻訳されて、世界の多くの人々がその言語で読むことが可能となっている。しかし元来、旧約聖書はヘブライ語（一部アラム語）で、新約聖書はコイネーと呼ばれるギリシア語で書かれた文書である。新約聖書の時代には、前二世紀、アレキサンドリアで翻訳された七十人訳（セプトァギンタ）と呼ばれるギリシア語訳の旧約聖書も普及しており、新約聖書にも引用されている。また今日、新約聖書と総称される文書は、一世紀後半から二世紀半ばにかけて成立していたが、キリスト教の正典としてその範囲が確定されるのは四世紀に至ってからである。

聖書は、教会の建てられた各地の言語（ラテン語やシリア語やコプト語）に翻訳されたが、西方教会では、四世紀にローマ教皇の命でヒエロニムスが「ウルガータ」と呼ばれるラテン語訳を完成し、九世紀以降、これがカトリック教会で公式に用いられた。宗教改革の時代に至って聖書を近代語に翻訳する気運が高まり、ルター訳ドイツ語聖書が一五三四年に、ジェームズ一世による欽定訳の英語聖書が一六一一年に現れた。日本では、一八八〇年に新約聖書が、一八八八年に旧約聖書の翻訳が完成された。一九八七年には、カトリック教会とプロテスタント諸教会が協力して新共同訳聖書が刊行されている。

▼三位一体の信仰

キリスト教信仰の中心的内容は、旧約聖書に預言された救い主メシアが、新約聖書で証言されたイエスであることを受けいれ、その模範に従って生きることであると言われる。したがって「イエス・キリスト」との呼称はそのまま信仰の告白なのである。このような正統信仰は、ニケア信条や西方教会で広くもちいられる使徒信条に簡潔に表現されている。

キリスト教における神は、天地を創造し、これを統治する全能の神であり、唯一の神である。この神は、ユダヤ教の神と同一である。この神は人類の歴史に働きかけ、その救いを実現するものと理解される。

イエスは、その独り子として父なる神から人類の救いのために遣わされた。イエス・キリストは受肉して人となり、人間の苦しみを味わい、ついには人間の罪《つみ》を贖《あがな》うためにその代価もしくは身代金としてみずからを神に犠牲として献げ十字架上で死んだと考えられた。ここで言われる罪は人間の個々の過失を指すのではなく、人類の神からの離反を意味する。罪は人祖アダムに由来するとされ、西方教会では原罪の教理として確立される。罪の赦しは、キリストとの十字架の死によってもたらされ、ただその犠牲を通してのみ得られると教えられる。したがってキリスト教信仰とは、キリストの十字架の贖いをうけいれ、みずからその十字架を担ってともに生きることである。さらにキリストの復活は、罪の果実である死の克服であり救いの実現の証《あか》しと見なされる。

このようなキリストとの出会いは、人間の力で達成されるのではなく、神からの聖霊があたえられてはじめて可能となる。聖霊は信仰を可能にする力であり、信ずるものに新しい命をあたえ、また信ずるもの相互の交わり、すなわち教会を形成する力の源泉であると説明される。三位一体の教義が確定されるに当たって、西方教会ではこの聖霊が、父からも「子からも」（フィリオケ）出ると主張し、「父から」のみ出るとの見解を堅持した東方教会と対立した。

キリスト教徒の生活は「隣人愛」に生きるように勧められる。すべて助けを必要とする人は、宗教、民族、人種をこえて隣人であり、その愛の対象とされねばならない。このようなキリスト教的愛を端的に実現したのが、イエス・キリストの生涯そのものである。したがってキリスト教徒は「キリストの模範」に従って生きることとされる。この愛の精神は、キリスト教団体が教育・社会福祉・医療などの領域に精力的に参画するところにうかがわれる。

▼儀礼と礼拝

キリスト教会において、特に重要な儀礼は、洗礼（バプテスマ）と聖餐《せいさん》式である。洗礼は、これによってキリスト教会への入門が許可される最も本質的な儀礼である。洗礼を意味するバプテスマという言葉は、ギリシア語の「浸す」に由来し水で身を清めることを意味し、また初代教会でユダヤ教の割礼にかわるものと考えられて、洗礼は「罪からの赦し」と「キリストへの信仰の証し」と見なされるようになった。初期の洗礼は成人のみに行なわれたが、教会が既成化すると幼児洗礼が一般的となった。

聖餐式はパンとぶどう酒をもって執行する儀礼で、キリストの死と復活を記念するものと考えられている。その起源はユダヤ教の過越の食事にさかのぼるともいわれ、イエスが特に制定したものとされる。死を間近にしたイエスは弟子たちと最後の食事をともにした（主の晩餐）。その際、みずからパンを裂きこれを自分の体として、ぶどう酒をその血として与え、自分の記念とするように命じている。のちに聖餐式はキリストの血による「新しい契約」、キリストを介した交わりの象徴と解されるに至った。

プロテスタント諸教会の多くではこの二つのみをサクラメントとして認めるが、カトリック教会および正教会では洗礼・聖餐を含めて七つの秘蹟を数える（カトリックでは「堅信」「ゆるし」「叙階」「婚姻」「病者の塗油」を加える）。

キリスト教の礼拝は「主の日」と呼ばれる日曜日に行なわれる。初代の教会がユダヤ教の安息日の翌日にイエスの死と復活を記念し週の初めの日に集会をもったことがその始まりである。日曜日の集会では聖餐式が行なわれる以外に、聖書が朗読され、説教がなされ、祈り、讃美歌が歌われた。礼拝の形式は、すでに一世紀には確立され、今日でもその基本的なあり方は維持されている。また、すでに三二一年にコンスタンティヌス帝によって主の日がローマ帝国の休日に定められている。

▼キリスト教の三大祝祭日

キリスト教会の暦は、主の日を中心にすえた一週間のサイクルを基本として、イエス・キリストの生涯と教会の歩みを記念する祝祭日を配した一年間のサイクルによって構成される。なかでも重要なのが、降誕祭（クリスマス）、復活祭（イースター）、聖霊降臨祭（ペンテコステ）の三つの祝祭日である。

降誕祭はクリスマスとして日本でも一般的となっているが、この日はイエス・キリストの誕生を祝う日である。しかし、イエスが一二月二五日に誕生したということは、聖書的に十分な根拠はない。古くから東方の教会では、一月六日（公現日）をキリストの誕生日として祝っていた。古代のローマでは一二月二五日が太陽神崇拝に結びついた「不敗の太陽」の日（冬至祭）であった。この太陽神の誕生日がキリストの誕生日と同一視されて、西方教会では四世紀頃からこの日に降誕祭を祝うようになり、これがヨーロッパに広まり、大切な年中行事として定着するに至った。ちなみに今日のようにツリーを飾る習慣は、今から約三〇〇年前に、ドイツに始まったと言われる。

けれども歴史も古く二世紀にさかのぼり、神学的に意義深いのは復活祭（イースターとの呼称は、春の女神オステラに由来）である。西方教会では春分の日の直後の満月の次の日曜日と定められており、三月から四月のある日におかれる移動祝祭日である。復活祭は元来その一日で祝われるものではなく、直前の日曜日（棕櫚《しゅろ》の主日）から洗足木曜日、聖金曜日をふくんだ受難週と一体で、イエス・キリストが十字架上で死に復活する歩みをたどり記念するものである。

この復活祭から五〇日目を、教会では聖霊降臨祭として祝う。この日はペンテコステ（五〇番目の意味）と呼ばれ、もともとユダヤ教の祝日であった。イエスの死後、落胆している弟子たちのもとに神から聖霊があたえられ力づけられた出来事を記念してこの日を祝うようになった。聖霊の力でそこに集まったものたちが異なった出身でありながら互いの言語を理解したと伝えられ、イエスの救いの出来事を世界へ広く伝えるきっかけとなったことから、この日は教会の誕生日と見なされている。

◉ 地理的な広がり

「あなたがたは行って、すべての民をわたしの弟子にしなさい」とイエスが命じたように、キリスト教においてその救いのメッセージを伝えることは教会の使命であると見なされている。二〇〇〇年の歴史のなかでキリスト教徒は、これに応えて宣教に精力的に取り組み、キリスト教は地理的に地球規模の広がりをもっている。キリスト教人口が地域人口の主要部分を占める地域は、東西ヨーロッパ、南北アメリカ、アフリカ南部、オーストラリア周辺などに及び、アジア地域でも韓国、フィリピンでキリスト教は社会的に主要な位置を占めている。

▼中東・北アフリカのキリスト教

キリスト教は誕生するとすぐに、パレスチナの地から、シリア・小アジア・エジプト地方に伝えられた。すでに二世紀にはエルサレムのほかに、アンティオキア、アレキサンドリアに主要な教会が形成されていた。東方の諸教会は必ずしもコンスタンティノポリス教会の統制に服さず、カルケドン公会議により正統教義が確立されたさいも、キリストの神性を重視して（単性論）これに従わなかった。八世紀以降、この地域でイスラームの影響が強まったため、苦難の道を歩むことになった。のちにカトリック教会からの働きかけで、その教義・典礼にカトリック的な要素を受け入れさらに多様な教会が生まれたが、古くからの伝統を堅持しつづける教会も少なくない。キプロス島で人口の八〇％がキリスト教徒であることを特例として、レバノン（四〇％）、シリア（一五％）、エジプト（一五％）では比較的多いが、その他の地域では少数派である。教派的には、東方の単性論の伝統のながれにあるシリア正教会・コプト教会（エジプト）などがある。マロン派と呼ばれるシリア教会はかつてカトリック教会に帰順したグループでレバノンで多数派を占め、最近までムスリムと長い間内戦を続けていた。またエチオピアには古くからキリスト教が伝えられ五世紀には国教となり、今日でも人口のおよそ半数がエチオピア正教徒である。教義や典礼ではコプト教会の影響をうけているが、割礼などのユダヤ教的慣習を残す点が特徴的である。

▼ヨーロッパのキリスト教

かつてキリスト教はヨーロッパを中心に展開していたが、一九世紀・二〇世紀にはいると啓蒙思想や自由主義が広く浸透しヨーロッパのキリスト教は大きく変わっていった。フランスではすでに一八〇一年にカトリック教会は非国教化され、さらに一九〇五年には政教分離法によって国家からの財政的援助も廃止された。またイタリアではカトリック教会がイタリア統一運動により次第に教皇領を失っていく。一九二九年イタリア政府からヴァティカンの自治を承認され、イタリアの国教として地位を得たが、その権限は制限されたものとなった。またスペインやポルトガルでも政教分離が確立していく。

宗教改革の結果、プロテスタント教会が広く定着したドイツや北欧では、教会と国家との結びつきが強く二〇世紀となっても州教会または国教会として教会と政府との密接な関係が保たれ、教会税が徴収され学校でもキリスト教が教えられる。しかしながらスウェーデンでは二〇〇〇年にルター派の国教会が非国教化されてキリスト教の一教派となり、デンマークでも国家と教会との関係の見直しが議論されている。

カトリック教会、プロテスタント教会を問わず、深刻な問題は「教会離れ」である。その傾向は特に若年層に著しい。北欧諸国では国民の九〇%、ドイツでは七〇%、イタリアで九〇%、フランスでさえ七〇%がキリスト教徒と自称するが、教会の礼拝に定期的に参加する者の数は少数でしかなく、結婚式や葬儀、もしくは子どもの洗礼などの機会でしか教会にかかわらない者がほとんどで、教会を脱退する者も増加している。くわえてカルト的宗教の伸張、ムスリムを中心とした移民の増加によってヨーロッパをキリスト教社会と呼びうるかも懸念されかねない状況になりつつある。

他方、世俗化に苦しむ西ヨーロッパの諸教会と、東ヨーロッパの諸教会は若干異なった状況に置かれている。一九世紀、オスマン帝国の退潮とともに、東ヨーロッパ諸国とその近隣諸国も独立を果たした。これら諸国にあった正教会に属する諸教会は、コンスタンティンノープル総主教の支配をでて国単位の教会に分立するに至る。一八三三年にはギリシア正教会が、一九世紀後半にはルーマニア、セルビアなどの正教会が次々と設立された。またポーランドでは早くからカトリック教会が優勢であり、一九〇六年の独立と同時に国教とされた。

ロシアはイスラームの支配を免れ、ロシアの正教会は正教の中心として繁栄していた。しかしピョートル大帝の時代に西欧化政策により政府の強い統制下におかれ、それはロシア革命まで続いた。けれども社会主義革命は、正教会にとって好機とはならず、無神論を標榜するソビエト政府は反宗教政策を実施して、「鉄のカーテン」が消滅するまで七〇年間にわたりロシア正教会を弾圧した。また第二次世界大戦後、その弾圧は東ヨーロッパの諸教会にも及んだ。一九八九年にポーランドで社会主義政権が崩壊し、一九九〇年にソビエト政府が宗教活動の自由を認めると、ロシアや東ヨーロッパ諸国の諸教会は息を吹き返すと同時に、さらなる政治的解放のための拠点としての役割も担った。

▼ラテンアメリカのキリスト教

ラテンアメリカにおけるキリスト教の布教は、一四九二年にコロンブスが西インド諸島サント・ドミンゴ島を発見したときから始まる。ローマ教皇の詔勅によって支配権を得たスペインとポルトガルからは多くの征服者（コンキスタドール）がこの地域に向かった。植民地での初期の布教活動は国王の主導で行なわれ、メキシコ植民地ではコルテスによる、またペルー植民地ではピサロによる征服にも宣教師は同行していた。征服者たちによって奴隷化された原住民に対して宣教師は、ときには強制的に、またときには彼らの窮状の理解者（例えば、ラス・カサスなど）として布教をすすめた。ポルトガルの征服地ブラジルでは、すでに一五四九年にイエズス会の宣教師が訪れていたが、スペインの征服地とくらべて緩やかにキリスト教化がすすんだ。一方で原住民たちやアフリカからの奴隷たちは、過酷な待遇からしばしば反乱を起こし、宣教師が殺害されることもあった。

一九世紀に入ると、ラテンアメリカの植民地は、スペイン・ポルトガルから次々に独立を果たした。植民地時代、国王の保護下にあったカトリック教会は独立後の混乱をへて、ふたたび新しい共和国の庇護を受けるようになる。また一九世紀後半に入ると多くの移民が流入し、その結果、プロテスタント教会が伸張した。しかし二〇世紀となっても、多くの国でカトリック教会は公認宗教としての扱いをうけていた。

一九五五年にラテンアメリカ司教会議が開かれ、ラテンアメリカにあるカトリック教会の連携一致がはかられ、コロンビアの第二回メデジン会議では、教会がすべての圧迫されている者、とりわけ貧しい者に対して目を向け、そのために働くよう宣言が出される。このようにカトリック教会は、ラテンアメリカが抱える諸問題に社会的・政治的に深く関与するようになる。特にペルーのグスタヴォ・グティエレスらの「解放の神学」は、貧しい者に場合によっては暴力をも含む直接的な行動を促し、世界的な注目をあつめた。

ラテンアメリカでは人口の九割がキリスト教徒であるが、その大部分を占めるカトリック教会の政治的・経済的影響力は甚大である。しかしながら、貧者層を中心にプロテスタント教会、特にペンテコステ派の教会がその教勢をのばしている。

▼アングロアメリカのキリスト教

キリスト教は新大陸発見とともに広がっていくが、今日のアメリカ合衆国の地域では、一五九〇年代からニュー・メキシコでスペインの宣教師が、一六〇〇年代からカナダ地域ではフランス人のイエズス会士が先住民の布教に努力していた。

一七世紀になると、プロテスタント教会が相次いで東海岸に上陸し、一六〇七年にヴァージニア植民地に英国国教会が設立され、本国での圧迫を逃れ信教の自由をもとめたピューリタンのグループ（ピルグリム・ファーザーズ）が一六二〇年にプリマスに教会を建てた。二四年にはオランダの改革派が、八一年にはクェーカーの教会が建てられた。一八世紀にさらに長老派、バプテスト派、メソジスト派が南部地域に広がった。

一八世紀の初頭には、このようなプロテスタント植民者が社会の主導的な地位を占めるようになる。特にピューリタンたちは自分たちを選ばれた民と見なし、この地域を「約束の土地」にだぶらせた。この考え方はアメリカ合衆国の精神性に今も色濃く影響を残している。一七三〇年代には、大規模な信仰復興運動（大覚醒運動）が起き、すぐれた説教者が現れて各地で伝道集会を開き回心を訴えた。その後も、繰り返し信仰復興運動は起こり、テレビ伝道で広く知られるビリー・グラハムなどの大衆伝道もこれにつながっている。また、一九〇六年に始まった、ウィリアム・J・シーモアによるペンテコステ派の信仰復興運動は異言や霊的癒しという「聖霊の賜物」を重視するカリスマ運動に発展し、世界的な影響を与えるに至っている。また、リベラルな合理精神を重視する立場からは、キリストの贖罪や三位一体を認めないユニテリアニズムが生まれている。

アメリカ合衆国が独立すると憲法によって「政教分離」の原則が確立する。広く信教の自由が保障され、あらゆる宗教は政府からの干渉をうけないかわりに、一切の支援もうけることができない。そのためアメリカ合衆国には主流教派は成立せず、カトリック教会、正教会、そして様々なプロテスタント諸教会が共存することになった。このような教派主義は、アメリカ合衆国のキリスト教の大きな特徴となっている。

なかでもファンダメンタリズムに属する教派が近年注目を集めている。これら教派は、聖書を字義通り受け取り終末の到来を信じて、不道徳な社会とこれを支えるリベラルな主要キリスト教教派を批判する。これらグループは、同性愛や堕胎に反対して政治的保守派を支持して社会的な影響力を増している。

▼アジアのキリスト教

アジアには、五世紀、すでに南インドにシリア教会系トマス教会が形成されており、また七世紀、唐の時代にネストリオス派教会が中国に達し「景教」として発展していた。しかしながら、本格的なキリスト教の布教が推進されるのは、一六世紀に至りイエズス会の活動が活発化した頃からである。

イエズス会士フランシスコ・ザビエルは、一五四一年アジア宣教に派遣され、インド・東南アジアをへて、四九年には日本を訪れた。為政者を利用したザビエルの布教は成功をおさめ、一六世紀末には信徒数三〇万に達したといわれる。対外政策の変更によりキリスト教は禁止され、ふたたび宣教が行なわれるようになったのは一八五九年のことであった。現在でもカトリックとプロテスタント諸派を合計して人口の一%を超えていないといわれるが、その社会的影響力は教育事業、医療・福祉活動などを通じて無視できないものがある。

ザビエルは中国に達することはなかったが、同じくイエズス会士であるマテオ・リッチが中国でのキリスト教の普及に努力した。リッチとその後継者たちは儒教的伝統を受容し、その布教は一定の成功をおさめた。その後禁教とされた時期をへて一八〇七年にプロテスタントの宣教師ロバート・モリソンが、また一八四〇年代に再びカトリック教会のミッションが到来し、中華人民共和国の成立までにカトリック三二〇万人、プロテスタント七〇万人の信徒数を有するに至った。中国政府の反宗教政策により教会は閉鎖され、非公認の「家の教会」によって信仰が守られた。その後、統制が緩和されると、様々な制約をうけながらもその勢力は急速に進展し、キリスト教人口は一五〇〇万人にのぼっている。日本・中国とは異なって韓国ではキリスト教が重要な社会的位置を占める。朝鮮半島に、一七世紀初めまず書物を介してカトリックがもたらされ、ようやく一七八四年に非公式ながら教会がソウルに誕生した。プロテスタントでは一八八五年に北米の長老派・メソジスト派の宣教師が訪れて公式に宣教をはじめている。困難な植民地的支配の時代をへて、第二次世界大戦後、キリスト教会は飛躍的に発展する。軍事政権下、教会は民主化運動に深く関与し固有の「民衆（ミンジュン）の神学」をも形成した。現在、韓国のキリスト教人口は約一〇〇〇万といわれ、全人口の二五％を占める。

アジアにおいて特筆すべきは、フィリピンのキリスト教である。一六世紀にスペインにより植民地化されると同時にカトリック化がすすめられ、スペイン統治の間に、南部のムスリム地域をのぞいて住民の大部分が信徒となった。一八九八年、アメリカ合衆国の統治に移行して信教の自由が保障されてプロテスタントの宣教も行なわれたが、人口の九〇％はカトリック信徒である。カトリック信仰は、復活祭の季節に行なわれる受難劇ほかの祝祭行事にみられるように、フィリピンの民衆文化と融合し定着している。

▼アフリカとオセアニアにおけるキリスト教

アフリカでは一九世紀後半以降、ヨーロッパからの活発な伝道活動が行なわれた。これら諸教会は、植民地主義と深い結びつきをもっていた。しかし第二次世界大戦後、アフリカ諸国が独立を果たすと、固有の伝統に根ざした独立教会が建てられ、キリスト教のアフリカ的再解釈がすすんだ。また南アフリカにおける人種差別の撤廃に尽力したデズモンド・ツツの働きが注目される。今日、それら教会は大きく伸張し、二〇〇〇年に人口の約半数がキリスト教徒であるといわれる。またオーストラリア、ニュージーランド、太平洋諸島の人口の約八割は、キリスト教徒である。ヨーロッパ系の人口が多数を占めるオーストラリア、ニュージーランドでは英国国教会とカトリックで全体の六割を占めるが、近年は福音派の教会も成長している。太平洋諸島でもキリスト教がその人口の大多数を占めるが、その地域固有の文化や問題からキリスト教をとらえようとする点で特徴的である。

図1－3　聖霊のしるしの下に，1969年世界教会協議会（WCC）
出典：『図説 世界の宗教大事典』ぎょうせい，1991年，161頁。

◉ グローバル化時代のキリスト教

二〇世紀までキリスト教は、多様な教派を生み出してきた。また、アジア、アフリカ、ラテンアメリカで大きく成長し、地理的にも地球規模の広がりをもつに至った。この時代のキリスト教の課題は多様な教派の間の協力を模索すると同時にそれぞれの地域での独自の課題に対応することであった。

一九一〇年にスコットランドで一六〇のプロテスタント諸教派からの代表が参加して、初めての世界宣教会議が開催された。これが契機となって「生活と実践」運動、「信仰と職制」運動が展開され、教会一致へ向けての努力が活発になった。二つの運動が合流して世界教会協議会（WCC）が創設され、一九四八年にアムステルダムで最初の総会がもたれた。このような教会一致に向けた運動をエキュメニズムと呼ぶ。最初、カトリック教会は、一部をのぞいて教会一致運動に消極的であったが、第二ヴァティカン公会議以降、協力してエキュメニカル運動を推進している。また正教会でも一九六一年にロシア正教会がWCCに加盟すると同時にほとんどの正教会も加盟している。WCCでは、教理や礼拝形式における相互理解を図ると同時に、今日の教会が直面している諸問題、貧困や社会的正義、人権侵害、紛争や環境破壊などに対する連帯の可能性を探っている。

カトリック教会は、二〇世紀の教会の世界的な広がりという事態をうけて大きな転換をはかった。教皇ヨハネス二三世は、第二ヴァティカン公会議（一九六二～六五年）を招集し、カトリック教会の「今日化」という課題を委ねる。この公会議で、他教派の信教の自由が承認され、他教派との対話・連携に大きく踏み出すことになる。また従来ラテン語で行われていた典礼も現地の言葉を使うことが認められた。当初、公会議の決定には反対もあったが、次第に教会に浸透していった。以来、カトリック教会の他教派との関係改善は積極的に進められ、一九六五年にはギリシア正教会との和解の端緒が開かれ、一九九七年にはルター派教会と歴史的な共同宣言（「義認の教理に関する共同宣言」）が出されている。

最初に述べたように、ラテンアメリカ、アジア、アフリカの新しい教会が著しく伸張し、キリスト教人口の重心はヨーロッパからすでに移動している。もはやキリスト教は、ヨーロッパだけのものではない。それだけにキリスト教が直面する問題も、ヨーロッパにおける世俗化、ラテンアメリカやアジアやアフリカにおける貧困や社会的抑圧の問題など地域の問題、また国際紛争や環境破壊などの地球規模で取り組むべき問題など多様になっている。二一世紀におけるキリスト教もその姿を変えていくにちがいない。

（平林孝裕／リアナ・トルファシュ）

参考文献

『新共同訳　聖書』日本聖書協会、一九九〇年。

荒井献『イエスとその時代』岩波新書、一九七四年。

植田重雄『ヨーロッパの祭と伝承』講談社学術文庫、一九九九年。

大貫隆・名取四郎・宮本久雄・百瀬文晃編『岩波キリスト教辞典』岩波書店、二〇〇二年。

久米博『キリスト教　その思想と歴史』新曜社、一九九三年。

小高毅『よくわかるカトリック　その信仰と魅力』教文館、二〇〇二年。

マイケル・コリンズ／マシュー・A・プライズ著、間瀬啓允・中川純男訳『キリスト教の歴史　二〇〇〇年の時を刻んだ信仰の物語』BL出版、二〇〇一年。

高橋保行『ギリシャ正教』講談社学術文庫、一九八〇年。

八木谷涼子『知って役立つキリスト教大研究』新潮OH!文庫、二〇〇一年。

◉ 東方正教会の世界

▼聖堂のシンボリズムとイコノスタシス（聖画壁）

キリスト教の聖堂は原則として東を向いているが、正教会の聖堂もそうである。つまり建物の西にある入り口（図1-4）から入ってくる信者は東端に位置する祭壇に向かい合う。これは東が光のシンボルであり、「永遠の日」の暁を待ち望む信者たちを象徴する神学的意味をもつ。

正教会の聖堂は一般に、平面図としては東西南北対称の十字形をなす。東の突出部は聖域であり、ここに祭壇が設けられ、ここで聖職者たちが祭儀を行なう。これに対して西の突出部は、未受洗者が入信への準備を行なう場であったが、現在では玄関の役目を果たしている。位置的にも機能的にも聖堂の中心となるのが十字形の交差部、ナオスと呼ばれる正方形部分である。ナオスは信者たちが集まり、祈りを捧げる場である。ナオスは通常、「天」を象徴する丸天井で覆われており、ナオス空間全体が、「天が地を覆い、一体となった」大宇宙のシンボルであると同時に、「地に降り、天（神性）と地（人性）とを繋ぐことを己のうちに成就した」キリストの神学的シンボルである。また聖堂の平面図である左右上下対称（水平、垂直に対称軸をもつ）の十字形は、「神がそれによってすべてを造った」神のロゴスとしてのキリストの、そして同時に小宇宙、つまり人間のシンボルでもある。

正教会聖堂の大きな特徴の一つは聖なる絵というイコン（図1-5）ならびに、ナオスと聖域とがイコノスタシス（聖画壁）と呼ばれる柵で区切られていることにある。このような柵はすでに一〇世紀のビザンティン聖堂にも見られたが、一四世紀にロシアで始まったイコノスタシスは、次第に全正教会世界に広まった。丈も増し、天井にまで達するこの壁には、時には五、六列に及ぶイコンが並べられる。その配列には一定の規則があり、下から二列目の中央に置かれた「全能主キリスト」を中心に、天界への繋がりを示す天使、使徒、殉教者、教父、聖人たちのイコンが並べられる。しかしイコノスタシスの第一の目的は、聖画を掲げるためではなく、聖域を仕切るためである。事実、正教会にとってはパンと葡萄酒の奉献、聖霊への呼びかけは衆人の目からは隠された、文字通りの秘蹟（ミュステリア）である。

▼神秘思想――聖山アトスと「心の祈り」

テサロニキの東に突き出す三つの半島の一番東に位置するアトス山は（図1-6）、古代ギリシア時代にも聖山として崇められていた。その後何世紀にも及ぶ沈黙の後この半島に聳える山は、七世紀以来、イスラームの侵攻によりカッパドキアの岩山やエジプトやシリアの砂漠から避難してきた隠者や修道僧の住居となり、また、四世紀に遡る砂漠の師父たちのキリスト教神秘思想の避難所、「救済の港」、そしてキリスト教文化の花開く「神の庭園」となって今日まで綿々と続いている。

八八五年、東ローマ帝国の皇帝バシレウス一世（八六七～八八六年在位）の勅令により、僧のみがアトス山に住む権利を得た。現在も認められている自治行政区としてのアトスの地位は九六三年、信仰心の篤かった皇帝ニケフォロス・フォカス（九六三～九六九年在位）と彼の友であり聴罪僧であったアトスの聖アタナシイオスとの配慮による。僧の生活を規制する規則集を初めて作成したのも後者である。その後一〇四六年に僧院の共同生活を規定する新たな規則が書き加えられた。今日も厳しく守られている聖山アトスの規則、例えばこの半島に女人、雌の動物を持ち込むことを禁じた規則は、すべてこれらに遡る（ただし猫だけは例外であったそうである）。

図1-4　ビザンティン教会（ルーマニア，ホレズ教会17世紀）
出典：*Romania, Monasteries and Churches*, Ad Stock (Bucharest), 2001.

そして特に正教会の聖域を汚した第四次十字軍（一二〇三～〇四年）の時からアトス山は、「正教会の砦となり、ローマの侵略を裁く論壇となって、初期の教父たちの伝統と最初の七つの公会議での主張を固守しよう」との声をあげた。

しかしなんといっても、アトス山への召命は「ヘシカスム」（静寂神秘主義）の中心となることであった。「ヘシカスム」とは何であろうか。この語は「ヘシュキア」、つまり「静寂、沈黙、平安」を語源とし、ある精神的な求道法のことである。ただしここでの「平

図1-5　ウラティーミルの慈愛の聖母（12世紀）

出典：Titus Burckhardt, *Sacred Art in East and West*, Fons Vitae (Louisville), 2001 (1958), p. 90.

安」は心の平安、「すべての思い、たとえそれがよいものであっても、すべてを断ち切る」（ポントスのエウアグリオス）ことを意味する。つまり「ヘシュキア」は、神化に至るために必要な心の状態なのである。そしてこの目的に達するために、「ヘシカスム」が「心の祈り」あるいは「イエスの祈り」をその手段とするのである。

「心の祈り」は一つの原理、すなわち神を想起することと、一つの方法、すなわちイエス（神）の名を連禱し、イエスを「光」として心に定着させる（グレゴリオス・パラマス）ことをその基礎とする。最も広く用いられている連禱の句は「主イエス・キリストよ、わたしを憐れんで下さい（キリエ・クリステ、エレイソン・メ）」である。この祈りは新約聖書の「神よ、罪人であるわたしを憐れんで下さい」（ルカ18：13）などを出典とし、そしてそれに続く命令「休むことなく常に祈ることが必要である」（ルカ18：1）、「絶え間なく祈れ」（聖パウロ、テサロニケの信徒への手紙I、5：17）の実践を旨とするものである。

ナジアンザのグレゴリオス、カッシアヌス、ヨハネ・クリマコスその他多くの教父たちは繰り返し述べる。「絶えず神を想起すること」、「息をするように祈る、心の鼓動に合わせて祈ること」は、完全な心の平安へ至る最も確実な道であると。また祈りは聖霊を心に降臨させ、祈る者は、心の最も奥にある砦を神の玉座にすることにより、自分が呼び求めているものが、実は彼自身であり、彼の内にあることを悟らせるのである。「ヘシカスム」は「祈っているのは神であり、名を呼ぶ者は呼ばれた者を心に実在させる」、と教える。これに至るには、師が弟子に呼びかける「名」や「祈りの言葉」を直接に教えなければならないし、恩寵の助けが必要である。

「ヘシカスム」の伝統は二つの選集に収められている。一つは五世紀末に編纂され、その後アトス山で大切に保管されてきた『砂漠の師父の言葉』であり、四～五世紀の教父たちの体験録である。もう一つは『フィロカリア』と呼ばれ、前者のテキストと一部は重複するが、それ以外に四世紀から一四世紀に至る一〇〇〇年間の長きにわたって、ヘシカストの偉大な師、高名な神学者から一介の修道僧に至る人々の言行録である。後者は、一七八二年にベネチアで初版（ギリシア語）が刊行されると、モルダビアでもヘシカスムの目覚ましい再興が起こり、ついで一七九三年にロシアでスロヴェニア語訳が刊行された。一九世紀の偉大なるサーロフの聖セラフィムや感動的な『ロシア巡礼者の物語』などのおかげで、「ヘシカスム」や「心の祈り」はより広く知られるようになっている。

最後に、終わりの言葉として、『砂漠の師父の言葉』から次の有名な金言の一つを挙げる。

「僧にとり、祈りの適度とは、度を無視して（無限に）祈ることである」。

図1－6　聖山アトス（ディオノシウ修道院14世紀）

出典：Massimo Capuani, *Monte Athos*, Europia (Novara), 1991 (1988), p. 138.

参考文献

古谷功訳『砂漠の師父の言葉』（著者不詳「ミニュ・ギリシア教父全集」第六五巻）あかし書房、一九八六年。
Stanley M. Burgess, *The Holy Spirit : Eastern Christian Traditions*, Hendrickson Publishers, 1989.

（リアナ・トルファシュ）

第四節　イスラーム

◉ イスラームの概要

▼興亡の略史

イスラームはアラビア半島の商業都市マッカ（メッカ）で興った一神教である。商人であったムハンマドが神の召命を受けて預言者となり、宣教活動を始めた西暦六一〇年から、彼が死ぬ六三二年までに神から授かった啓示をもとにして展開した。ムハンマドが、生地マッカでの迫害を逃れるためにマディーナ（メディナ）へ移って本格的に教団を設立した西暦六二二年の元日七月一六日をヒジュラ暦（イスラーム暦）元年とする。

この移住、ヒジュラは、イスラームが名実ともに世界宗教となる大転回点となった。ムハンマドは宗教的指導者であるばかりでなく、政治的指導者としても能力を発揮し、宗教集団は同時に政治集団ともなった。その後、イスラームの支配地域は急速に拡大した。六四一年に当時ビザンティン帝国の支配下にあったエジプトを征服し、六六一年にダマスクスを首都とするウマイア朝、七五〇年にバグダードを首都とするアッバース朝が相次いで成立した。特にアッバース朝時代には、カリフの指示によってギリシア科学が復興し、それらが周辺の様々な文化と融合して、きわめて高度な文明が発展したが、これらは現代科学の基礎となっている。七一一年にはイスラーム軍がスペインへ侵攻し、七五五年にコルドヴァに後期ウマイア朝が成立すると、一四九二年にキリスト教徒側の領土回復運動《レコンキスタ》が成功するまでのほぼ八〇〇年間、イスラームはアンダルシア地方を中心にスペインを支配し、ヨーロッパの文明形成に大きな影響を与えた。一九二二年、オスマン帝国が滅亡するまで、イスラームは、ある意味で政治的にも文化的にも世界の中心にあった。

▼アブラハムの宗教

イスラームは、共通の祖アブラハムに由来する宗教として、ユダヤ教、キリスト教と同一の「セム的」伝統をもつ兄弟宗教である。イスラームでは、ユダヤ教徒とキリスト教徒を神が啓示した同種の聖典をもつものとして「啓典の民」と呼び、イスラームの支配地域では一定の税金（人頭税、ジズヤ）を科して信教、居住、職業の自由を保障した。

近年までイスラーム国家内では教育、文化、金融業などの担い手としてユダヤ教徒、キリスト教徒が活躍した。現在でもイスラーム国・地域にキリスト教徒も多く住む。ユダヤ教徒とは二〇〇〇年にわたる「父祖伝来の仇敵」であるという表現は歴史的にも宗教的にも根拠がない。実際に一九四八年のイスラエル共和国の建設まではユダヤ人との平和的共存が続いていた。「右手にクルアーン（コーラン）、左手に剣」という西洋的な誤解と偏見は現在でも根強いが、イスラームが武力を背景に改宗を迫った事実は、ほとんど見られない。初期イスラームの急速な拡大の理由としては、イスラームの支配が、当時のビザンティンの支配に比べて政治的な抑圧が少なく、税金の率も低かったということが挙げられる。また前述のように信教の自由を認めており、宗派間の論争には関与しなかったので、中東地域のキリスト教徒がイスラームによる支配を支持したことも大きな理由である。

▼世界第二位の宗教勢力

創唱者がアラブ人ムハンマドであるためにアラブ人に固有の宗教と思われがちであるが、成立当初から共存と融合を掲げた世界宗教である。イスラームは当時のアラビア半島に根づいていた頑迷な血縁主義や部族主義を打破して、人種、国籍、身分にかかわらず、あらゆる人間は全知全能の神の前では絶対的に平等であると主張した。また、基本的な教義を崩しさえしなければ、大幅な土着化が許容されたために、瞬く間に世界中に広まった。イスラーム教徒のことをアラビア語でムスリムという。

現在イスラームは、世界中で一六〜二〇億人ともいわれる信徒を抱える、世界第二位の宗教勢力である。アフリカの大西洋岸から東南アジア、ヨーロッパ、中央アジア地域、中国の西北部まで分布している。インドネシアは約二億の人口の八〇〜九〇%がムスリムで、世界最大のイスラーム教国である。アジアではほかにマレーシア、バングラデシュ、パキスタンなどがイスラーム教国である。当然ながら、アラブ諸国、つまり北アフリカや中東の国々はほとんどがイスラーム教国である。最近ではヨーロッパに一〇〇〇万人以上のムスリムが住んでおり、北アメリカでもユダヤ教徒の人口を抜く勢いで成長している。

▼在家の宗教──政教一致的な理想

「イスラーム」の意味は「服従、平定、平和」などで、ここから神にすべてを委ねることという意味が生じて「唯一なる神への絶対帰依」という用語となった。宗教の名称なのに「教」をつけないのは、イスラームという言葉に「道、教え」などの意味が含まれているからであるが、日本語で「イスラーム教」と呼んでも間違いではない。イスラームで信仰の対象となる「神」は「アッラー」と呼ばれるが、これはアラビア語で「神」という意味の語であり、アッラーという名前の神ではない。「アッラーの神」という表現は間違いである。本稿ではすべて「神」と表記する。

イスラームは、人間の霊的な側面のみを高位におくことをせず、精神的にも社会的にも普通の日常生活のなかにこそ宗教的な修行の場があるとする在家の宗教である。政治や経済にまで直接の指示を与え、いわば「政教一致」を理想としているので、一般的な宗教の枠内には納まらない多様性がある。

シーア派のイマーム崇敬、土着の聖者崇拝などの例外を除いて、原則として聖職者を認めず、出家や隠遁生活を評価しない。教会や本山にあたるような教団組織を持たないために、共同体（ウンマ）の決定事項については、信徒一人ひとりの見解の一致が重要視される。しかし、実際にはウラマーと呼ばれるイスラーム法学者の見解の一致が実効力をもっている。ウラマーはイスラーム社会の指導者として、ある意味では聖職者の役割も果たしているが、彼らの見解や発言には「神聖性」は認められていない。

◉ イスラームの教義（スンナ派の教義）

イスラームには、全信徒の九〇％以上を占める多数派のスンナ派と、残りの約一〇％のシーア派諸派がある。ここではおもにスンナ派の教義を説明する。

▼ムハンマドは普通の人

イスラームの根本的な思想は、信仰告白の「神のほかには神はない。ムハンマドは神の使徒である」という言葉に要約されるように、唯一の神と人間が向き合う単純で明快な教義である。キリスト教のように神と人間を仲介する「神の子」や「メシア」など、救世主の思想はない。ただし、シーア派にはイマーム崇敬があるが、これはムハンマドの娘婿のアリー（第四代正統カリフ）とその子孫を無謬のイマームとして神格化したものである。

創唱者のムハンマドは最後の最高の預言者として尊敬されるが、「飯を食べ、市場を歩く人」というまったく普通の人間であるとされる。生涯に数度結婚をし子どもも儲けた。ムハンマドの人柄や生き方は信徒の模範とされているが、神格化は行なわれなかった。

▼六　信

基本的な教義は「六信五行」にまとめられる。「六信」とはムスリムがその存在を信じなければならないもので、神、天使、聖典、預言者、来世、予定、である。

①　神——神とは、天地の創造主、宇宙の支配者である永遠なる唯一絶対の神であり、全知全能の人格神である。神は人間による一切の表象を禁じており、旧約聖書にみられるような「神の似姿」という考えはない。したがって偶像崇拝を厳格に拒否するために、宗教的な場では音楽、肖像画、彫刻なども否定される。

②　天使——天使は神によって光から作られ、神の手足となって働く存在であり、神と人間の連絡役を果たす。ムハンマドに神の言葉クルアーンを運んできたのは大天使ジブリール（ガブリエル）である。クルアーンには超自然的存在として、ほかにジン（幽鬼）、悪魔も認められている。

③　聖典——イスラームは神が天地を創造した時から人間に与えられた宗教である。神はそれぞれの民に預言者と言葉

をセットで与えたので、モーセの律法、ダビデの詩篇、イエスの福音書も神の言葉、つまり聖典である。しかし、以前に言葉を与えられた民は、それらを正しく理解せず歪曲してしまったので、ムハンマドには特に選ばれた言語アラビア語で記された最後の最高の言葉、クルアーンが与えられた。

④ 預言者——クルアーンには、原初の人間アダムをはじめとして新旧聖書の預言者とアラブ人の預言者、計二五名が紹介されているが、ムハンマドは預言者の封印、最後の最大の預言者である。預言者のなかでも、特に神の言葉を授かった者を「神の使徒」と呼ぶ。モーセ、ダビデ、イエス、ムハンマドが使徒である。

⑤ 来世——神が創造したこの世界はいつかかならず終わって、時間のない永遠に続く来世がやってくるという終末論であり、人間の死後の復活を信じることである。来世は個々人の責任が厳密に問われる賞罰の場である。そこでは、生前の人間が自ら選んで行なった行為に応じて審判が実施され、善人には楽園が、悪人には火獄が用意されている。来世思想のなかでは人間の自由意志と責任が標榜されている。

⑥ 予定——世界は神の計画と意思によって動いていると考えられることで、いわば宿命論である。ここでは神の全知全能性が強調されており、人間の意志や責任論の入り込む余地はない。クルアーンには絶対的な神の予定と、人間の自由意志と責任という相反する立場が併存しているが、この考えは宗教思想にはよくみられるものである。

▼五　行

「五行」とはムスリムが行なわなければならない基本的な宗教儀礼のことで、信仰告白、礼拝、喜捨、断食、巡礼、である。

① 信仰告白（シャハーダ）——「神のほかには神はない。ムハンマドは神の使徒である」という二つの言葉をアラビア語で唱えることである。入信儀礼では成人男性二人以上の証人の前でこの言葉を唱える。また毎回の礼拝時にも必ずこれを唱える。「神のほかには神はない」だけでは、ユダヤ教、キリスト教の信仰告白にも通用するので、イスラームの独自性を示すものとして第二文のムハンマドに関する文章が加えられた。

②　礼拝（サラー、サラート）――義務の礼拝は、日没、夕べ、暁、昼、午後の一日五回、マッカの方角を向いて行なわれる。金曜日の正午にモスクで行なわれる集団礼拝は最も価値がある。礼拝は、定式に基づいて身を清めた後で、決まった手順と方法で行なわれる。

③　喜捨（ザカー、ザカート）――自主的な布施ではなく義務の献金であり、「定めの喜捨」ともいわれる。一定の税率が決まっているので、宗教税とも呼ばれる。用途は、寡婦や孤児、乞食や貧しい巡礼者などの困窮者の救済や信者の相互扶助などである。モスクやモスク付属学校などの建設や維持に費やされる費用は「ワクフ」という自発的な寄進制度からの運用である。

図1－7　巡礼時のマッカのカーバ神殿
出典：サウジアラビア王国発行の絵葉書より。

④　断食（サウム）――イスラーム暦（ヒジュラ暦）第九月（ラマダーン月）の一カ月間に、日の出から日没まで、飲食を絶つとともに喫煙、性交などの人間的な欲望から身を清めることで斎戒ともいう。信者は喉の渇きを耐え忍びながら、神の日ごろの恩恵への感謝と、貧者への思いやりを涵養する。ほぼ一〇歳までの子ども、病人、妊婦、旅人、戦闘中の兵士などは断食を免除される。

⑤　巡礼（ハッジュ）――これまでの四つの行はすべての信徒に義務づけられているが、義務としての巡礼は「そこに旅をする能力のある者」に課せられる義務で、肉体的、金銭的にマッカまで旅行することが可能な者が一生に一度行なえばよい。義務の巡礼とは、第一二月（巡礼月）の八日から一三日までに、決められた方法でマッカのカーバ神殿に参詣することである。それ以外の日時にマッカへ詣でる場合は小巡礼（ウムラ）となって義

図1－8　オスマン朝時代のクルアーン
出典：『図説 世界の宗教大事典』ぎょうせい，1991年，232頁。

務の巡礼とは区別される。現在では毎年、二〇〇万人以上のムスリムが世界の各地から集まり、ほぼ同時に一定の儀礼を行なうが、その光景はじつに壮観である。マッカとマディーナは特別な聖地であり、ムスリムでなければ訪れることはできない。

◉　聖典クルアーン

▼神の言葉

イスラームの聖書であるクルアーンは、神がアラビア語で人類に下した啓示をそのまま書き留めたものである。クルアーンのすべての章句は一言一句、紛れもない永遠の神の言葉であると考えられている。これが他の宗教の聖典や経典と比べて最も異なる点である。いわば著者は神であり、外典や偽典などは一切ない。

神がムハンマドに語りかけた言葉は、そのまま信者に語りかけられる神の言葉である。ムハンマドの死後はもはや神の言葉が下ることはなくなったが、信者はクルアーンを朗誦することによって、神と向き合い神の語りかけに接することができる。アラビア語の「クルアーン」とは、本来「声に出して詠まれるもの」という意味である。聖典を日々、声に出して読誦することが信仰上の根幹ともなる。

▼クルアーンの音楽性

クルアーンは全部で一一四章であり、前半にはおもに後期のマディーナ時代の啓示が、後半には前期のマッカ時代の啓示が纏められている。内容は唯一の神への服従の命令、終末の警告、宗教儀礼から、社会生活や家庭生活上の法規範、慣習、政治的理想などにまで及ぶ。しかし、クルアーンの記述は日常的な会話表現と商売用語で綴られており、月並みな道徳訓や断片的な警句などの繰り返しが多く、物語性に欠けている。

クルアーンが一四〇〇年にわたって世界中の人々をひきつける秘密はアラビア語にある。クルアーンはアラビア語の韻を重視した散文学の傑作であり、アラビア語で朗誦することによって音楽性や芸術性が表現される。また同じ文章の繰り返しは、聞く者を陶酔の境地へといざなう力をもっている。クルアーンは神に選ばれた聖なる言語アラビア語でしるされているために、原則として翻訳が認められていない。しかし、翻訳不可のひとつの理由は、外国語に翻訳すればその独特の音楽性が失われることである。実際には内容を知るために各国語に翻訳されているが、儀礼には使うことができない。

◉ イスラーム法（シャリーア）

▼原罪思想はない

イスラームでは人間に原罪はないと考えられている。クルアーンにも原初の人間アダムとエヴァの物語が見られるが、旧約聖書の記述と最も異なる点は、楽園で彼らが犯した罪は地上に降ろされる際に許されたことである。原罪思想のないイスラームでは、キリスト教のような贖罪思想も見られない。しかし、人間は本来、道に迷いやすい弱い存在であり、神の導き、つまり神の法シャリーアがなくては、地上に正当で倫理的な社会秩序を作り上げることができない。もともと「シャリーア」とは水場に至る「道」のことであり、人間が生きるための「命の道」のことである。イスラーム法、シャリーアとは、信者が遵守しなければならない神の法であり戒律であるが、同時に、終末論的な救いに至る道でもあり、絶対的な神と被造物としての人間を結びつける絆でもある。

▼神の法

イスラーム法は、クルアーン、スンナ（預言者ムハンマドの生前の言行録ハディースから得られる知識）、イジュマー（信徒の見解の一致、現実には法学者の見解の一致）、キヤース（法学者による類推）の四点を法源として制定される厳格な道徳規範である。神が決めた法であり、その原理は改変することは不可能である。しかし、成文法ではなく、法学者が原理にのっとって個々の事例を判定する不文法である。

法の執行においては、九世紀の中頃までに成立した四法学派（ハナフィー派、マーリク派、シャーフィイー派、ハンバル派）の学説を固定して遵守する体制を、現在まで採っている。しかし、実際には個々の法学者の判断によって運用されるので、時代や地域に即した柔軟な対応が見られる。

イスラーム法は宗教儀礼のみならず、日常生活、社会生活、経済活動、政治や国際関係に至るまで、人間活動の全般に深くかかわる戒律である。政教一致的な社会が理想とされるために、現在でもサウジアラビアやスーダンなど、宗教的保守派の国はこの法を国家の法として採用している。近代的な市民法を敷いている国・地域でも社会的日常的にはイスラーム法が大きな力をもっている。特に結婚、離婚、子弟の養育、遺産相続などの家族法の分野では、ほとんどのイスラーム教徒がシャリーアに従って生活している。

◉ 人間と社会

クルアーンでは、人間は地上における「神の代理人」として創造されたとしるされている。そのため人間は神の導きに従って、この世に道徳的秩序を作る責任を負っている。ここでは、人間は霊的な側面と肉的な側面の双方をもった自然な包括的な存在として認められているので、人間の自然な欲求や社会的活動を卑しいとする考えは見られない。個人と社会とは、はじめから相関関係にあると見なされており、個人としてムスリムになることは、同時に共同体ウンマの成員となることである。前述のように、イスラームは成立当初から在家の宗教であり「政教一致」

▼ウンマ

的な理想をもっているからである。

イスラーム法の四法源の三番目に信徒の見解の一致である「イジュマー」が挙げられていることからわかるように、原則として教団組織をもたないイスラームでは、宗教上の決定権は一般信徒にある。つまり、ウンマ自体がイスラーム社会の進路について責任を負うことになる。「ウンマ」はムスリムの意識が精神的にも社会的にも集中する中心点である。そういう意味では、「ウンマ」はキリスト教の「教会」、ユダヤ教の「イスラエル」に相当すると考えられる。

▼イスラーム神秘主義――伝播の担い手

絶対者である神との神秘的合一を究極的な目標として独自の修行を行なう神秘主義が、イスラームにおいても八世紀頃から発生した。神秘主義に参加する者は、共同で修行をする必要性から、修道場を建設したり、優れた神秘家（スーフィー）を指導者として教団を形成したりしてきた。彼らは儀礼や修行方法に各地の伝統文化を積極的に取り入れ、イスラームの土着化を促進した。神秘主義教団は現在でも世界各地で活発に活動し、「イスラーム復興運動」とともに思想運動の担い手として、信徒や社会に様々な影響を与えている。

公式には教団組織や宣教制度をもたないイスラームがアフリカの奥地や、遠く東南アジアまで伝播したのは、イスラーム神秘主義集団の地道な草の根的活動によるものである。

▼イスラーム復興運動と「ジハード」

現在、深刻な問題となっているいわゆる「イスラーム原理主義」は、世界的な宗教復興運動の一環としてイスラームに起こった復興運動のひとつである。地域や国、その目標によって様々な形態をもって展開するので、一概に戦闘的であると判断することはできない。

イスラーム復興運動は、現在の不安定な政治・経済情勢のもとで起こされた社会改革運動や市民運動である。西欧的な自由主義や民主主義とは異なる思想基盤であるものの、イスラームの教えに基づいた独自の民主主義や社会正義の実現、富の公正な分配、人権の擁護、言論の自由、道徳の回復などを目指す活動である。多くは理科系のエリート集団を中心として一般市民の支持を得た穏健な草の根的な運動である。テロや武装闘争に訴える戦闘的集団の動きが世界の耳目をひいているが、彼らはごく少数派である。イスラーム世界でも、彼らの過激な運動は市民的社会運動から区別され、一般信徒からも批判されている。

過激な武装集団がその行動を正当化するために掲げる「ジハード（聖戦）」とは、本来は「努力」を意味しており、精神的努力や修養を指すものである。戦闘的な意味合いで用いられる場合も、異教徒の外敵に対抗する防衛戦争に限定されていて、厳しい条件がつけられている。今日のイスラーム武装集団の用いる「ジハード」は本来のジハード思想を悪用したものであることに注意しなければならない。

参考文献

大塚和夫・小杉泰他編『イスラーム辞典』岩波書店、二〇〇二年。

塩尻和子・池田美佐子『イスラームの生活を知る事典』東京堂出版、二〇〇四年。

大川玲子『聖典「クルアーン」の思想』講談社現代新書、二〇〇四年。

塩尻和子『イスラームを学ぼう――実りある宗教間対話のために』秋山書店、二〇〇七年。

塩尻和子監修、青柳かおる著『面白いほどよくわかるイスラーム』日本文芸社、二〇〇七年。

塩尻和子『イスラームの人間観・世界観』筑波大学出版会、二〇〇八年。

塩尻和子『イスラーム文明とは何か』明石書店、二〇一一年。

塩尻和子・津城寛文・吉水千鶴子監修『図解宗教史』成美堂出版、二〇〇八年。

大川玲子『イスラーム化する世界』平凡社、二〇一三年。

鎌田繁『イスラームの深層』NHK出版、二〇一五年。

塩尻和子『イスラームを学ぶ』NHK出版、二〇一五年。

小杉泰『イスラームを読む』大修館書店、二〇一六年。

塩尻和子編『変革期イスラーム社会の宗教と紛争』明石書店、二〇一六年。

塩尻和子「宗教間対話運動と日本のイスラーム理解」『宗教と対話――多文化共生社会の中で』教文館、二〇一七年。


（塩尻和子）

第五節　先住民の宗教

◉ 先住民とは

「先住民」という言葉は今日よく耳にするが、日本社会において広く用いられるようになったのは一九八〇年代後半からであろう。一九七〇年代にはまだ「土着」、「原始」、「未開」といった言葉が用いられていたが、次第に国際社会の意識の高まりで「差別的ニュアンス」のある言葉の使用が控えられるようになった。そして、一九八九年の国連「先住民」年から「先住民」という用語が広く用いられるようになった。ところで、「先住民」という日本語は英語の indigenous peoples の訳語として用いられているが、両者の間には意味論的に大きな差異がある。前者は時間論的な意味合いが強いが、後者は空間論的な意味合いが強い。また、この語が一般に普及するに従い、きわめて広い意味で使われるようになっている。例えば、ヨーロッパのケルトを指したり、古代インドに侵入したインド＝ヨーロッパ語族によって征服されたドラヴィダ人などをも指したりして、語義が曖昧になってしまっている。また、「先住民」に近い用語に「少数民族」があるが、両者はどのような関係にあるのか、という疑問点も残っている。それゆえ、まず本節で用いる「先住民」という語の意味について簡単に述べることにしたい。

一六世紀以来、ヨーロッパ諸国が世界各地に植民地を拡張し、世界システムを徐々に構築していく過程で、近代国家が各地にできあがった。ヨーロッパ人が近代国家の担い手になった場合もあるし、日本のようにヨーロッパの模倣をして近代国家を作り上げた場合もある。そして、その近代国家が作り上げられていく過程で国家の領地と主張された地域内にいた少数民族は迫害され、差別されてきた。このような少数民族をここでは「先住民」という意味で使うことにしたい。それゆえ、「少数民族の宗教」と「先住民の宗教」は宗教的には共通する面もあるが、近代の歴史経験において差異があるといってもよいであろう。このような視点の限定から、まず、「近現代世界との交渉」という歴史的観点を最初に取り上げ、その後で、神話と儀礼について簡単に取り上げることにする。

◉ 北米先住民の宗教

北米地域の先住民を研究する場合、カナダとアメリカ合衆国という二つの国家との関係を無視することはできないが、両国の国境に制約されることはない。というのも、ヨーロッパからの植民者が来る以前から、また、二つの国家が北米大陸に成立する以前から、先住民は北米大陸「亀の島」で生活を送っていたからである。また、アメリカ南北大陸の住民の「起源」に関しては、ベーリング海峡を渡ったアジアからの「移民」の子孫であるというベーリング海峡仮説がよく知られている。確かに、この仮説を支持する有力な証拠もあるが、同時に、それを反証するような考古学上の遺跡も発見されている。それゆえ、ここではベーリング海峡を渡ってきた人々もいたであろうが、それがすべてであったかどうかは議論の余地が残るところであるということにしておきたい。北米だけではなく、アメリカ両大陸の先住民の祖先の「起源」についてはまだまだ研究されなくてはならない点が多々ある。

▼近現代世界との交渉

北米先住民の近現代世界との交渉は、ヨーロッパの植民地国家、スペイン、フランス、オランダ、イギリス、ロシアなどが主に北米で植民地経営を行なった一七世紀に遡る。初期からイエズス会士宣教師が北米に赴いていたことはよく知られている。そして、一七〜一八世紀には先住民とヨーロッパ列強は交易を中心として「外交」関係を築いていた。交易が進むにつれて、ヨーロッパの品々に依存するようになって、先住民社会の経済は大きく変化することになる。植民地時代、フランス植民地とイギリス植民地の間に位置していたイロクォイ連邦は、北米の植民地史において重要な役割を果たしていた。一七七六年にアメリカ合衆国が成立してからの先住民社会は、条約の一方的無視や破棄、同化政策、保留地の成立、寄宿学校への強制、伝統的宗教の禁止など多大な被害を被ってきたといっても過言ではない。一九五〇年代以降、アメリカ、カナダ両国で先住民に対する態度が大きく変わったが、それはインディアン信教自由法やネイティブ・アメリカン墓地保護および返還法などの制定に見られる。

さて、北米大陸に広がる諸先住民の宗教を十把一からげにして論ずることは不可能である。言語学的にいっても、北米先住民の間には少なくとも一〇の語族がいると見積もられている（言語学者によって数は変わってくるが）。また、北極海岸沿いに住むイヌイットの自然環境とアリゾナ州あたりの乾燥した地域の自然環境とは大きく異なり、自然環境の違いに応じて、宗教のあり方も異なってくる。また、狩猟、採集、農耕栽培などの生産技術との相互関係も地域ごとに大きく異なっており、それらの差異を認めなくてはならない。

それゆえ、北米先住民の研究では、文化地域という概念を用いて、北米大陸全体を大まかに一〇に区分する。文化地域とは一定の自然環境との関係で築き上げられてきた文化には共通する要素があり、それに基づいて北米先住民の諸文化を分類しようとする概念である。一〇の文化地域は次の通りである。①極文化地域（イヌイットその他）、②亜極文化地域（ブラックフィートその他）、③北西海岸文化地域（トリンギットその他）、④カリフォルニア文化地域（セラノその他）、⑤台地文化地域（ヤキマその他）、⑥盆地文化地域（ショショニその他）、⑦南西文化地域（ナヴァホその他）、⑧大平原文化地域（ラコタその他）、⑨北東文化地域（イロクォイその他）、⑩南東文化地域（チェロキーその他）。

▼神話（説話）　北米地域全体に共通するような神話はない。それぞれの地域に特徴的な神話が見られ、また、多様な内容をもつ伝承があるからである。しかしながら、ある程度広範囲に分布している神話もあり、それらは狩猟・採集に根ざした文化という共通点を認めることも可能である。また、世界の起源にかかわる神話には、原初の水の底に動物が潜って大地の素を取ってきて、それが大地になったという神話が広く見られるし、大地の底にいた人間が地上に出てきたという神話なども広く見られる。また、狩猟文化に密接にかかわる動物主の神話も広く見られる。イヌイットの海の女神セドナ、パウニーのティラワハット、ラコタのバッファローなどが動物主（あるいは動物女主人）とし

て知られている。また、双子の神々に関する神話も広く見られ、イロクォイのオハア（火打ち石）とデハエヒヤワコン（天空を両手で持つもの）などがある。さらに、トリックスターと呼ばれる興味深い神話的人物に関する神話も広く見られる。大平原文化地域、台地文化地域などのコヨーテ、北西海岸文化地域のカラス、アルゴンアン語族のウィナボジョーなどがトリックスターとして知られている。複雑な親族関係を反映した説話も伝えられており、亜極文化地域のビーバーの白鳥少年の説話などはその一例であろう。また、様々な怪物の説話もあり、人間を食べる怪物も知られている。

▼儀　礼

北米先住民の儀礼は多様である。極文化地域のイヌイットのシャーマンの揺れるテント儀礼、カリフォルニア文化地域の塩の巡礼、大平原文化地域のサンダンスやオジブエのシャーマンの集団儀礼メディウィイン、南西文化地域のホピの蛇結社の儀礼、北東文化地域のイロクォイの顔結社の儀礼、デラウェアのビッグ・ハウス儀礼など様々な事例がある。また、成年式の一環として知られているヴィジョン・クエストはヴィジョンを求める儀礼として体系化されている。アパッチやナヴァホの少女の成年式儀礼では少女は女神となる。

（木村武史）

◉ メソアメリカ先住民の宗教

「メソアメリカ」とは、「中米」「中部アメリカ」といった政治・経済学的また地理的概念とは異なり、征服期にみられた共通の文化要素をもとに定義された文化領域概念である。地理的には、現在のメキシコ中央部以南、およびその東部ユカタン半島からグアテマラ、ベリーズ、エル・サルバトル、ホンジュラス西部に至るマヤ地域、さらにニカラグアからコスタ・リカのニコヤ半島までを包含している。文化的にはトウモロコシ農耕、階段状神殿ピラミッド、（絵）文字と二〇進法、三六五日の太陽暦と二六〇日の祭祀暦の併用、人身供犠や宗教儀礼としての球技といった特徴的な文化要素を共有した、古くはアルメカからテオティワカン、マヤ、アステカなど、数々の古代都市文明の盛衰をみた地域である。ここにはそうした文明を担った人々の末裔が、今日、先住民（インディヘナ）として七〇あまりの民族言語集団（接触期の民族言語は二〇二、語族だけでも七つを数えた）をなして、スペイン人がもたらしたキリスト教カトリシズムと習合された独自の伝統的宗教生活を営んでいる。

▼近現代世界との交渉

メソアメリカをひとつの文化領域たらしめる上述の文化要素も、実際には均等に分布・発展していたわけではなく、メソアメリカ地域の自然環境と民族言語の多様性を反映する多様な先住の民族社会がそれぞれ固有の歴史の上に独自の下位の文化領域を形成してきたのが実状である。特に、一六世紀のスペイン人による征服は、定住農耕が開始された紀元前二〇〇〇年頃から形成されてきたメソアメリカ文化の自立的発展を堰き止めることとなり、その後の孤立と接触、白人支配文化に対する抵抗と受容の度合いによって、今日のメソアメリカにはきわめてちぐはぐな状況が作り出されることになった。

例えば、接触期のメソアメリカで最大の政治勢力を誇っていたアステカ王国（現在のメキシコ中央高原部）は、スペイン人の求めてやまなかった黄金を大量に産出・提供したことで、一五二一年コルテス率いるスペイン軍に陥落した後は、スペインによる極端な収奪を受け、先住の民族社会は急激に崩壊の一途を辿るとともに、植民地期における混血（「メスティーソ」、マヤ地域では「ラディーノ」と称され、「非先住民」を意味する）化が急速に進行し、二〇世紀にはメスティーソが名実ともにメキシコ国家の「国民」となるに至った。メキシコでは、今日でも、アステカ王国を担った人々の末裔であるナワをはじめコラ、サポテコ、ミシュテコ、ユカテコ・マヤなど六五あまりの民族言語グループを数えるが、その総人口約八〇〇万余はメキシコ国民総人口のわずか一〇％弱にすぎない。

一方、黄金を産出しなかったマヤ地方では、スペインの植民地支配が概して既存の社会組織を利用した労働徴発と徴税による間接統治であったため、比較的、先住の民族文化が温存されうる環境にあった。かつて壮麗なる古典期マヤ文明の政治的文化的中心地であった現在のグアテマラは、キチェ、マム、カクチケルといったマヤ系諸民族からなる約四〇〇万の先住民が国民の半数以上を占める中南米で最も先住民比率が高い国家である。しかし社会経済的には、先住民は、メキシコ・ユカタンのマヤ系先住民同様、非先住民ラディーノが支配する社会の周縁に位置づけられ、植民地期からラディーノとの二項対立的な緊張関係と意識が根強く残ってきた。こうしたマヤ地方では宗教的にも、植民地期におけるスペインの聖職者による執拗な土着宗教根絶の試みにもかかわらず、先住民はそれまでの伝統的な宗教観にキリスト教の聖人信仰や十字架、洗礼などのシンボルを表層的に取り込んだいわゆる「民俗的カトリシズム」といわれる独自の習合的な宗教を発展させてきた。植民地時代さらに独立ののちも、マヤ地域ではユカタン・マヤのカスタ戦争をはじめとする先住民による反乱がしばしば起きている。いずれもマヤ先住民の民俗的カトリシズムに基づく、白人支配者を一掃したマヤ王国の復活を目指す千年王国論的宗教運動の様相を呈した。

▼神　話　メソアメリカの神話は通時的にも共時的にも多様性に富んでいる。しかし、今日残されている断片的な諸資料を全体的にみるとき、そこには先スペイン期からメソアメリカにおける神話の中核を構成していたと思われるいくつかの共通のモチーフとその基本構造が見いだされる。天地創造の諸力となった神々は、原初の一組の男女神、ないし両性具有の二元性の神から産まれ、その後の宇宙の歴史は創造と破壊の周期的繰り返しであって、現今の世界も先行した複数世界と同様にやがて破壊の時が来るという話は、メソアメリカの創世神話に底通する基本的モチーフである。神話に表現されている、宇宙は万物が内包する二つの極性的要素の創造的闘争と結合によって維持されるという宇宙の存立原理は、今日のメソアメリカ先住民に特徴的なその二元論的思考の原理（マヤ・キチェ族の間では「カバウィル」といい、一六世紀に書きとめられた征服以前のメソアメリカ神話の稀少な原典資料である彼らの世界創成神話『ポポル・ヴフ』には、世界創造のプロセスに多くの双子やペアの神々が登場する）としていまもなお生き続けている。このほか、トウモロコシと深い関連をもつ人間の起源譚や、太陽と月の創造譚が広く分布しており、それらはいずれも人間が神々の自己犠牲のおかげで他の創造物や生きる糧を得て存在していることを伝える。また、精緻な暦法と占星術を発達させた古代メソアメリ

カにおいては、太陽と月以外にも金星をはじめ種々の天体現象にまつわる神話も数多い。

▼儀　礼

メソアメリカにおける宗教儀礼は、その起源から神々の「血の犠牲」に対する根本的な恩義で特徴づけられたこの宇宙の存続のために、人間が永続的に執り行なわれなければならない最も重要な義務行為である。人類ははじめから神々の恩恵をこうむりいわば負債をかかえているのであって、神々はその返礼として祈りや供物（特に神々の糧となる生贄の血）など人間からの償いを要求する。これを怠ると神々の世界生成の御業が滞り世界は破滅に至る。そして神々もまた、人間が捧げる儀礼に養われる存在でもある。このようにメソアメリカでは、人間と神々は永続的な互酬関係で結ばれたパートナーである。メソアメリカ先住民の執り行なう宗教儀礼はしたがって、先スペイン期から現在までも、奉納を中心に構成され、奉納のやり方は、典型的には香を焚き、供物をあげ、生贄を捧げる。礼拝の儀式には古来より歌、踊り、行列が加わり、今日の先住民が執り行なうカトリックの儀式には、そうした古代の儀式の名残りを止めているものが少なくない。

（笹尾典代）

図１-９　マヤの年代碑文
出典：『図説 世界の宗教大事典』ぎょうせい，1991年，211頁。

◉ 南アメリカの先住民宗教

南アメリカではおよそ一万二〇〇〇年前に人間の居住が開始されて以来、地理、気候条件の多様性に応じて著しく多様な諸民族の宗教文化が形成されてきた。アンデス山脈を中心としながら太平洋海岸部をも含めたアンデス地域、アマゾンの熱帯林地域、中央部グランチャコ地域、フエゴ諸島を含む南部地域の四つに区分されるのが一般的である。最も古い遺跡が残っているペルー海岸部では紀元前七〇〇〇年頃から原始的農耕と漁撈が行なわれ、前九〇〇年頃には農業の灌漑システムとそれを可能にした宗教的国家が出現した。北部高原チャビン、南部沿岸地域のパラカス文化には、宗教的祭儀遺跡や墳墓が発掘され、猫科の動物ジャガーやピューマが中心的神格としておよそ五〇〇年の間崇められていた。またそこでは人間の供犠が行なわれ、頭蓋骨変形や穿孔も施された。パラカスの墳墓には四二九体のミイラが埋葬され、この風習（祖先崇拝）は一五三三年にスペイン人によって滅ぼされるインカ時代まで続いた。五〇〇年頃、北部沿岸部モチェでは南アメリカ最大の二つのピラミッド「太陽のワカ」と「月のワカ」が建造されるほど、強大な神権国家が現れた。モチェの支配階級は王、神官、戦士であり、表意文字を用いた。また、モチェ人はシャーマニズム的な病気治療を行なっていた。同時期のナスカ海岸部では、ミイラなどの祖先崇拝や、天文暦とも祭儀の道ともいわれ、様々な解釈を巻き起こしている地上絵が作成されている。トウモロコシやジャガイモ栽培を中心とした農耕技術は高地にも適用され、海抜四〇〇〇メートルのティアワナコでは巨石建造物が作られた。一〇〇〇年頃には北部沿岸で人口五万人を擁する都市国家チムー王国が栄え、一二〇〇年頃にはインカ族がクスコを中心とする山岳部に出現した。インカ族はコロンビアからチリに至るまで南アメリカ大陸における最大の版図を広げ、併合し同化した様々な部族の宗教をパンテオンのように取り入れたが、あくまでその中心は国家イデオロギーとしての太陽神崇拝であった。またそれらの信仰の基層にあるのは汎アンデスの創造神ヴィラコチャ崇拝、自然（月、稲妻、大地など）崇拝、祖先崇拝であった。

▼近現代世界との交渉史

一五三三年にフランシスコ・ピサロ率いるスペイン人によってインカ最後の皇帝アタワルパが殺され、インカ帝国が滅ぶと、教皇子午線を元に南アメリカ大陸の太平洋側の大部分がスペイン領土、大西洋側がポルトガル領土となった。チリのアラウカノ族は一八世紀中頃までスペイン人植民者に頑強に抵抗したが、大部分が殺戮され、南部の辺境に追い払われ、今日でも為政者の保護もろくに受けず暮らしている。フエゴ諸島の先住民セルクナム族、ヤーガン族、アラカルフ族等は植民者に殺戮され、消滅した。このような状況下で、各地では反植民地主義の機運のもとに様々な千年王国論的宗教運動が起こった。まず、アンデスでは土着宗教の復活を願って、一五七〇年代にタキ・オンコイ運動（踊り病）が展開され、一七四二年にはトゥパク・アマルーの反乱が起こった。殺されバラバラに埋められたインカ王の首と身体が土中で成長し統合して復活すると、世界に再び秩序が訪れると信じられているインカリ神話もある。熱帯林地域では、一万二〇〇〇人のトゥピ＝グァラニ族が「悪のない土地」を求めて一五三九年にブラジルを離れ、ペルーに逃れたが、病気や飢饉で生存者は三〇〇人ほどしか残らなかった。ユートピアを望み、予言者に導かれて集団移動するトゥピ＝グァラニ族のメシアニズム（救世主待望）運動は今世紀に至るまで続いた。

▼神　話

南アメリカでは多様な言語を話す各部族による様々な宗教文化が栄えていたが、ある程度の共通点を挙げることはできる。それは至高存在、創造神、文化英雄の存在と、世界の周期的な破壊と再生である。アンデスでは両性具有的存在の創造神ヴィラコチャが世界の周期的破壊と再生を促し（五つの世界の破壊と再生）、ギアナのワリキャナ族では太陽神であり創造神でもあるプラが世界を周期的に破壊し再生した。カリブのムンドゥルク族の「暇な神」カルカサイベは自然界と人間界を創造した後、人間から攻撃され、天上に隠遁し、世界の終末に大火によって人類を滅亡させせると信じられた。

また、文化英雄は狩猟や農耕と深くかかわった。例えば、アマゾン北西部のウイトト族の月の女神モマはジャガイモなどの根茎植物を生み出す女神であった。アンデスでは、太陽と雨は、ともに農作物の成長を促すものと考えられた。雷は種をまく時期に重要で、神話では雷は投石機と棍棒を持った戦士として描かれた。月の神は太陽の妻であり、暦と祭礼、労働に関係があった。また、多くの星や星座には名前がつけられていて、恐ろしい力を持った神々と考えられていた。金星や昴も重要で、種まきや牧畜と関係づけられた。大地と海の女神は、農業と漁業に関するものであり、山の神は山岳地帯に住む人々の農耕や牧畜、生活のサイクルに密接に関係づけられた。これらの神々が人々を保護し、養う代わりに、人々は儀礼によってこれらの神々を崇め、養うという互酬的関係が成り立っていた。

▼儀　礼

南アメリカの多様な宗教文化のなかでも共通性があるのは、シャーマニズム、祖先崇拝である。シャーマニズムは特に熱帯林地域で盛んに行なわれた。熱帯林地域の先住民にとって、アナコンダ、ジャガー、コンドル、カイマンといった動物は、彼らを支配する霊的存在である。それらの存在のメッセージは、麻薬の吸入や特別な訓練を経た結果、夢やトランス、幻視などを通して識別されうる。トゥピ＝グァラニ族やアラワク族の住むグランチャコ地域でも、世界、植物、動物、人間の起源と同様に、イニシエーション、シャーマニズムの起源神話が語られた。シャーマンは宗教的職能者であると同時に治療師でもあり、人体と世界の双方の無秩序（悪＝病）を秩序に戻し、治療する役割を果たした。インカの神官は、国家の政体から人体に至るまで、健康に関するすべての管轄者であり、したがって供犠者、占い師、シャーマン的医師の働きを兼任していた。彼らは生贄にした動物の内臓を詳細に調べ、そこから将来の予兆を解読した。さらには、身体の不均衡を生み出し、病気の原因になっているとされる物体を吸い出すことで治療も行なった。

祖先は、文化英雄としても称えられる場合が多く、生者の生活にかなりの影響力をもっていた。死者は死後も存在し、生者の前に現れたり、恵みや災いをもたらしたりすると信じられた。東エクアドルのヒバロ族では、敵の頭を乾燥させる「乾し首」の習慣があったが、これは復讐の魂が罠に捕らえられるように、乾燥して収縮した頭の中に捕らえられるという信仰があったからである。インカ族の場合、死者のミイラは豪華な衣服を着せられ、飲食をさせられ、性生活まで行なわされた。祭司であるシャーマンは、一族の結婚や戦争などについて、祖先のミイラに伺いをたて、託宣を聴き、個人や共同体の将来を決定するほどであった。

（谷口智子）

◉ 太平洋諸島地域の先住民宗教

太平洋諸島は伝統的に三つの地域に区分されてきた。ミクロネシア（マリアナ諸島、カロリン諸島、マーシャル諸島、ギルバート諸島）、メラネシア（ニューギニア、ソロモン諸島、アドミラルティ諸島、トロブリアンド、フィジー、ニューカレドニア、サンタクルーズ、ティコピア、ヴァヌアツ、ニューヘブリデスなど）、ポリネシア（ニュージーランド、サモア、トンガ、タヒチ、マルケーサス、ハワイ、イースター島など）である。ミクロネシアとポリネシアの大部分はマライ・ポリネシア系語族であるが、メラネシアの大部分の語族はオーストラリア先住民言語と共通の起源をもつ。

一九世紀から今世紀初頭にかけてオセアニアの諸宗教は、西洋の民族学者たちによる様々な概念規定にさらされた（「マナ」や「タプ（タブー）」など）。「マナ」とは、メラネシアの土着の言語〈マナ〉に由来し、非人格的な超自然力、または時として人格、非人格に関係なく超自然力一般を指すのに広く用いられた用語である。マナは神や死霊、祖霊、人間をはじめ、人工物、自然環境や河川、岩石などの自然物に含まれている力であるが、必ずしもそれらに固有の存在ではなく、物から物へと移転する力とされた。例えば、共同体の長がりっぱに役割を果たせるのは、マナを多く所有しているからとされた。

一方、「タプ（タブー）」は、ポリネシア語の〈タプ〉に由来する。タプはマナと密接な関係にあるが、特に否定的な効果をもたらす神的影響を意味する。ある場所、ある人物、ある物体が「タプ」の状態になると、近づくことができなくなったり、危険なものになったりする。マナが長期的な効果であるのに対し、タプは一時的な伝染性のものと考えられている。月経の血や生理中の女性は「タプ」であり、その期間彼女は他人の食事を用意してはならないとされている。

▼近現代世界との交渉史

太平洋諸島では各共同体の宝である貝殻でできたネックレスや腕輪などを遠方の島同士で交換しあい、互いの力関係を平等に保つ努力をしてきた。これは「クラ交換」と呼ばれ、そこでは共同体間の互酬的関係が重視されてきた。しかし、互酬的関係によって保たれた伝統的社会の富の再分配や共同体間の相互平等性といった価値観は、カーゴ・カルトの例が示しているように、近代西欧文明がもたらした資本主義的価値観とはなじまなかった。

カーゴ・カルトは、一八八〇年代から今日に至るまで、メラネシアの各地で起こった千年王国運動である。これは「積み荷崇拝」と訳される。これらの地域では、一九世紀後半になってから、イギリス、ドイツなどによって本格的に植民地化が進められ、植民地体制が進むに従って、現地の人々が社会的、経済的、政治的に劣位におかれ、抑圧された。植民地の抑圧状況のなかで、各地にカリスマ的予言者が現れ、祖先神を崇拝することによって至福の世界が到来すると予言し、宗教運動が生まれた。それは、白人の経済力に圧倒されていた現地人が、自分たちの祖先神が富を満載した船に乗って帰還し、その積み荷を子孫に分配し、その結果、子孫は白人らの支配から解放されるという信仰である。カーゴ・カルトは、現地人による植民地主義批判として土着の神話や儀礼が再解釈された形で展開した運動であり、白人からカーゴを取り戻すことによって、至福の世界が到来すると信じた点で、千年王国運動の一種と見なしうる。彼らはカーゴの到着を待ち望んだが、予言は成就せず、二〇世紀中頃には衰退した。

▼神話

オセアニアの神話、儀礼をひとくくりにすることは困難の極みであるが、祖先神に対する信仰が一般的であり、しばしば人間を訪問するという信仰が広がっている。祖先は共同体の神々として共同体の創造や、農耕、狩猟、漁撈の起源にかかわる英雄であり、共同体への富の再分配という意味で今日においても富や繁栄を子孫にもたらすものと信じられている。また、生者の問いかけに答えるために、祖先はたびたび生者を訪れる。

創造主である天空神や文化英雄の偉業も神話によって語られる。ニュージーランドのマオリ族の神タネとその兄弟たちは土から一人の女を作り、彼女のすべての穴に対して生殖を行ない、生まれた娘を妻にした。これが人類の祖先の母である。文化英雄マウイは昼と夜の長さを決めた。彼が網でたくさんの魚を捕まえるとその魚がポリネシアの島々になった。マウイは不死の生命を得るために「死」の権化である女怪物ヒネヌイテポの膣から入りこみ口に向かって出て彼女を殺そうとしたが、彼女の仲間の鳥たちが笑ってしまって彼女の眠りを起こし、マウイを絞め殺してしまった。

▼儀　礼

神の意思の識別は占いやシャーマンに対する憑依によって知ることができた。タヒチとハワイの神官は、ローマやアンデスの神官のように犠牲動物の内臓占いを行なっていた。動物だけでなく人間の供犠も行なわれていた。シャーマンは神々に祈ったり、像や棒などの物体の中に神が宿るように請来したりしたが、その際神々への生贄として人身供犠が行なわれる場合もあった。神が現れるとその状態は「タプ（タブー）」を招くので、非日常を日常の秩序に戻すために、灌水式や火の使用、女性の儀礼への参加などが必要とされた。

ポリネシアでは、天空神タンガロアの息子であるオロ神が祭儀の中心的神格で、ライアテア島ではシャーマンによる結社アリオイが創設された。神の祭儀は長方形の庭で行なわれ、ピラミッド型の祭壇が置かれた。イースター島の先住民は一五〇〇年以前にインカ人と接触をもち、ロンゴロンゴといわれる犂耕体《れいこうたい》書式による文字を持っていた。イースター島、マルキーズ島、ライヴァヴァエ島では巨大な石像が建てられているが、その目的や内容はいまだ解明されていない。

（谷口智子）

◉オーストラリア・アボリジニの宗教

▼近現代世界との交渉

南の島を意味するオーストラリアで植民地活動が本格化したのは、アメリカ独立戦争の結果、イギリスの囚人を北米植民地に送ることができなくなったため、代替地を探す必要に迫られてからのことである。そして、一九六〇年代まで白豪主義を掲げていたオーストラリアでアボリジニがどのような仕打ちを受けてきたかは想像できるであろう。シドニーが位置する南東地域ではイギリス人との接触によりアボリジニ人口が九〇％以上も減少したといわれている。最近、宣教師が経営した寄宿学校に強制的に子どもが入れられたことが問題化しているが、多くの人々が殺されたことはいうまでもない。最近やっと、アボリジニの土地への権利が認められる判決が下されるようになった。

オーストラリアには、ヨーロッパ人の植民地経営が本格化する一八世紀後半以前、四万年とも六万年とも遥か彼方の時代から人々が生活を営んでいた。少なくとも一万年前に描かれたとされる壁画には、今日のアボリジニの宗教、文化とつながる要素が見られる。日本列島の二〇倍もあるオーストラリア大陸のアボリジニの宗教、文化を研究する際、いくつかの文化地域に区分けして、研究を行なう。区分の仕方は研究者によって異なり、まだ一定化されてはいないが、ここでは一〇に分ける分類に従ってみる。①トレース海峡諸島（ムララグなど）、②ヨーク岬半島地域（ウィクムンカンなど）、③中央北地域（カカドゥなど）、④キンバーレイ地域（ウォロラなど）、⑤南西地域（インガルダなど）、⑥西砂漠地域（ピントゥビなど）、⑦中央砂漠地域（ワルピリなど）、⑧エア湖地域（ンガジュリなど）、⑨南東地域（ウィラジュリなど）、⑩タスマニア地域。

▼神話

アボリジニの「神話」は一般には「ドリーミング（あるいはドリームタイム）」と呼ばれている。しかし、これらの語は誤解を招きやすい。なぜならば、アボリジニの「神話」には確かに「夢」に相当する意味もあるが、それ以上の意味合いを含むからである。それは生きている物語であり、過去の世界だけではなく、現在の世界にも通じる不変の聖なる物語である。それが語る世界が生成した時の出来事は、過去一回切りで終了した出来事ではなく、現在の世界を支えている力でもある。それは大地の具体的な地形が神話時代の祖先たちの行為や変容によっていかに生成されたかを説明しているだけではなく、現前する地形そのものが始源の力に満ちていることを説明している。また、それは人間社会の規律の起源をも語っているので、その意味で「法」と訳されることもある。この聖なる物語を中央砂漠地域のワルピリは「ジュクルパ」と呼び、アレンテは「アリトイェレ」と呼ぶ。ここではドリーミングにせよ、神話にせよ、誤解を避けるために、あえて「ジュクルパ」という語を用いることにしよう。

ジュクルパには個人レベルのものから部族全体に関わるレベルのものまで幅広くある。多くの場合、原初の時代に人間の姿をしている祖先神や英雄が大地の上を歩き回り、様々な出来事を通じてある特定の地形に姿を変えたり、動物や魚になったりしたことや、あるいは踏みつけた場所に刻印が残されているということが語られる。ジュクルパの特徴は具体的な個々の場所の特徴と密接に結びついている点にある。また虹蛇の神話が広く見られる。虹蛇は壁画に描かれたり、砂絵にも描かれている。雄の場合もあるし、雌の場合もある。

▼儀　礼

男性の儀礼と女性の儀礼があり、それぞれが重要な社会的役割を果たしている。儀礼の背後にはジュクルパの聖なる物語があることがある。中央北地域には母神信仰の儀礼であるクナピピが広く行なわれている。また、南東地域ではボラ儀礼なども知られている。中央砂漠地域の少年のイニシエーション儀礼はワルピリの間ではバンカと呼ばれている。キンバーリ地域の少年のイニシエーション儀礼では、虹蛇であるユルングルがワウィラク姉妹を呑み込むムルンギン神話とかかわっている。少年は母親から隔離され、男だけのキャンプ地でジュクルパの聖なる物語や儀礼の踊りや歌を学び、社会的責任を果たす大人としてキャンプ地に戻ってくる。女性だけの儀礼では、例えば、ヤワリュ儀礼やヤピンジ儀礼を通じて、女性は大地との癒しの関係を回復し、人間関係の感情に均衡を取り戻そうとする。

男女ともに自分の誕生の（というよりも、母親が自分を妊娠していることに気づいた）場所と一生涯深い関係を保つ。最近よく知られるようになったアボリジニの砂絵のアートは、作者の誕生の地とその周辺の物語を表象したものである。

（木村武史）

◉ アジアの先住民

少数民族を含めた場合、世界の先住民族の大部分はアジアに集中している。一説では中国では八六〇〇万人、インドに五一〇〇万人の少数民族が存在するといわれており、これに中央アジアやシベリアの先住民、台湾、東南アジア諸国、西アジアの様々な民族を加えるとその数はさらに大きくなる。それぞれの先住民の伝統には、独自のコスモロジーと、豊かな宗教的世界が存することは明白である。同時に、彼らの世界は、いわゆる第三世界に次ぐ第四世界の人々として認識されるように、近代国家の枠のなかで民族的苦悩・危機にさらされていることも容易に想像できる。多様性に富んだそれらの地域を一括りにしてその宗教的特徴、苦境、そしてその窮状での創造的な宗教的営みを限られた紙幅で十全に示すことはできないが、本節の枠組みに即しつつ、シベリア先住民、台湾先住民、アイヌ先住民族に絞ってそれぞれの宗教的伝統や世界観の一端を紹介したい。

◉ シベリアの先住民

▼近現代社会との交渉

シベリア先住民は一六世紀末のロシア人のシベリア征服以降、毛皮輸出などの資源庫とされ、その後もロシア人の入植などによって開発が進められる。そのため病気の流入などによって免疫をもたない先住民たちの人口が減少する事態にまでなった。そのなかで伝統的な生活にも変化が強いられるようになった。ロシア民族と中国周辺民族との接触の過程で、先住民のなかには東方正教会やイスラーム教化された地域もある。しかし、伝統的なシャーマンの儀礼のなかにそれらの神が吸収される例も報告されていることからも、この地域のシャーマニズムの伝統の強さを知ることができる。

シベリア地方の先住民族には主にハンティ族、ネネツ族、エヴェンキ族（ツングース族）、ブリヤート族、トラファル族、ヤクート族、チュクチ族、コリーヤク族などが存在する。シベリアの厳しい自然環境は農耕に適さず、一部の牧畜農耕があるが、主に狩猟、漁撈生活によって生活している。この地域の宗教的伝統は主にシャーマニズム的な祭儀による様々な精霊への働きかけを重視するのがその特徴として挙げられる。この地域のシャーマニズムを中心とした宗教的伝統の起源は、紀元前一〇世紀頃に描かれたシベリアの洞窟壁画にもシャーマンの儀礼の様子が見いだされるほど古く、アジア一帯や他地域のシャーマニズムの起源がこの地域にあるのではないかともいわれる。精霊との交渉を担うシャーマンたちの活動は、精霊から豊漁の託宣を得たり、狩りにおいて獲物の獲得がうまくいくように精霊に働きかけたり、あるいは病気などの災いをもたらす精霊の影響を忌避することである。

その巫儀の様子は民族によって異なり、チュクチ族のシャーマンは幻覚を誘発するキノコを使い脱我状態へと入る。また他の地域ではドラムなどの音楽のみで脱我に至る。シャーマンは脱我のなか天空や精霊の世界へと飛翔し、死と再生のイニシエーションを経て霊と交渉する。また、エヴェンキ族やヤクート族のシャーマンは脱我のなか精霊がシャーマンに憑依し霊はシャーマンを介して話をする。ドラムのリズムのなか冥界や精霊の世界へと魂を飛翔させたり、精霊をわが身に降ろしたりするシャーマンたちの目的は常に明確である。なぜ狩猟が長い間うまくいかないのか、なぜ漁で魚がとれないのか、あるいは村人の病気になったのはなぜなのかを究明するのである。共同体の人々はシャーマンの魂が帰ってきたときにその理由を知る。

シベリアの先住民族の人々にとって精霊は彼らを取り巻く動植物などの自然環境の主であり、火や雷、風などの自然現象の主でもある。狩猟などにおいてシャーマンの仲介がない場合でも、その精霊たちとの交渉が行なわれたりする事からも彼らの生活全体がいかに精霊との関係のうえに成り立っているかがわかる。

シベリア地域の諸先住民の多くは天空の至高神を有しているが、その神は宇宙全体のメカニズムを司り、人間的な事柄にはかかわらない隠退する神として存在する。述べたように宗教儀礼は精霊との交渉が主で、通常は至高神への祈りや供犠は行なわない。ツングース語のブガ、エネツ語のヌグオなどの神は「天」を意味するものであるが、これらの各民族の天空神はあまりに高みにある偉大なる存在であるためシャーマンでさえいかなる関係ももたないとされている。

◉ 台湾の先住民

▼近現代社会との交渉

一七世紀におけるオランダ東インド会社の台南地域への侵入と占領後、一八世紀から急増する漢族の台湾への移住によって、台湾先住民族はマイノリティとして扱われるようになる。また、一八九五年の台湾総督府の設置から一九四五年までの日本の統治時代の武力鎮圧、公民化政策などにより文化的剝奪の苦境を強いられることになるのである。戦後、経済や観光のために先住民の土地が開発されるに従って共同体やその文化の解体の危機が生じることとなった。現在は、彼らの民族的アイデンティティの回復運動が世界の先住民の権利獲得運動と呼応する形で起こっている。

台湾の先住民族（彼らは「原住民族」と自称する）には「高砂族」として知られていたオーストロネシア語系のブヌン族、ヤミ族、ツォウ族、タイヤル族、アミ族、ピューマ族、パイワン族、サイシャット族、ルカイ族、および平埔族として総称される民族（ケタガラン、クヴァラン族、他）など、台湾の総人口の一・七％にあたる「原住民族」が存在している。

▼儀　礼

各民族は固有の宗教儀礼、言語をもち、一七世紀初頭まで台湾島内の各地にそれぞれの居住地内で移動しながら焼畑農耕や狩猟を行ない生活していた。彼らの宗教伝統は農耕儀礼や祖先の神々への祭儀、シャーマンによる病気治癒儀礼、豊穣儀礼などによって特徴づけられるが、現在では台湾先住民族の多くは漢人社会の文化的影響を受ける一方で、戦後の天主教（カトリック）や長老派を中心としたプロテスタント諸教会による布教活動の結果、先住民族の約七割がそれらの信者となっている。その結果、アミ族のある共同体では粟の収穫を祝う豊年祭をキリスト教教会において豊作の感謝の礼拝を行なうことによってはじめることにみられるように、伝統祭祀の形態に変容が起こっている。しかしながら、独自の宗教伝統がなくなったわけではなく、アミ族におけるシカワサイと呼ばれる宗教者（集団）による農耕儀礼、家屋の建築儀礼、病気治療の儀礼など生活全般にかかわるシカワサイ儀礼などは、現在にその宗教的伝統を伝えている。

▼神　話　各民族には創成神話や始祖伝説、諸々の起源神話が伝えられている。多くの他の民族伝統社会に認められるように神話・伝説・物語は聖なる物語であり、各民族の始祖伝説と神話との間に大きな区別はない。例えばクヴァラン族の神話は女性祭祀者たちによって伝承されてきたが、神話は始祖伝説と連続し、民族の葬送や病気治癒などの再生儀礼の範型となり、あるいは生活の慣習を説明する物語と連続する。このような神話群を背景に、多くの先住民の間では精霊・祖霊信仰を主にした宗教的伝統も色濃く保持されている。例えば、パイワン族のマジュバクと呼ばれる祖霊祭では、五年に一度、民族の祖霊を聖カボロガヌ山から共同体のなかに迎え入れる祭祀がある。パイワン族の各共同体を祖霊が回り終わるのに五年かかるために五年周期となっている。その祭祀では、祖霊が粟の幸、芋の幸など天界からもたらすとともに、祖霊を村や各家族に迎えることによって豊穣を確かなものにする儀礼が様々な形で行なわれる。儀礼は祖霊を招き迎えることを祭祀の中心にしながら、山、海、天界、蛇、動物、人間、農耕などのコスモロジカルな結びつきを象徴的に描き出している。祖霊祭や豊年祭は台湾先住民族の宗教祭祀には数多く、狩猟農耕民族的な特徴がみとめられる。台湾先住民の宗教祭祀は日本の伝統祭祀と類似した点があることが早くから指摘されていたが、このことは後に日本の皇民化に利用されることにもなった。

◉　日本の先住民

周知のように日本には先住民族としてアイヌ民族がいる。アイヌ民族は現在、北海道を中心にして日本全体で推定三万から五万人以上が生活しているとされる。

▼近現代社会との交渉　アイヌ民族の豊かな宗教的伝統は近世の北海道への和人（シャモ）の流入を経て、明治維新によってもたらされた急激な変化によって衰退させられることになる。戸籍法のアイヌへの適用など、

日本人として近代国家の枠組みのなかに取り込まれていく過程で、和人風の改名が強いられ、土地が剝奪され、狩猟や伝統的儀礼が禁止され、皇民化教育のなか言語が奪われ、アイヌ文化はさらに失われていった。また、いわゆる旧土人法のもとでの差別的な扱われ方は伝統の衰微に拍車をかけることになった。近年は、アイヌの伝統文化の復興と継承への取り組みが様々な形で活発化してきている。

「アイヌ」はアイヌ語で「人」を意味することばである。アイヌ、すなわち人間という自称は、彼らの宗教伝統を理解するうえできわめて示唆的である。他の地域の先住民族のなかにも他者側からの呼称でない自らの民族を呼ぶ場合の意味が「人間」を意味する例がみとめられるが、先住民の宗教伝統の多くは、自らの共同体を共同体外の人間の眼差しによって自己規定するよりも、神（々）や精霊との関係において自らを世界のなかに位置づけることが優先されたことを示していると考えられる。このことは彼らの宗教的世界観のなかに端的に表れている。

アイヌの世界観はアイヌ・モシリ（人間の世界）、カムイ・モシリ（神の世界）、ポクナ・モシリ（下方世界）など重層的な世界（モシリ）によって成り立っている。カムイ・モシリが天空的な世界を意味するのに対し、ポクナ・モシリは地下的下方世界を意味している。天空的な世界と地下界的世界は、対峙する世界観としてのみあるのではなく、双方とも神の世界を意味するものとして理解されている。狩猟・採集、雑穀栽培を行なってきた伝統的なアイヌの人たちにとって、自然や生活全体がこの宗教的世界観のなかで意味づけされている。サケやクマ・シカ、樹木などの動植物、自分たちを取り巻く環境世界はいうまでもなく、家屋や船、狩猟用の道具など生活全般にかかわるものすべてにラマッと呼ばれる霊魂が存在していると考えられている。生物や無生物すべてに存在するそれらの魂は、儀礼を執り行なうことによって神の世界に送られ、再び人間の世界へ訪れる。人間もまた死ぬと神の世界へ行き、再びアイヌ・モシリに生まれてくる。神の世界と人間の世界は相同の世界とされている。クマ祭りとして知られるイヨマンテの儀礼は神と人間の世界の相補互酬的な関係のなかで執り行なわれてきたものであり、アイヌの宗教的世界では人間存在の営み全体がカムイ

（神）との交換・交流として理解されている。

このような神の世界と人間の世界との互酬的かつ相同的なコスモロジーを支えているのがカムイ・ユーカラ、オイナ、カムイ・ウエペケレなどの神謡や物語などで語られてきたアイヌの神話伝承である。これらの伝承における創成神話では、コタン・カラ・カムイ（国造りの神）が天から降り、海の中に漂ういまだ形をなさない世界に大地を造り、人間を造り、人間にこの世界で生きるすべてのことを教えたのち天上に帰ることが語られる。アイヌの口承による諸神話は、人間を取り巻く動物や植物なども神々の手によって存在することが語られ、世界のあらゆるものの存在の起源を語る。

▼神　話

（平良　直）

◉ アフリカ先住民の宗教

現在、アフリカ大陸のほとんどの諸国家では、旧来からの原住民族が白人少数者による植民統治から解放されて暮らしている。したがって、「先住民」の宗教を報告すべきこの章でアフリカを取り上げることは厳密にはその趣旨に合わないともいえるが、国家の独立によってすべての民族が平等にその人権と文化的社会的自立を回復したわけではなく、特にヨーロッパによる植民支配と最近の開発によってその生存自体が危機的状況に追い込まれているナショナル・マイノリティー（認定少数民族）を考察する意義は十分にある。ここではそのなかでもとりわけその存続が危ぶまれているサン人を取り上げる。サンは南部アフリカのカラハリ砂漠に住む狩猟採集民族で、一般には一七世紀のヨーロッパ入植者によって付けられた蔑称「ブッシュマン」の名で知られる。吸打音音韻（クリック）の頻用を最大の特徴とするコイサン語族に属し、低身長（男子平均一五五センチ）といった身体形質においても著しい特徴をもつこのコイサン人種は、アフリカ固有の、そして最古の人種と考えられている。

▼近現代世界との交渉

サンは、かつては南部アフリカから東・中央アフリカにかけての広域に分布していたが、すでに一五世紀頃までには、南下をつづける遊牧民バントゥー諸族に圧迫されてアフリカ南部にその分布を狭められるようになっていたところ、さらに一六五二年、喜望峰に近いテーブル湾から侵入を進めたヨーロッパ植民者による土地の掠奪、戦争と疾病、狩猟動物の激減によって大きな打撃をうけ、その数とともに彼らの分布範囲もいちじるしく縮小した。現在のサン人は、ボツワナに約三万、ナミビアに約二万、アンゴラに約四〇〇〇、計六万足らずを数えるにすぎない。伝統的には二〇人以下という小規模集団で移動をしながら広大な領地で狩猟採集をする彼らの生活様式は、土地資源を枯渇させることなく、領地と動植物に関する卓越した知識、環境と完全に一体化したその鋭い生存感覚によって完全なる自由と余暇と安定した食料が保障されていた。しかし現在はそうした純粋に伝統的な自給自足の狩猟採集生活を営むものは五〇〇〇人足らずであり、政府の定住化計画や急速な近代化と開発、またボツワナからの牧童の侵入などによって大半は白人農場や近隣バントゥーの賃金労働者としての定住生活を余儀なくされている。指導者をもたず、身分の上下関係もなく、捕れた獲物を全員で平等に分配する「平等主義」の基本原理によって支えられてきたサンの伝統的生活様式は、貨幣経済の混入によって壊滅状態にある。

▼神　話

他のアフリカ諸民族の神話と同様に、サンの神話も典型的には現実世界の有り様や社会の仕組みを説明する起源神話である。天も地も存在しなかった時代にまで遡行するいわゆる宇宙開闢《かいびゃく》神話は見当たらず、天地分離の経緯とともに人間の起源と人間をとりまく現今世界の秩序の導入が語られる。サンの人間起源神話は、原初の時、この世界のあらゆる生物種は渾然一体の融合した存在だったが、至高神によってばら撒かれたその身体部分がその後様々な組み合わせで合成された結果、「人間」と呼ばれる動物をはじめそれぞれ固有の名前をもつ動物が存在するようになったと伝える。その後、至高神ははるか天空に退き、現今世界の仕組みと秩序の導入・管理は他の神々が担うこととなる。そうした創造神の一人とされるカマキリがダチョウをだましてその羽の下から火を盗み出すという火の起源神話をはじめ、ウサギの失態によって人間にもたらせることになった死の起源譚など、サンの起源神話ではいずれも動物がトリックスターとして重要な役割を果たすのが特徴である。そこでは、創造・完全・清浄・善の属性は至高神に、破壊・不完全・不浄・悪は他の創造神に帰するとされ、世界を相対する双極関係で理解するこうしたサンのコスモロジーの原理は、他の多くのアフリカ諸種族にも共通する思想である。

▼儀　礼

しばしば合理主義、現実主義、楽観主義と性格づけられるように、少ない人数の社会集団単位で構成されるサンの社会は、人間どうしの間であれ、外界との関係であれ、きわめて直接的・具体的なつながりによって成立しているため、一般に抽象概念がきわめて乏しく、宗教儀礼もこの自然界に具体的に働きかけ操作するための現実的な技術的手段である。ゆえに遠い過去や未来という時間概念をもたない彼らは、祖先という概念も特別な死者儀礼もなく、一般に通過儀礼はいずれもいたって簡素である。彼らはあくまでも現在の現実世界の関心に生きる人々であり、彼らの日々の糧を提供する自然資源の豊かさに対する絶対的な信頼のうえに彼らの生活は成立する。サン人の執り行なう儀礼の中核をなすのは「トランス・ダンス」であり、ダンスの過程でエランドなど特定の動物の聖なる霊力を憑依させトランス状態に入ったシャーマンは、猟の獲物を誘い出したり、病気を癒したり、雨を呼ぶ力をもつという。またトランス状態で脱魂したシャーマンは天界に飛翔し、個人的および社会的な病や不都合を修復するよう創造神たちに闘いを挑むという。今日、サハラ以南のアフリカ大陸各地で発見されている先史時代の数々の岩壁画は、いずれもサンのトランス・ダンス儀礼を描いたものであるとされており、今日のサンのシャーマニズム儀礼が先史の時代から引き継がれてきたものであることが実証されている。

（笹尾典代）

参考文献

ジュリアン・バージャー『図説世界の先住民族』明石書店、一九九五年。

阿部珠理『アメリカ先住民の精神世界』日本放送出版協会、一九九四年。

ポール・G・ゾルブロッド著、金関寿夫・迫村裕子訳『アメリカ・インディアンの神話――ナバホの創世物語』大修館書店、一九八九年。

ジョン・G・ナイハルト著、阿部珠理監修、宮下嶺夫訳『ブラック・エルクは語る』めるくまーる社、二〇〇一年。

小林至広編『メソアメリカ世界』世界思想社、一九九五年。

泉靖一『インカ帝国』岩波書店、一九五九年。

クロード・レヴィ＝ストロース著、渡辺公三訳『やきもち焼きの土器つくり』みすず書房、一九九〇年。

ピエール・クラストル著、渡辺公三訳『国家に抗する社会』水声社、一九八七年。

P・ワースレイ著、吉田正紀訳『千年王国と未開社会』紀伊國屋書店、一九八一年。

B・マリノフスキー著、寺田和夫訳「西太平洋の遠洋航海者」『世界の名著七一　マリノフスキー　レヴィ＝ストロース』中央公論社、一九八〇年。

小山修三『狩人の大地――オーストラリア・アボリジニの世界』雄山閣出版、一九九二年。

ロバート・ローラー著、長尾力訳『アボリジニの世界――ドリームタイムと始まりの日の声』青土社、二〇〇三年。

白石理恵『精霊の民アボリジニー』明石書店、一九九三年。

大木伸一『シベリアの民俗学』岩崎美術社、一九八四年。

原英子『台湾アミ族の宗教世界』九州大学出版会、二〇〇〇年。

山田孝子『アイヌの世界観』講談社、一九九四年。

川田順造編『黒人アフリカの歴史世界』山川出版社、一九八七年。

第六節　インドの宗教

◉「インドの宗教」の見取図

インドを「宗教的」あるいは「神秘的」というイメージでとらえる人は多い。実際にインドは、長い歴史のなかで多種多様な宗教を生み出してきた。ヒンドゥー教、ジャイナ教、シク教、そして日本人にもなじみ深い仏教は、いずれもインド起源の宗教の代表である（このうち仏教は、インド以外の地域において膨大な数の信者を獲得しているという事情から、改めて第七節で取り上げる）。一方、外来の宗教でありながら、インドに定着した宗教も少なくない。イスラーム教、キリスト教、ゾロアスター教などがそれにあたる。このうちゾロアスター教はイランで誕生した宗教であるが、現在の信者の八割がインドに住んでいるという事情から、この節で取り上げる。

個々の宗教について述べる前に、歴史的な流れを概観しておこう。インドの歴史はインダス文明から始まるとされる。この文明の担い手等については不明な点が多く、その後のインドの歴史との間には大きな断絶が見られる。しかし後のヒンドゥー教のなかには、この時期の宗教に起源をもつと考えられる要素も少なくない。おおよそ前一五世紀頃、アーリア人がインドに侵入してくる。彼らのなかで『ヴェーダ』と呼ばれる聖典が成立する。この『ヴェーダ』を根本聖典とする宗教が、ヒンドゥー教（広義）である。前五世紀頃になると、仏教やジャイナ教など、伝統に縛られない新しい宗教が次々と誕生し、次第に勢力を拡大する。そのためヒンドゥー教（広義）は劣勢となるが、後四世紀頃には再び勢力を盛り返す。ヒンドゥー教（広義）をこの時期で二分し、以前をバラモン教、以後をヒンドゥー教（狭義）と見なす見解も有力である。八世紀にインドに侵入したイスラーム教は、やがてヒンドゥー教に次ぐインド第二の宗教となる。一五世紀になると、ヒンドゥー教とイスラーム教の両者から大きな影響を受けたシク教が誕生する。

図1－10　シヴァ神の図像

出典：『図説 世界の宗教大事典』ぎょうせい，1991年，174頁。

現在のインド共和国には、およそ一〇億の人々が暮らしている。そのうち八割強がヒンドゥー教、一割強がイスラーム教の信者である。キリスト教とシク教がそれに次ぎ（いずれも二%程度）、仏教、ジャイナ教、ゾロアスター教の信者は、いずれも一%にも満たない。

◉ ヒンドゥー教

ヒンドゥー教は、誕生の地インドや国教とされるネパールの他、バングラデシュ、ブータン、パキスタン、スリランカなどにも見いだされる。ここでは、それら周辺地域も含めて、漠然とインドと呼ぶことにしよう。神道が日本の自然宗教であるように、ヒンドゥー教はインドの自然宗教である。ここでいう自然宗教とは、開祖あるいは教祖などと呼ばれる創唱者がなく、自然発生的に成立した宗教のことである。神道の範囲を広く解釈すれば、「日本的なもの」がそのなかにすべて含まれてしまうように、ヒンドゥー教の範囲を広く解釈すれば、「インド的なもの」がそのなかにすべて含まれてしまう。ありとあらゆる「インド的なもの」を含むヒンドゥー教は、きわめて多くの要素からなっており、その核となるものを見いだすことは困難である。以下に概説を試みるが、読者がインドに行ったときに出会うヒンドゥー教は、それとは異なる姿をしているかもしれない。

ヒンドゥー教の聖典とされるものは非常に多いが、それらは二種に大別される。「天啓聖典」（シュルティ）と「古伝書」（スムリティ）である。このうち前者は人の手によらない、まさに「天啓」聖典とされるもの、後者は古代の聖人が著したとされるものである。ヒンドゥー教の根本聖典『ヴェーダ』は前者にあたる。ただし『ヴェーダ』とは多くの聖典の総称であり、単一の聖典ではない。後者にあたる聖典も多数あるが、有名な『マハーバーラタ』や『ラーマーヤナ』の二大叙事詩はこのなかに含まれる。ヒンドゥー教徒が最も好むといわれる『バガヴァッド・ギーター』は『マハーバーラタ』の一部である。

ヒンドゥー教は多神教である。この点は、日本人にも理解しやすい。稲荷、天神、八幡、観音など、起源を異にする様々な神々（多くの日本人には、仏教の菩薩なども神と同様に見なされている）がいて、祈願の内容によって神を選んだり、あるいは自分自身の「ひいき」の神をもっていたりする。ヒンドゥー教の神々についても、おおよそ同様に考えられる。多くの神々のなかで最も人気があるのは、ヴィシュヌ神とシヴァ神である。このほか、仏教を通じて日本にもたらされているヒンドゥー教の神々も少なくない。例えば吉祥天はラクシュミー、弁財天はサラスヴァティー、歓喜天（聖天）はガネーシャであり、いずれも元はヒンドゥー教の神々である。

インド起源の宗教のほとんどに、輪廻と解脱という考えが見られる。もちろんヒンドゥー教も例外ではない。輪廻とは、死んだ後に別の生物（人間とは限らない）として生まれることをいう。これらの宗教では一般に、アートマンこそが本当の自分だと考えられている。アートマンと身体は別の存在であり、身体は死んだら滅んでしまうが、アートマンは不滅である。死によって身体を離れたアートマンが、次にどのような境遇に生まれるかは、生前の行ないによって決まる。これまでの人生を振り返れば、よいことばかりをしてきたという人はおそらくいないであろうから、来世はどんなにひどい境遇（すでに述べたように、人間以外の生物かもしれない）に生まれるかと、誰もが不安になる。しかも、これらの宗教では生きることが苦しみととらえられているから、輪廻とは苦しみが永遠に続くことにほかならない。しかし、解脱の境地に達した人は二度と生まれることはなく、輪廻から抜け出ることになる。したがって、解脱こそが理想の境地であり、究極の目的とされている。

解脱に到る方法としては、種々の考えが伝えられている。ここでは「知識の道・行為の道・信愛の道」という考えを紹介しておこう。まず知識の道とは、真理の知識を獲得することによって解脱に到る方法である。真理の知識は、われわれの通常の認識によって獲得できるようなものではないため、高次の認識能力を開発する必要がある。そのための代表的なシステムがヨーガと呼ばれている。広義のヨーガは知識の道（ジュニャーナ・ヨーガ）のみならず、行為の道（カルマ・ヨーガ）や信愛の道（バクティ・ヨーガ）をも含んでしまう。知識の道としてのヨーガは、瞑想を中心としたシステムの総称ということになるが、そのなかにも様々な種類や行法がある。その起源はインダス文明の時代までさかのぼるといわれ、二〜四世紀頃に『ヨーガ・スートラ』が成立し、それに基づいてヨーガ学派が形成される。しかしヨーガはインドの最も代表的な修行法であり、ほとんどすべての学派で重視されてきた。仏教の開祖ゴータマも一人のヨーガ行者と見なすことができるうえ、仏教の思想とヨーガの思想の間には種々の共通点が指摘されている（日本でよく知られている健康法としてのヨーガまたはヨガは、瞑想に入る前に身体を調えるための準備体操にあたる）。次の行為の道とは、定められた義務を無心に行なうという方法である。三つめの信愛の道とは、神に対してひたすら信愛（バクティ）を捧げるという方法である。

最後に、いわゆるカースト制度（ジャーティ・ヴァルナ制度）について述べておこう。これは宗教の枠内に収まりきるものではないが、宗教的な浄・不浄の観念と結びついており、宗教と不可分の社会制度である。日本でも知られているバラモン、クシャトリヤ、ヴァイシャ、シュードラという四階級を、インドでは「ヴァルナ」と呼ぶ。本来バラモンは司祭階級、クシャトリヤは王侯・武士階級、ヴァイシャは庶民階級全般、シュードラは奴隷階級を意味していた。時代が下るに従い、ヴァイシャは主に商人階級を、シュードラは主に農民階級を指すようになり、それまでシュードラと考えられていた人々は四階級の枠組みから外された。この枠組みから外された人々が、いわゆる不可触民である。ヴァルナは社会構造の大枠を示したものにすぎず、やや理念的な存在である。

一方、インド国内に現実に存在している社会集団の数は、二〇〇〇とも三〇〇〇ともいわれているが、これをインドでは「ジャーティ」と呼ぶ。カースト制度とは、多数のジャーティから構成された社会制度として理解した方が現実に近い（「ヴァルナ」や「ジャーティ」がサンスクリット語であり、インド人が自ら用いていた呼称であるのに対し、「カースト」はインドに来航したポルトガル人による呼称が世界的に広まったものである）。

それぞれのジャーティには、食事・職業・婚姻などをめぐる厳格な規制がある。ジャーティが異なる者とは一緒に食事ができず、また下位のジャーティの者から飲食物を受けることもできない。各ジャーティは伝統的に世襲されてきた職業をもち、原則として同一のジャーティの者としか結婚できない。

◉ ジャイナ教

ジャイナ教は、マハーヴィーラを開祖とし、仏教とほぼ同時期に成立した宗教である。現在、ジャイナ教徒はインド人口の〇・五％ほどであるが、経済的に重要な役割を担っている。マハーヴィーラ（偉大な勇者）は、本名をヴァルダマーナという。ジナ（勝利者）とも呼ばれるが、この「ジナ」の派生語が「ジャイナ」である。彼の生存年代については、前四〇〇年前後とする説と、前五〇〇年前後とする説とがある。仏教経典には、マハーヴィーラがニガンタ・ナータプッタという名で記されている。「ニガンタ」とは、マハーヴィーラが所属する宗教の名である。その意味では、ジャイナ教はニガンタ教であり、マハーヴィーラは開祖ではないことになるが、信者たちはマハーヴィーラを開祖と考えている。

ジャイナ教も輪廻を認め、そこからの解脱を究極の目標と考える。人が身体的行為、言語的行為、心的行為を行なえば、新たな業を生じて霊魂を束縛し、解脱を妨げることになる。解脱するためには、過去に生じた業を取り除き、新たな業を生じさせないようにするための修行や戒律が必要となる。そのうち特に重要なものとして、不殺生と無所有がある。不殺生とは生き物を殺さないことであり、多くの宗教に見いだされるが、ジャイナ教の場合は特に徹底している。例えば地中の生物を殺すことになる農業は、避けるべきとされる。出家者であれば、歩くときにも虫を踏まないようにするなどの注意が必要となる。また無所有とは、一切のものを所有しないことである。出家者であれば、お金や家財はもちろん、食物や衣類等の所有も禁止されている。

ジャイナ教は空衣派（裸形派）と白衣派に分かれる。前者は無所有を徹底し、衣一枚も所有しない。文字どおりの全裸である。後者は、一枚の白衣をまとっている。おおまかにいえば、前者は厳格派、後者は現実派ということになろう。両派の教義はいくつかの重要な点で相違がみられるが、聖典についての見解も異なっている。空衣派では、開祖の言葉は伝承の過程で途絶えたとしているが、白衣派では、みずからの聖典のなかに開祖の言葉が伝承されているとする。

◉ シク教

シク教は、ナーナク（一四六九〜一五三八年）を開祖とする宗教である。現在、シク教徒は一二〇〇万人ほどで、そのうち一〇〇〇万人ほどがインド北西部のパンジャーブ地方に住んでおり、この地域における影響力は大きい。海外にも、旧イギリス植民地を中心にシク教徒が見いだされる。根本聖典は『グラント・サーヒブ』である。これは一七世紀の初め頃に、歴代の指導者が作った宗教詩や、シク教に近い教えを説いた宗教詩を集めたものである。シク教は、ヒンドゥー教の伝統のなかで、イスラーム教の大きな影響を受けながら成立した。輪廻を認め、そこからの解脱を目指す点はヒンドゥー教と共通である。しかし、『ヴェーダ』の学習、供養、苦行などを認めず、またいわゆるカースト制度を否定している。彼らは「唯一のもの」が存在し、それが真理であり、それが宇宙を創造したと信じる。この「唯一のもの」は時間や空間を超越している。姿形をもたないから、物質的に表現されることはありえない。これらの点には、イスラーム教からの影響が顕著である。

「シク」とは弟子を意味する言葉である。シク教徒は師に忠実な弟子だと考えられている所から、そのように呼ばれている。シク教では、すべての人々は平等であるとされ、自ら得た富を分け与えたり、他人のために奉仕したりといったことは、当然と考えられている。特にシク教徒は互いに兄弟姉妹とされており、助け合いの精神はきわめて強固である。一方で、シク教徒には好戦的なイメージがある。彼らは異教徒からのたび重なる弾圧に対抗するため、自ら武装し、優秀な戦闘集団を組織した。そのためインドでは、規律正しく勇敢な人々として知られ、現在のインド国軍における評価も高い。男性の名前の最後に、獅子を意味するシング（シン）をつけることも、この勇敢さと関係している。シク教と聞くとターバンを連想する人が多い。彼らは頭髪も髭も一生剃ってはならないとされ、そのため頭にはターバンを巻いている。イスラーム教徒にもターバンを巻く人は多いが、シク教徒の場合、ターバンは必需品である。

◉ゾロアスター教

ゾロアスター教は、イランのゾロアスターを開祖とする宗教である。現在の信者数は一四万人ほどであり、イランやインドにおいてすら、決して大きな勢力ではない。にもかかわらず、非常に高い関心が寄せられている宗教である。例えばゾロアスター教には、天国と地獄、最後の審判、偶像崇拝の禁止などの考えがある。これらはキリスト教やイスラーム教、あるいはユダヤ教などと共通する。これについては、ゾロアスター教から影響を受けたものだとする指摘もある。また、ゾロアスター教の聖典『アヴェスター』とヒンドゥー教の聖典『ヴェーダ』は、言語学的にきわめて近い関係にあることが明らかにされており、両者の間には類似した語も多く見いだされる。善神アフラ・マズダーの「アフラ」と、仏教に入った阿修羅（インドでは「アスラ」）の語源は同じである。阿弥陀如来の極楽浄土の思想に、ゾロアスター教からの影響を指摘する声もある。ゾロアスター教自体が中国に伝えられており、「祆教《けんきょう》」と呼ばれていたというのも興味深い事実である。火に対する崇拝（そのために「拝火教」と呼ばれることもあった）や鳥葬に対する関心も高い。

開祖の名は一般にゾロアスターと呼ばれているが、原語に近い表記をすればザラスシュトラとなる。この語がなまって英語に入り、ゾロアスターと呼ばれるようになった（ちなみにドイツ語ではツァラトゥストラと呼ばれる）。生存年代については見解には数百年の幅があるが、前六〇〇年頃とする説が比較的有力である。伝承によれば、彼は三〇歳頃に啓示を受けて、七七歳で殺害されるまで、その教えを説き続けた。活躍したのはイラン北東部と考えられている。ササン朝（後三〜七世紀）の時代にイランの国教となって勢力を拡大し、組織も確立する。しかし、イスラーム教の侵入によって急速に衰え、現在イランに住むゾロアスター教徒はおよそ二万人である（すでに述べたように、およそ八割はインドに住む）。

聖典『アヴェスター』とは、多くの聖典の総称である（二種の異なる言語が用いられている）。これに含まれる一つの聖典『ヤスナ』のなかのガーザーと呼ばれる部分のみがゾロアスターの手によるものであり、他の大部分は後世の追加である。教義の基本には、善神アフラ・マズダーと悪神アンラ・マンユ（アーリマン）の対立という考えがある。この世のあらゆる善を創造したのはアフラ・マズダーであり、この世のあらゆる悪を創造したのはアンラ・マンユである。両者の争いは、この世の始まりとともに開始されるが、最終的には善神アフラ・マズダーが勝利する。人間は善神アフラ・マズダーによって創造されたが、自由を与えられており、善神・悪神のどちらに味方するかは本人に任されている。善神を信じるものは善を行ない、悪神を信じるものは悪を行なうことになるが、それらの行為が死後の運命を決定する。生前、善を行なった者（善行がより多い者）は天国に行き、悪を行なった者（悪行がより多い者）は地獄に行く。やがて、この世の終末が来ると最後の審判が行なわれる。善神を信じた者たちは、神の王国（善の王国）において永遠の生命を与えられる。

最後に、火に対する崇拝と鳥葬に触れておこう。ゾロアスター教では、偶像崇拝が禁止されている。したがって、アフラ・マズダーの像を作って、それを拝むということはできない。そのため、アフラ・マズダーを象徴する祭壇上の聖火が礼拝の対象となっている。

ゾロアスター教では、火のみならず、土や水も神聖である。汚れとされる死体を神聖な火で焼いたり、神聖な土に埋めたり、神聖な水に流すことはできない。そのような理由から選ばれたのが鳥葬である。死体はもちろん、そこから流れ出る血液なども大地に触れてはならない。そのように配慮して作られた塔の上に、死体が置かれることになった。チベットでも鳥葬が行なわれるが、そこでは人生最後の布施として行なわれており（仏教の教えに基づく）、その意図はまったく異なる。

（寺石悦章）

参考文献

中村元『ヒンドゥー教史』山川出版社、一九七九年。

マドゥ・バザーズ・ワング著、山口泰司訳『ヒンドゥー教』青土社、一九九四年。

谷川泰教「ジャイナ教」『東洋思想　第五巻　インド思想一』岩波書店、一九八八年。

中村元『中村元選集第十巻（決定版）　思想の自由とジャイナ教』春秋社、一九九一年。

コール・W・P／サンビー・P・S著、溝上富夫訳『シク教・教義と歴史』筑摩書房、一九八六年。

ニッキー・グニンデール／コウル・シング著、高橋堯司訳『シク教』青土社、一九九四年。

メアリー・ボイス著、山本由美子訳『ゾロアスター教』筑摩書房、一九八三年。

前田耕作『宗祖ゾロアスター』筑摩書房、一九九七年。

第七節　仏　教

◉「仏教」の見取図

仏教はインド起源であるが、南アジア・東南アジア・中央アジア・東アジアといった広範な地域に多大な影響を与えてきた。このうちインド・中央アジアなどにおいて信者は激減したものの、それ以外の地域ではたくさんの人々が現在でも仏教を信仰している。

仏教は、それぞれの土地の習俗と融合しながら広まったといわれる。多様な民族、多様な文化圏で信仰される仏教は、その姿もきわめて多様であり、それらをひとまとめにして論じることは難しい。以下では、インド・東南アジア・チベット・中国・朝鮮半島・日本の各地域に分け、必要があればさらなる区分をして、この多様な仏教の姿を紹介したい。

なお、インドの仏教は原始仏教・部派仏教・大乗仏教の三つに分かれる。このうち、主に部派仏教の流れを引いているのが東南アジアの仏教（南方仏教・南伝仏教）、主に大乗仏教の流れを引いているのがチベット・中国・朝鮮半島・日本など東アジアの仏教（北方仏教・北伝仏教）である。

◉インドの仏教

▼原始仏教

仏教は、ゴータマ・シッダッタ（シッダールタ、紀元前四六三～三八三年）によって開かれた（ゴータマの生存年代・年齢等については諸説ある）。父親はシャーキヤ（釈迦）族の王であり、ゴータマはその王子として誕生する。やがて結婚し、一子ラーフラをもうけるが、人生の問題に深く悩み、二九歳で出家する。その後、何人かの師について修行し、また厳しい苦行を行なうなどするが、やがて瞑想によって覚りを開き、ブッダ（仏陀、覚者）となる。

その後は四五年間、雨季以外は一カ所に定住することなくインド各地を歩き、人々に教えを説き続けた。次第に弟子の数も増加し、仏教教団（サンガ）が形成されていった。

彼の死後、弟子たちが集まって、記憶の内容を確認しあった（当時は教えを暗記するのが当然だった）。そのような記憶の確認が、その後も何度か行なわれ、次第に教えが整理されていった。しかし当時の教えは、そのままの形では伝えられていない。現在、最も古い形を残しているとされるのは、南方仏教に伝えられているパーリ語の経典である。

では、ゴータマの教えとはどのようなものであったのだろうか。伝えられている彼の教えは体系的なものではないため、その全体像を示すことはきわめて困難である。ここでは、その特徴の一部を紹介するにとどめる。

彼は実践を重視し、理論のための理論（なかでも形而上学的な理論）を軽視した。世の中では、賢者・知者とされる人々がそれぞれ異なった意見を述べ、決着のつかない論争をしている。このような論争に加わることや議論にとらわれることを避け、心穏やかに修行に励むべきことを勧めている。では、何を目指して修行すればよいのか。彼は、「法（ダンマ、ダルマ）を観る」ことを勧めている。仏教では「法」という言葉が様々な意味に用いられているが、ここでいう法とは真理という意味である。法は誰に対しても明らかであり、隠されることがないという。では、なぜ修行しなければならないのか。それは、人生が苦しみであるからにほかならない。彼は（同時に、当時のインドの修行者たちは）人生を苦しみととらえていた。人間は、生まれた限りは老いなければならず、何らかの病にかかり、やがては死ななければならない。「自分の身体」というが、自分のものであるはずの身体ですら、実は自分の思い通りにならない（自分の意志で「老いない」「病気にならない」「死なない」といったことは不可能である）。このようなことから、人生は苦しみだと考えられていた。

仏教の基本的教説とされる四諦《したい》、八正道《はっしょうどう》、十二《じゅうに》縁起《えんぎ》などは、このようなゴータマの教えに基づいて、かなり早い時期に成立したと考えられる。四諦の「諦」とは「真理」という意味で、苦諦（この世界は苦だという真理）・集諦（苦しみの原因は煩悩だという真理)・滅諦（苦しみの消滅した状態が理想だという真理)・道諦（八正道が理想の境地に向かう修行法だという真理）からなる。道諦の内容を構成する八正道は、正見・正思惟・正語・正業・正命・正精進・正念・正定からなる。また十二縁起（十二因縁）とは、苦悩を滅するための条件を系列化したもので、無明・行・識・名色・六処・触・受・愛・取・有・生・老死からなる。

これらと並んで、無我も仏教の基本的教説の一つとされてきた。一般に理解されている無我説とは、本当の自分（アートマン）が存在しないという教えである。しかし初期の経典に説かれているのは、「われわれが本当の自分だと考えているものは、実は本当の自分ではない」という教えであり、「本当の自分が存在しない」という教えではない。

▼部派仏教

部派仏教とは原始仏教以後、仏教教団が分裂して以後の仏教のことである。ただし、この後で取り上げる大乗仏教は、部派仏教には含まない。

ゴータマは、相手の個性や状況に応じて教えを説いた。その相手にとってはぴったりの教えであっても、その教えが他の人にそのまま当てはまるとは限らない。部派仏教は、そのような教えを誰にでも当てはまる一般的、普遍的な教えに書き換える時代だったということができるだろう。教団分裂の背景には、教義解釈の相違に基づく対立があったと推測される。原始仏教教団はまず上座部、大衆部の二つに分裂したらしく、これを根本分裂と呼ぶ。やがて分裂を繰り返し二〇部ほどになり、その分裂がひとまず終了したのは紀元前一〇〇年くらいのことと考えられる。このなかで特に有力だったのは、上座部・説一切有部（有部）などである。このうち有部は、現象界のいかなるものも永遠ではない（変化する、生滅する）という無常の概念を、三世実有説によって説明したことで知られている。

有部によれば、この世界を構成する要素的存在としての法（ダルマ）は、もともと未来にあるが、因縁によって引き出されて現在に現れ、やがて過去に去っていく。現在では一瞬しか存在しないから無常であるが、法そのものは過去世・現世・未来世の三世にわたって存在し続けるというのが、三世実有説である。この無常でありながら永遠だとする教説は、後に中観派などから激しく批判されることになる。
部派仏教の時代、教義はきわめて体系的に、精密に理論化されていった。しかし同時にそれは、教義が煩瑣になる過程でもあった。

▼大乗仏教

大乗仏教は紀元前一世紀頃に起こったらしい。部派仏教の姿以外に、仏教のあるべき姿を見いだした人々の流れが、大乗仏教を形成していった。一口に大乗仏教といっても、そこには多様な教えが含まれている。多様な教えが多様な経典を生み出し、その経典に基づいてさらに多様な教えが発展していった。『般若経』『華厳経』『法華経』『阿弥陀経』『無量寿経』『維摩経』など、日本で知られている経典のほとんどは大乗経典である。

「大乗」とは「大きな乗り物」という意味で、みんなで一緒に覚りに向かう、誰でも覚りを開くことができるという教えを示すといわれる（部派仏教は自分の覚りしか考えない仏教であり、「小さな乗り物」すなわち「小乗」だという非難が、大乗仏教の側からあびせられた）。このような考えから、広狭二義の菩薩の観念が新たに生み出された（それまでの菩薩という語は、主に前世のゴータマを指す言葉として使われていた）。大乗仏教では、誰もが覚りを開く可能性をもち、誰もが他人のための実践（利他行）を行なうとされる。そのような意味で、すべての大乗仏教徒は菩薩である（広義の菩薩）。一方で、経典などには超人的な力を発揮する観音菩薩・地蔵菩薩・文殊菩薩・普賢菩薩などが登場する。彼らは覚りを開く境地に達しているにもかかわらず、人々を救済するために、あえて覚りを開かず、菩薩の境地にとどまっているのだとされる（狭義の菩薩）。

大乗仏教の教理を担っていたのは、中観派（マーディヤミカ）と瑜伽行派（ヨーガーチャーラ、唯識派）という二つの学派である。このうち中観派は、主にナーガールジュナ（一五〇〜二五〇年頃）の思想をもとに教義を形成していった。中観派によれば、この世のあらゆるものはきわめて複雑な関係性のうえに成立している。一つひとつのものが、様々な条件（縁）に支えられて成立しているのであり（縁起）、条件が変わればそれに支えられているものも変化する。つまり、

図1－11　信者から食物の施しを受けるラオスの僧

出典：『図説 世界の宗教大事典』ぎょうせい，1991年，255頁。

あらゆるものは固有の性質をもっておらず（無自性）、空だというのである。このような主張の背景には、独立した存在としての法を認める有部に対する批判があったものと考えられる。中観派は、アーリヤデーヴァ（三世紀頃）、チャンドラキールティ（六五〇年頃）、シャーンタラクシタ（七二五～七八四年頃）などによって受け継がれていく。

瑜伽行派（唯識派）は、主にアサンガ（三九五～四七〇年頃）とヴァスバンドゥ（四〇〇～四八〇年頃）の思想をもとに教義を形成していった。瑜伽行派によれば、あらゆるものは空であり、あらゆる存在はただ心（識）のあらわれにすぎない（唯識）。これはヨーガの実践によって到達される境地であり、瑜伽行派の「瑜伽」とはヨーガのことにほかならない。この瑜伽行派の流れから、ディグナーガ（四八〇～五四〇年頃）やダルマキールティ（六〇〇～六六〇年頃）が現れる。彼らの活躍により、論理学、認識論、言語哲学などの分野で飛躍的な発展が遂げられることになる。

精緻で論理的な学説が発展していく一方で、強い宗教性をもった密教が七世紀後半から台頭してくる。密教では、ミクロコスモスとしての人間（自分自身）をマクロコスモスとしての大宇宙（大日如来）と一体化させ、自らが絶対の存在となることで即身成仏できると教える。その手段とされるのが、手に印契を結び、口に真言を唱え、心に本尊（大日如来）を観想する三密の行である。密教の中心となる教義は中観派や瑜伽行派の発展形態として位置づけられるが、仏教以外の要素をも数多く包含している。

インドの仏教は、イスラーム教徒の侵入などにより、一三世紀にはほぼ全滅する。

◉東南アジアの仏教

東南アジアの仏教はスリランカからもたらされたものである。スリランカでは、紀元前三世紀にインドのアショーカ王の王子によって、初めて仏教が伝えられた。インドとは地理的にきわめて近いため、その後も大乗仏教を含む様々な教えが伝えられたが、主流になったのは部派仏教の上座部の流れである。これが、ミャンマーやタイなどの東南アジアの国々に伝えられた。これらの国々では、仏教の伝統が途絶える危機を経験するたびに、互いに仏教を輸入しあい、復興してきた。そのため、東南アジアの仏教は共通性が非常に高い。いずれの国でもパーリ語の経典が用いられており、教えの中心となる部分は基本的には同一である。

現在でもタイの男性は、一度は出家する（後に還俗する）のが当然のこととされている。これは子どもから大人になるための一種の通過儀礼と見なされ、出家することによってはじめて一人前と見なされている。僧侶は社会の尊敬を受けており、その地位は高い。座るときは一段上に、歩く時は前に、話すときには特別の敬語を、と様々な点で敬意が払われている。

◉チベットの仏教

一般に中国で用いられている経典は中国語（漢訳）であるが、チベットで用いられている経典はチベット語である。今でこそチベットは中国領であるが、以前は独立国であった。

チベットに仏教が伝えられたのは七世紀のことである。この時は、中国とインドの両方から、ほぼ同時に、異なる系統の仏教が輸入されている。両系統の仏教は優劣を競ったことなどが伝えられているが、しばらくは両者の並存する時代が続く。やがて九世紀になると、国内は混乱の時代となる。一一世紀になって国内が安定すると、インドから仏教が再輸入される。当時のインドでは密教が盛んであったため、チベットでも密教が主流となり、現在までこの傾向が続いている。インドの仏教が一三世紀にほぼ全滅していることを考えると、チベット仏教はインド仏教の最後の発展形態を受け継いだ仏教だということもできる。いくつかの有力な学派が存在するが、このなかのゲルク派が一六四二年にダライ・ラマ政権を誕生させ、それ以来、政教一致の国家を目指してきた。現在は中国政府との対立から、ダライ・ラマ一四世はインドに亡命している。

（寺石悦章）

参考文献

平川彰『インド仏教史（上巻）』春秋社、一九七四年。
平川彰『インド仏教史（下巻）』春秋社、一九七九年。
中村元『中村元選集第一五巻（決定版）原始仏教の思想Ⅰ』春秋社、一九九三年。
マドゥ・バザーズ・ワング著、宮島磨訳『仏教』青土社、一九九四年。
岩本裕編『東南アジアの仏教』佼正出版社、一九七三年。
山口瑞鳳『チベット（下）』東京大学出版会、一九八八年。

第八節　中国の仏教

仏教を構成要素という観点から見た場合、それは仏法僧の三宝に集約される。即ち、仏陀とその象徴としての仏舎利や仏像およびそれらを安置した塔や寺である「仏」、教えが記された経典である「法」、僧の集団である僧伽「僧」の三宝である。本節では先ずこの三つの視点で伝来期から定着期にかけての中国仏教を概観し、次に習合と廃仏という視点から中国仏教を論じる。中国にとって仏教は外来の体系であり、その定着過程では習合が起こる。習合では、仏教側が既存の体系から影響を受け変容するだけでなく、既存の体系が仏教の影響を被る。一方、既存の体系が仏教を拒絶する場合、習合とは逆に廃仏が起こる。習合と廃仏の双方向の動きは中国仏教を概観する際に重要である。

◉伝来期から定着期にかけての中国仏教の仏法僧

中国への仏教伝来は後漢の時代、一世紀頃とされるが、伽藍形式の寺の初めは、後漢後期の笮融《さくゆう》が徐州に建てた浮屠《ふと》寺《じ》とされる。後漢時代の末には経典の漢訳が洛陽で始まっていることから、浮屠寺には「法」としての漢訳経典が蔵されていたであろう。笮融の奉仏行為では、仏像の鋳造に加え、潅仏会や施食といった儀礼も実施されていた。

中国仏教は漢字による仏教と定義されるほど漢字資料のもつ意味が大きい。西域からもたらされた、梵語などで書かれた経典類の漢訳で現存する最古のものはパルティア出身の安世高によるものであるが、彼以降、多くの渡来僧が仏典の漢訳に従事した。安世高の訳経の多くは初期仏典であったのに対し、彼と同じ頃に活躍した支婁迦讖《しるかせん》の訳経はすべて大乗経典であり、後秦時代の鳩摩羅什《くまらじゅう》の活動によって中国仏教の主流は大乗となる。西域では広い地域で長い時間をかけ膨大な数の経典が作成された。相互に矛盾する内容を説く経典もあったが、それらは比較的短期間に無秩序に中国にもたらされたので、中国では諸経を整理分類し、体系的に解釈する動き、つまり教相判釈が盛んになった。なかでも三乗の区別、仏性の問題はその中心トピックとなった。

従来、出家は西域人に限られていたが、五胡十六国時代にクチャ出身の仏図澄《ぶっとちょう》の働きかけにより漢人の出家が公許されるようになり、彼の門下からは、竺法雅《じくほうが》、道安《どうあん》といった、中国色豊かな仏教の開花に多大な功績を残した漢人僧が輩出している。とりわけ、道安門下から出た、東晋の慧遠《えおん》は、死後の霊魂と肉体との関係をめぐって、輪廻を認めない伝統思想と対決するなどし、中国仏教徒の取るべき立場を鮮明にした。

◉ 習合と廃仏

中国最初の仏教信仰者とされる楚王英《そおうえい》によって既に仏は現世利益の神として祀られ、その教えは不老長生を主旨とするものとして解されていた。西域からの渡来僧も経典の訳語に老荘思想を背景とする語を早くから用いており、彼らは漢文化の物差しを用いることで外来思想を流布させようとしていた。また、士大夫層の弟子をもっていた竺法雅《じくほうが》らは、中国の古典に書かれた事柄になぞらえて仏典の内容を説いた。これを格義というが、格義においては仏教の五戒が儒教の五常に配されるなどした。他方で、経典の漢訳に際して対応する語が漢字にない場合などに新たな漢字文字や熟語が作られることがあった。

西域からリアルタイムで経典がもたらされるのを目の当たりにし、更には訳経作業を通じて経典の「書かれ方」を体得した中国仏教の担い手たちは、西域からの経典になぞらえて自らの手で経典を作成した。擬経と呼ばれるこれらには中国人の理想と習合した仏教が描かれている。例えば、五世紀後半に成立した『梵網経』では、師僧と三宝の上に父母がおかれ、それらへの孝順が菩薩の戒とされている。擬経は大規模な廃仏が行われた後に作成されることも多く、廃仏の反省に立つ、時代と習合した仏教が擬経として描かれることもあった。

一方、仏教が既存思想に与えた影響としては、少なくとも二世紀半ばには説かれていたとされる老子化胡説が注目される。これは老子が西域で仏陀となり民衆を教化したとする説であるが、これを道教が説いたとすれば、道教に及ぼした仏教の影響が窺い知れる。後漢末の太平道、五斗米道から発した道教がその教理体系を形成する原動力となったのはそもそも他ならぬ仏教の体系であった。教主、経典、戒律を完備した教団としての道教が成立するのは仏教の影響が強まった南北朝期のこととされ、道教はそのモデルを仏教に求めたのである。また、像を作り信仰対象を祀るという文化を中国に定着させたのも仏教であった。

ところが仏教が社会に定着し力をもつと、既存の体系は仏教を排除するようになる。仏教に対する主な批判は、税を逃れる仏僧の不経済性、仏僧の堕落、寺院建立と仏事による国費の乱用、出家主義に立つ仏教の出世間性と非倫理性に向けられた。出世間性は皇帝不敬問題に繋がり、出家や剃髪は父母への孝養の否定であるとして非人倫性が糾弾された。「三武一宗の法難」に代表されるように廃仏が為政者によって断行され、多くの場合、その背景には儒教や道教の思惑があった。廃仏は仏教に大打撃を与えたが、明代に民衆一般にまで広まり現代中国にまで引き継がれる「三教一致」思想の一翼を仏教が担っていることは、仏教が廃仏の度に自らを変革し、復興を遂げてきたことの証である。

◉ 仏教が中国にもたらしたもの

仏教が中国にもたらしたのは、輪廻と来世の世界観や業果思想、煩悩に代表される人間の心に対する深い内省や洞察、そして因果法則、縁起、空といった、現象世界を貫く普遍的原理などであった。これらは中国の既存の体系から激しく批判されたが、かつてないものであったがため人々を魅了し、その結果、中国に仏教が根付いたのである。

参考文献

鎌田茂雄『新中国仏教史』大東出版社、二〇〇一年。

船山徹『仏典はどう漢訳されたのか――スートラが経典になるとき』岩波書店、二〇一三年。
石井公成『東アジア仏教史』岩波書店、二〇一九年。

（酒井真道）

第九節　朝鮮半島の仏教

我が国への仏教伝来は朝鮮半島経由であり、日本にとって朝鮮仏教がもつ意味は大きい。朝鮮半島に最初に仏教が伝わったのは高句麗で、三七二年のことであり、次いで百済で、三八四年、新羅には第十九代訥祇王の在世中（四一七〜四五七）のことである。前二者には中国から伝えられ、新羅には高句麗経由でもたらされた。統一新羅の時代には仏教は統一国家の精神的支柱として護国宗教の性格を強めると同時に、元暁《がんぎょう》、義湘《ぎしょう》といった優れた僧侶が輩出し、その後の朝鮮仏教の礎が築かれた。

◉統一新羅時代以降の朝鮮仏教学

中国仏教学を体系化と序列化を志向する教相判釈の仏教学とするならば、朝鮮半島の仏教学は総合と融合のそれとして特徴づけられる。その体現者の一人が統一新羅初期の元暁《がんぎょう》である。彼は大乗仏教のほぼ全ての領域に通暁した学僧であり、教相判釈も行っているが、その目的は、如来蔵思想とそれに基づく真俗平等の立場から、華厳や法相、律、三論、浄土教など、あらゆる教学を和合することにあった。統一新羅末には禅が受容され、高麗時代には天台宗が新たに成立するが、総合仏教の伝統は高麗時代にも継承された。現在の韓国仏教主流派として知られる曹渓《そうけい》宗の開祖である知《ち》訥《とつ》は、禅の宗旨と『華厳経』が説く智慧の一致を覚り、朝鮮禅と言われる独自の禅を創唱した。

◉ 護国仏教と高麗大蔵経

古来より三国が鎬を削っていた朝鮮半島では仏教に護国が期待された。新羅の半島統一の原動力となったのは仏教であり、新羅では六世紀半ばから『仁王経』による百座講会を行うことで護国を祈り、特定の日に八戒を守る斎会である八関斎会を行うことで戦死した士卒の霊を弔った。この護国仏教の流れが世界的な文化事業として結実したのが高麗大蔵経の刊行である。高麗は数度にわたり国家事業として大蔵経の刊行を行っているが、契丹軍の侵攻撃退を祈願して開版された初刻はモンゴル軍により焼き払われ、モンゴル軍撃退を祈願して再刻された八万枚あまりの大蔵経は十六年もの歳月をかけて一二五一年に完成した。高麗八万大蔵経と呼ばれるこの版木を保管している海印寺（大韓仏教曹渓宗）は一九九五年にユネスコの世界遺産に登録された。

◉ 統一と護持の仏教

朝鮮仏教の営みは、三国を統一して纏め上げる動きと、統一後の半島を外圧から護持する動きと、パラレルにあると言える。纏め上げの教学は元暁や知訥に見られ、護国の動きは百座講会や八関斎会の儀礼、そして高麗大蔵経の刊行という国家事業に見られる。その後の李朝は儒教を国教化し仏教は衰退に向かったが、今でもなお、仏教が大韓民国第二の宗教であることは、半島統一と外圧からの半島の護持に仏教が果たした役割の大きさを物語っている。

（酒井真道）

参考文献
石井公成『東アジア仏教史』岩波書店、二〇一九年。
鎌田茂雄『朝鮮仏教史』講談社、二〇二〇年。

第一〇節　日本の仏教

● 仏教伝来と氏族による受容

仏教の公伝は、百済の聖明王が仏像と経典を朝廷に贈呈した五三八年といわれる。伝来当初は、崇仏派の蘇我氏と排仏派の物部氏との対立があったが、渡来系氏族が住む飛鳥に仏教は根づき、用明朝と推古朝に興隆の基礎が築かれた。六世紀末には日本最古の伽藍、飛鳥寺（法興寺）が建立され、聖徳太子は法華・勝鬘《しょうまん》・維摩《ゆいま》の『三経義疏《さんぎょうぎしょ》』を著し、「篤く三宝を敬え」（一七条憲法第二条）の仏法精神を根幹に人心統一をはかった。四天王寺や法隆寺は太子の建立による。中央豪族の私寺建立も次第に増え、天智天皇や天武天皇の時代以降は、仏教は氏族受容の段階から天皇が帰依する国家仏教の段階へと進み、七世紀末には寺院は五〇〇あまりを数え、関東から北九州まで及んだ。こうした仏教の地方伝播は、律令体制の全国的拡張と連動したものであった。

● 南都仏教

奈良時代の仏教は、国家仏教の性格を強め、官寺を中心に鎮護国家の祈禱が行なわれた。その象徴が、聖武天皇による国分寺造営の詔と大仏造営発願の詔である。国分寺の塔には国土擁護を説く金光明最勝王経が安置され、国分尼寺では女性成仏と庶民滅罪を説く法華経が読誦《どくじゅ》された。また、経典が重視されたために写経が盛行した。南都六宗（倶舎《くしゃ》・三論・成実《じょうじつ》・法相《ほっそう》・華厳・律）は、留学僧らが伝えたもので、東大寺、西大寺、唐招提寺などの大寺は七堂伽藍を擁し、金色燦然たる仏像や壁画の仏国土が大陸の仏教文化への憧憬を誘った。一方、国家仏教と離れて行基や私度僧らは、山林修行の傍ら造仏・写経・放生《ほうじょう》・架橋などの事業を通して民衆を教化した。

◉平安仏教

桓武天皇の平安遷都で大寺移建の慣例が廃止されたことは、新たな平安仏教を生む契機となった。入唐求法《にっとうぐほう》して最澄は天台宗を開いて比叡山に一乗止観院（後の延暦寺）を創建し、空海は真言宗を開いて高野山に金剛峯寺を建立した。南都仏教が僧侶が政界と連携した都市仏教だとすれば、平安仏教は政権から距離を保って不可侵の聖域を築いた山林仏教であった。最澄の大乗戒壇創設の運動は、国家権力からの僧戒自立の運動であった。空海の密教思想は、手に印契を結び、口に真言を称え、心に仏徳を念ずることで仏と衆生が一体の即身成仏が実現すると説いた。平安中期以降は、末法思想が人心を強くとらえて、阿弥陀浄土信仰が盛んになった。この時期、空也は口称念仏を民間に布教しつつ、土木・灌漑などにも挺身し、横川の源信は観念と称名の念仏を説いた『往生要集』を著し、二十五三昧会を主導した。後述する鎌倉新仏教の宗祖たちの多くは、比叡山で修行を積んでいる。天台の本覚《ほんがく》思想は、現実世界の絶対肯定を特徴とするが、その本来成仏を認める思想には仏教の民衆化を用意した側面もある。また、奈良時代に生じた神仏習合は次第に広がり、日本の神々を仏・菩薩の権現と見る本地垂迹《ほんじすいじゃく》説が現れた。

◉鎌倉仏教

鎌倉新仏教の出現は、民衆への仏教の流布という点で画期的であった。法然は南無阿弥陀仏の称名念仏に専修する浄土法門を説き、南都北嶺の迫害や讃岐配流などの苦難を経ながらも、在家のまま往生できる念仏の道を切り開き、日本浄土教発展の礎となった。この称名念仏を正定業《しょうじょうごう》とする教えを徹底させたのは、弟子の親鸞である。越後配流の後、親鸞は東国に移って農民や武士に信心為本を勧め、浄土真宗の宗祖となった。阿弥陀仏の本願に帰依する絶対他力と悪人正機説で知られ、師の認可の下に妻帯を敢行した。やや遅れて現れた一遍は、その生涯の大半を諸国遊行の旅に過ごした時宗の開祖である。熊野本宮に参籠中に熊野権現（本地は阿弥陀仏）の夢告を得た一遍は、念仏札を配る賦算《ふさん》と踊り念仏によって武士や民衆の間に念仏を広めた。ほぼ同時期に東国では日蓮が現れて日蓮宗を開き、法華経を唯一の正法と認めて南無妙法蓮華経の題目を勧めた。日蓮は幾度かの法難を被りつつ、他宗攻撃や辻説法を通して個人と社会・国家の救済を目指した。

他方、二度入宋して臨済禅を受けた栄西は、帰朝後に建立した建仁寺を延暦寺の末寺と見なし旧仏教と協調しつつ禅の弘通をはかった。同じく入宋した道元は、世俗の権力との接近を避け、越前に曹洞禅の専修道場である永平寺を開き、只管打座《しかんたざ》と修証一等の厳格な仏道を究めた。いずれも不立文字《ふりゅうもんじ》・直指人心《じきしにんしん》を旨とし、公案や坐禅によって開悟に至る行法は、武家の気風とも合致した。これら新仏教の出現は、旧仏教に反発運動を起こさせ、華厳宗の明恵《みょうえ》らが戒律厳守を復興させて、旧仏教の擁護に努めた。

◉ 室町仏教

鎌倉新仏教が全国的規模で流布したのは、室町時代に入ってからである。日蓮宗の日親は折伏を行ない、浄土宗では弁長が開いた鎮西派が勢力を現し、真宗では本願寺の蓮如が東海・北陸等の諸国を巡錫して教線を拡張した。また、阿弥号をもった集団の芸能活動（仏工・能など）も盛んになった。とりわけ、京都五山（天竜寺、相国寺、東福寺など。南禅寺は別格）・鎌倉五山（円覚寺、建長寺など）寺院と幕府は、経済的なつながりを通じて緊密な関係を結び、禅僧も詩文の教養を尊んだ結果、五山文学の隆盛を見た。室町後期には五山禅は衰え始め、代わって大徳寺や妙心寺ら林下の禅が台頭した。一休は大徳寺禅を堺の町衆社会に根づかせ、武将や茶人との交流をもった。

◉ 近世仏教

この時期の仏教は、完全に幕府の統制下に置かれた。寺地の免租や僧尼への課役の免除など、幕府は仏教と寺院への保護策をとる一方で、寺院法度で本寺（本山）末寺関係を確立させ、キリシタン禁制に伴う宗門改で寺請制度・檀家制度を成立させた。民衆は特定の寺院を檀那寺とし、婚姻や住居移転には寺院発行の宗旨手形を要した。いわゆる葬式仏教の直接の起源は、古来の祖先崇拝の習俗に檀家制度が重なったことに求められる。この制度が家と寺と墓を一体化したのである。

◉　明治以降の仏教

明治政府が打ち出した神道国教化政策は、仏教界に深刻な打撃を与えることになった。神仏分離令によって寺院と神社は分離され、神社からは仏塔や仏像が撤去されて寺請制度が解体するという未曾有の廃仏毀釈《はいぶつきしゃく》の嵐が吹き荒れた。しかし同時に各宗門内で近代化運動も起こり、近代社会のなかで生き抜くための方策が模索された。女子教育や高等教育の機関が設置されたが、それらは今日の宗門系大学の前身となった。

右に述べたように、日本仏教の特色は、出家よりも在家への弘布、その根拠としての成仏思想の深化、唯一行や易行の徹底的選択、他宗教との習合などに見られる。いずれにせよ、日本仏教は、インド発祥の原始仏教が日本列島を舞台にして独自の展開を遂げたものである。

（棚次正和）

参考文献

藤井学「日本仏教」『世界大百科事典』日立デジタル平凡社、一九九八年。
玉城康四郎『新しい仏教の探求――ダンマに生きる』大蔵出版、一九九〇年。

第一節　道　教

◉ 道教のカテゴリー

儒教・中国仏教とならんで中国の三大民族宗教と考えられている「道教」とは何かという問題については、いまだ明確な定義は確立されていないのが実情であろう。

いったい「道教」という名称は、もともと道にかなった正しい教えというほどの意味を表す普通名詞であった。だから戦国期中葉（前四世紀）の『墨子』非儒篇からは、儒者がみずからの教説を夏殷周三代の先王（聖人）の道についての教え、すなわち「道教」と呼んでいたことが知られる。またそこには、みずからの信奉する伝説の聖人である禹《う》（伝説の夏王朝の創始者）への尊崇と儀礼、そこから演繹される倫理規範をもって正真正銘の「道教」と見なし、かえって儒者を激しく論難する墨者の立場が表白されている。あるいは、インド伝来の仏教が中国に土着化しやがて中国仏教を独自に発展させていく過程において、老荘思想がその受け皿となった関係から、当初、「菩提」を意味するサンスクリット語の bodhi が老荘思想の基本概念である「道」をもって漢訳された。こうして仏者もまたみずからの教説を「道教」と称したのである――三国の魏の時代に漢訳された『仏説無量寿経』には、「道教」という術語が無量寿仏の教えすなわち仏教を意味している用例を、四カ所に認めうるという（福永光司『道教思想史研究』岩波書店、一九八七年、四五八頁）――。

このように、後に道教教団が形成されて「道教の徒」を自称する以前において、「道教」の名称は、先王（聖人）の道の教えであったり、もしくは仏道についての教えであるといったように、儒教と仏教の立場からそれぞれに使用されたものであった。

◉道教の成立と展開

道教徒が、儒教や中国仏教（以下、仏教と略称する）に対して、自覚的に「道教」の呼称を用いるようになったのは、文献のうえからは、一説に五世紀に著された北魏の正史『魏書』釈老志の記述をもって初出とするようである。そこには、道家が老子に淵源するといいながら、後文には老子は黄帝とその曾孫帝嚳《ていこく》、ならび禹と尹喜《いんき》（戦国期の秦人《しんひと》。函谷関の番人で老子から『道徳経』五〇〇〇言を授かったとされる）の師であったとするような、道教文献によくある奇怪な作話もみえる。だが、道士の冦謙之《こうけんし》（三六五？～四四八年）に降臨した太上老君（老子）が、彼に天師の位を授けたうえで、後漢末から魏の張陵《ちょうりょう》・張衡《ちょうこう》・張魯《ちょうろ》の三代を経てなお継続した天師道（五斗米道）から、「租米銭税」（五斗の米を納税）と「男女合気の術」（房中術）を除去し、「道教」を清く整えることを命じたとされることなどは、作話には違いないけれども、確かに神格としての老子を最高神とする教えが「道教」だとする自覚のすでに存在していたことを示唆する――老子が周王朝に仕えた人物であったという伝承が災いしてか、六世紀あたりには原始天尊が、宋代（一三世紀あたり）には昊天《こうてん》玉皇大帝なる最高神が上に重なるように造られた――。

さらに、「道教」を明確に三教のなかに位置づけた最初の用例としては、これを中国（夏＝華）に固有の宗教と見なし、異国（夷）の宗教である仏教に対置してその優位を説いた、南朝の道士顧歓《こかん》（四二〇～四八二年）が著した『夷夏論《いかろん》』に見えることは、諸説のほぼ一致するところである。時代が下って北周の武帝期（在位五六一～五七八年）ともなれば、帝が高座から三教の先後を弁じて儒・道・仏の位置関係においたという記述がみえる（『北史』周本紀）。このことは、「道教」という名称がこの時代すでに今日いうように狭義にとらえられて、信仰の対象をある程度共有するところの一教団を指示していたことを物語る。と同時に、巷間における道教勢力が、仏教勢力に十分に対峙できる段階に達していたことも示唆されている。

こうしてみると、道教は五世紀あたりからその輪郭をかなり鮮明にしてきたといえる。その源流についていえば、先

図1－12 北京での道教儀礼
出典：『図説 世界の宗教大事典』ぎょうせい，1991年，38頁。

述した道家（老荘）思想や天師道は重要な位置を占めるものであるが、それにとどまるものではなくその他に多様な要素もあって学説が分かれるところである。ただし、少なくとも、原儒（第一二節儒教を参照されたい）を生んだその中国古代のシャーマニズム的風土が、道教を産出する基底として存在したこともあらためて想起されるべきであろう。一つの見方としては、儒教と道教とを同根異茎とみることもできる――無論、多神教の道教にみえる神々の系譜などには、南方の楚国の神話が数多く挿入されているとする説は無視されるべきではないし、老子の実在は不明な点も多いが楚国（現在の湖北・湖南省等にまたがる一帯）の出身とする伝承もある。しかし、儒と老、いい換えれば孔子と老子を生んだ大地を、ことさらに北と南とに分断しようとするのは固陋《ころう》にすぎるように思われる――。

そのうえで、今日までの研究成果を総合していえることは、広い意味での道家思想、儒教の宗教儀礼や忠・孝・仁・貞などの徳目に象徴される倫理思想、仏教の輪廻・解脱や度世救済などの思想、さらには陰陽五行論や天文暦数、易や讖緯《しんい》（占い）、中国医学などを複層的に取り入れたのが道教であって、その源流はきわめて複合的かつ多元的であると考えられる。道教はその後の発展のなかで、教団としての教理・儀礼・哲学大系を一応完成する隋唐から五代への時期とほぼ時を同じくして、唐代には皇帝をはじめとする王朝権力から読書人（知識層）、庶民に至る信奉者を獲得して隆盛期を迎えた。そして、北宋期には大文化事業の推進者であり道教の信奉者でもあった皇帝真宗（在位九九七～一〇二二年）の勅撰によって、当時の代表的道教学者である張君房等によって『雲笈七籤《うんきゅうしちせん》』一二二巻が編纂された。それは、道教の思想・教理・儀礼などを網羅して、これを研究するうえでの百科全書的基本史料とされている。ちなみに、道教教典の集大成は『道蔵』と呼ばれ、現存するものは五四八五巻、一一二〇冊である。

◉現在に生きる中国民衆宗教としての道教

道教の発展は北宋期に終わったわけではない。すでに述べた最高神としての昊天玉皇大帝の創出はその一例であり、また宋代の新道教の一つである王重陽（一一一三～七〇年）の全真教は、天師道（元代から正一教と呼ばれる）とともに道教世界の二大勢力として現在に至っている。その生命力の源は何かといえば、端的には、道の永遠性と一体化するという道教の理念そのものに求められよう。より具体的には、道教のもつ種々の養生論《ようせいろん》がそれを如実に示すように、万人が希求する永生への希望等に対して、教理的には最も適合する論理体系を組み立てたということが、道教の生命力の根幹であった。視点を換えると、道教は、超現実的次元に投影された人の欲望の体系であり、それは当為にやかましい儒教に対する一種の解毒物であると見なすこともできる。

（佐藤貢悦）

参考文献

福永光司『道教思想史研究』岩波書店、一九八七年。
葛兆光『道教与中国文化』上海人民出版社、一九八七年（坂出祥伸監訳『道教と中国文化』東方書店、一九九三年）。
小林正美『中国の道教』創文社、一九九八年。

第一二節　儒　教

◉ 儒教というカテゴリー

儒教は別名を儒学、もしくは孔子教ともいう。それぞれの術語の規定は、必ずしも明確ではなく個人によりまた国・地域により用いられ方は異なる。ここでは、儒教の名称を用いるが、この「教」はいわゆる「宗教」と「教え」の双方を包摂するものである。わが国では、一般的にいって、それを孔子（前五五二～四七九年）の「教え」と理解する傾向にある。この視点からすると、儒教は単に封建思想のイデオロギーとしての側面と、個々人の倫理的修養とを旨とする、いわば政治と道徳とに関する教えということになる。

こうした理解には、まず第一に「宗教」をどう定義するのかという問題が横たわっている。第二には、儒教がわが国に受容されて以来、特に律令期と徳川期とにおいて顕彰されたという歴史的経緯に引きずられて、儒教の政治思想や道徳観念（五倫・五常・礼楽制度等）がとかく強調される傾向にあったという面は否定できまい。前者についていえば、確かに、M・ウェーバーが『儒教と道教』のなかで指摘した通り、儒教が現実からの超越性に乏しいとはいえる。しかし、殷周革命（前一一世紀あたり）の頃に成立した民族信仰としての「天」には、恵みの神と荒ぶる神の両面を備えた有意志（アニミズム）的存在としての、いわばセム系の一神教的主宰神に比すべき風貌が顕著であることも等閑視できないところである。天の観念が、後の儒教思想史の展開のなかで、次第に理法（ロゴス）的性格を鮮明にし、「性」（本性）として個々人に内在化する方向に傾斜していったことは間違いない。とはいえ、その背後にあるアニミズム的性格が完全に捨象されたわけではなく、中国人の心の深層においては、依然として天を頂点とする畏敬の対象が存在してきた（今もそうであろう）。また形式的にも、その対象に対する儀礼が組織され連綿として受け継がれてきた（ちなみに『周礼』春官大宗伯篇に天神・人鬼・地祇の儀礼に関する記述がある)。これを翻していえば、畏敬や恐怖の対象からまったく除外されてしまった天を、道徳倫理説のなかに定位することに何の意味があろう。儒教的規範として最重視されるところは、個人の自律に期待する「礼」の秩序すなわち道徳規範である。心象深くなおも存在するアニミズム的天の相貌こそは、個々人に「礼」の履行を意欲させる最も根源的な内なる力にほかならないであろう。

また後者についていえば、徳川儒教の性格を問題としなくてはならない。それは、家康の庇護によって存在の地歩を獲得し、後にいわゆる幕府官学となってその位置を堅固なものとした。幕藩体制下の封建的身分秩序を理論的に裏づけるものとしては、儒教が前提とする王・諸侯・卿・大夫・士・庶という位階的身分秩序との形式的な類似性こそが最も相応しい。実効的な支配権力の構築を目指す幕府にあって、最大の関心事は社会的身分を固定した上下秩序の維持にあった。儒臣が立案した唐代の律令制を、いわばそっくり受容しようとした日本の律令期においてさえ、儒教(この当時は古代儒教)そのものを導入しようとする意図は希薄であった。江戸期においてもその傾向は変わらなかったのである。そのことをはっきりと物語る一つの事例は、江戸期の儒者のなかで純粋な儒者(この時代の儒教は朱子学であるから、厳密には朱子学者)を見いだすのが、きわめて困難であるという事実そのものにある。このことは、儒仏習合とか儒神習合とかいう場合、その宗教的領域にかかわる諸要素が、儒教がわが国に移入されてより、次第に神道・仏教のそれに融合もしくは置き換えられたことを含意しよう。この分野の研究はいまだ不十分であるが、少なくとも日本における儒教受容の形態は、こと宗教的な側面からみるところ、およそ皮相なものでしかなかったといわざるをえないであろう。

◉ 儒教の成立と展開

「儒」という名称が、中国で最初の私的教団である孔子(前五五二〜四七九年)とその門流を意味する固有名詞として使用されるようになったのは、おそらく孟子(紀元前四世紀の人)以降のことであろう。孔子教団が当初みずからをどのように称していたかは明らかでない。確からしいのは、前漢の頃に成書された『周礼』天官篇によると、孔子以前において、礼・楽・射（弓）・御（車）・書・数の六芸をもって人に教えることを生業とした一群の集団がいたことである。いま、彼らを原儒と呼ぶ。原儒が祈禱・招霊などをつかさどる巫祝《ふしゅく》（シャーマン）に起源をもつことはほぼ定説であろう。その一派には、『墨子』非儒（儒を誹る）篇に見えるように、おそらくは下層の拝み屋として依頼者に阿諛追蹤《あゆついしょう》する職業祈禱師の類もあったろう。だが他方においては、権力中枢近くにあって宗教儀礼を担当し、天文・暦数ないし祭祀や古伝承を主管する役割を担った知識層、すなわち「史」と呼ばれる一群も存在した。『論語』雍也《ようや》篇にみえる「小人儒」・「君子儒」とは、本来はこのような区別を意味するものであったと思われる。

儒教の開祖孔子（魯の昌平郷陬邑《すうゆう》、現在の山東省曲阜《きょくふ》市に生まれた）は、おそらく後者の系統に連なる。そして孔子の門弟に対する教学の中心は、伝承的には、詩・書・礼・楽であった。戦国末から前漢にかけて易・春秋が加わり六経（「経」の原義はタテ糸で、万世普遍の法則の意味）の名称が成立する。ここに技芸としての六芸は、思想体系としての六経へと昇華されたことになる（楽経の実在は不明なので五経ともいう）。

この孔子思想の出現をもって儒教の成立と見なすのが一説である。『論語』から看取される孔子の思想には、周王朝の実質的崩壊のあとの乱世という世相が色濃く投影されている。ここでいう乱世とは、例えば王朝交代の度に繰り返されたような単なる戦乱の世という意味にとどまらず、むしろ統一的規範・秩序の長期にわたる欠如であり、究極的には統一権力の不在に起因していた。孔子においては、それは周王朝の立役者であった聖人周公の遺制としての礼秩序の形骸化、換言すれば礼制の退廃によるアノミー状況の現出であった。アノミー（anomie 仏、語源は anomos 希）というかぎりはノモス（nomos 希）を前提とする。孔子のいう礼とは、まさにこのノモスに比定すべき規範であり、伝説の文化英雄である周公が制定したところの国法・宗教儀礼から格令・通過儀礼に至る、一系の完璧な規範体系として思議されたものである――史実としては、神政一致の時代にあってこそ履行されるべき宗教儀礼を核とする規範体系が、世俗化することで次第に形骸化したのが孔子の時代における礼制の実態であった――。ただし、そこには礼に対する新たな意義づけがある。神聖に代わってその内実として付与されたのが、親子・兄弟の間の自然な親愛の感情（孝・悌）を起点として、究極的にはすべての人々に及ぶべき人類愛としての「仁」であった。ここに至って、礼の秩序は道徳規範として再規定され、周公の治世は、孔子の理念のなかで理想的な復活を遂げた。つまり、秩序ある社会とそこにもたらされるであろう民衆の安寧の理想は、理念としての周王朝（周公）に仮託され、道徳によってまつりごと（政事）を遂行し民衆を救うという「経世済民」に収斂したのである。この根底には、為政者が徳者として民衆を感化し（「修己《しゅうき》治人《ちじん》」）、民衆はその感化によって徳者となることで、強制力を伴わない道徳規範による統治は可能であるとする王道政治の理念が横たわっている。孔子によって創成された儒教は、法家主義が人間に対する絶対不信に立って道徳規範を否定し、ひたすら「法」、「術」、「勢」（法規範、統治技術、パワーバランスを意味する）に依拠して、個人を一方的に国家目的に従属させようとしたのとは隔絶した境位にあった。そこには、いわゆる人文主義の主張が認められる。この場合の人文主義すなわち人に対する信頼の基底には、孔子がみずからの実存にかかわる場面においてのみ口にしたと伝えられる、民族信仰としての「天」への篤信に連なるものがあったのである。

『韓非子』顕学篇によれば、戦国期末（前三世紀）の頃には、孔子以降の儒教は八派に分裂していた。そのなかの有力な二派が、孟子（前四世紀、生没年は未詳）と荀子（前三世紀、同前）の学派であった。一般的には、両者の思想は性善と性悪とをもって大きく隔たるといわれているが、実は性（本性）の概念構造において両者に大差はない。礼や仁を含む道徳的諸価値をア・プリオリに性に内在するとみた孟子が、先験的性善論者であったとすれば、一切の諸価値を外在とみて学習による獲得を高調した荀子は、後天的性善論者であったと見なされよう。王道論を主張する儒教に、字義通りの性悪説が存在する余地はないからである。より重要なことに、理法としての天がもつ道徳律と自然律という側面をそれぞれに立論の根拠とした両者が、孔子が残した仁と礼の存在根拠という課題を闡明《せんめい》したことは、思想史上における不朽の足跡と認められる。

秦代の挟書律《きょうしょりつ》（焚書坑儒）を経て漢代に至り、経書が順次整えられるのと並行して、そのテキストクリティークの学すなわち経学の時代となる。いわゆる儒教の国教化時期であり、ここに儒教の成立を認めるのがまた一説である。漢王朝の歴史的正当性を弁証すべく国教化された儒教が、権力への服従を当為と認識させるような、いわば権力擁護的な側面を備えることで、古代儒教からの変節を余儀なくされたことはまぎれもない事実であろう。

ついで魏晋南北朝期になると、動乱の世相を反映して儒教は仏教・老荘といわば三鼎立《さんていりつ》の格好となり相互の交渉関係もみられた。こうした刺激にも促されて、唐代あたりから胎動した仏・老を超えようとする儒学再興の動きは、宋代に至ってきわめて顕著となり、ついには朱子（一一三〇～一二〇〇年）により集大成された新儒学（宋学、朱子学、性理学等と呼称される）の成立をみるのである。朱子学の特色は、宇宙論から人生論に及ぶ一切を、理気二元論――ごく概括的にいえば、理はことわり・すじみち、気は万有を構成する最小の要素（形相と質量の関係に酷似する）――によって説くところにある。朱子においては理の客観的実在性は承認されているのに対して、反朱子学に立つ明代の王陽明（一四七二～一五二九年）等が、理を気の運動に内在する条理とみてその実在性をほぼ捨象するなど、朱子学と陽明学の立論形式には大きな相違が見られる。ただし、いずれにおいても修己治人の目標は一貫して保持されており、理念としては聖人となることに修為の到達点が設定されていること、聖人はまた天（理）の擬人的表現であること等々、その帰結するところには大差がないといえよう。

ことに朱子学についていえば、およそ清朝の滅亡まで学問の正当的位置を占め、朝鮮半島から日本に至るまで、その政治・文化の全般に及ぼした影響力はいたって甚大であった。

◉ 現代における儒教の位相

儒教本来の人文主義や合理主義の要素を、政治化した儒教を主導思想とする封建的イデオロギー（封建制の遺毒）から明確に区別しつつ、現代社会に適合させるかたちで再評価しようとする動きは、特にアメリカ合衆国で活躍するハーバード大学の杜維明氏等華人研究者（現代新儒家第三代と呼ばれる）を中心に、現在にあっても大きな支持層をもっている。そのことは、伝統文化を重んじる中国国外を含めた華人社会にあって、今なお彼らのアイデンティティのなかに生き続ける儒教の生命力を端的に裏づける事実であるといえる。

（佐藤貢悦）

参考文献

狩野直喜『中国哲学史』岩波書店、一九五七年。
武内義雄『儒教の精神』岩波書店、一九八二年。
加藤常賢『中国古代倫理学の発達』二松学舎大学出版社、一九八三年。
佐藤貢悦『古代中国天命思想の展開』学文社、一九九七年。

第一三節　神道・民俗信仰

◉神道と民俗信仰の接点をめぐって

▼「宗教」のダブル・スタンダード

神道と民俗信仰を並置して論じることは、問題がないわけではない。明らかに仏教的な民俗信仰もあるし、民間の信仰とは別の次元で展開してきた神道の歴史も存在する（特に天皇のまつりごとと結びついた部分や、近代の「国家神道」などが挙げられよう）。しかし、それでもあえて両者を一括りにして論じるのは、この両者が多くの日本人にとって身近でありながら、しかも「宗教」としては意識されることが少ないという共通点を有しているからである。例えば、初詣や七五三、春秋に催される祭事などは、われわれの日常生活の一部に組み込まれているが、特に宗教的な行事としては認識していない人が大半であろう。また、たとえ「宗教」を信仰していなくても、多くの人々が山の神・田の神や産土神《うぶすながみ》、竈神《かまどがみ》や荒神《こうじん》、年神《としがみ》やお天道様など、身近なカミに対する尊崇の念を失っていない。

このことは、日本における「宗教」概念のダブル・スタンダードとでも呼べるものの存在を反映している。それは神道や民俗信仰を定義しようとする時に最も先鋭的に現れる。例えば神道は、しばしば、日本固有の宗教伝統であり土着の信仰形態であるとされるが、そもそも何が日本固有でありどこまで土着のものであるかは、もっぱら曖昧なままである。歴史上、神道が仏教や儒教、道教や陰陽道など外来の宗教の影響を大きく受けてきたことは否定できない（そもそも「神道」という名称それ自体が本来道教で用いられていた概念であるという）。神道を「日本固有の土着の宗教伝統」と定義しても、それはある種の理念を指すものではありえても、現実に即したものとは言えないのである。

さらに問題を複雑にしているのは、神道の「まつりごと」（政＝祭事）としての側面に関して、それが近代的な概念としての「宗教」には収まりきらないという事情がある。古代の神道は国家祭祀を中心とする神祇官制度に基づいていたが、明治政府はそれを近代日本において復活させようと試み、その際、神道は「宗教」ではなくて「国民道徳」であるとして義務化され、他方、民俗信仰は「俗信」「迷信」と位置づけられたことは、先述した「宗教」のダブル・スタンダードと深く関連している。

▼神道の起源と民俗信仰

神道の起源については、稲作が日本に定着した弥生時代にその端緒を求める見解が一般的であるようだが、縄文時代にまで遡って神道の原型を見いだす立場もあり、議論が続いている。神道の重要な祭儀が稲作と深くかかわっており、また、稲作を中心とした共同体の秩序を維持するために行なわれたまつりごとが神道の原型になったと考えれば、前者の見解が説得力をもつが、自然の霊性をカミとして崇める態度が縄文時代に見いだせるとすれば、後者の立場も捨てがたい。ただし、縄文時代の日本列島に存在した様々な形のカミ信仰が展開して神道が形成されたとするのは短絡的すぎよう。

いずれにせよ、日本列島に定住した人々の間で古くから自然崇拝や祖霊信仰が保持されてきたことは間違いないだろう。特に後者は、柳田国男によって田の神や年神、氏神や産土神の祖型と見なされたことで、しばしば日本人固有の信仰と考えられてきた。ここでは、これらの身近な祖霊や自然の霊威に対する信仰が生活の一部として日常に組み込まれていったものを民俗信仰と呼び、それを基盤にしながらも、大陸から伝播した仏教、儒教、道教などの体系化された宗教に刺激されて、いわば日常生活から抽出され昇華された形で意図的に形成されたものを神道としておきたい。もちろん、この両者は厳密に分けられるものではなく、互いに対立したり、あるいは影響し合ったりして今日まで共存してきたといえる。以下、その交渉の歴史を概観してみよう。

◉ 歴史において交差する神道と民俗信仰

▼神祇官制度の成立

神道がはっきりとした形をもって歴史に現れてくるのは、大和朝廷の時代である。すなわち、大和朝廷が天つ神（天神）と国つ神（地祇）とを区分して前者の優越性を主張し、それに基づいて大王《おおきみ》（天皇）の権威を支える政治・宗教システムとしての神道が制度化された。このことは同時に、その後、国家のエリートに直接つながるものとしての「神道」と、民間において伝承されていく「民俗信仰」との分裂と緊張を象徴する出来事でもあった。

大王＝天皇の支配権の根拠とされるのが、記紀にみられる天孫降臨と神武東征の伝承である。前者は、スメラミコトの祖先（ニニギ）が天つ神（アマテラス）の系譜につながるものであるとし、後者は、ニニギの子孫カムヤマトイハレヒコが神々の助けを受けて大和を征服し、初代スメラミコト（神武天皇）に即位したと主張する。記紀の編纂は、単に諸ウジに対する大王の支配を歴史的に根拠づけようとしたものではない。それは、中国に倣って律令制を敷いた倭国が、中国の冊封体制に対抗して独自性を主張するという目的も有していた。六七二年に即位した天武天皇は、国号を「日本」、大王の称号を「天皇」に改めたが、その際、内外に対して日本の独自性を主張するために用いられたのが、日本の島々が神によって生み出された聖なる国たること（国生み神話）であり、天孫降臨神話であった。このようにして理念化された神国日本の国家祭祀を運営するため、日本独自の制度が創設された。それが、七〇一年の大宝律令によって制定された神祇官制度である。ここにおいてすべての祭祀権は天皇に集権化され、そのもとで特定の氏族が神職に任ぜられた。

全国各地の神々の社の主なものが神祇官制度のなかに組み込まれていくのと平行して（律令の施行細則である『延喜式』には、三一三二坐の官社が記載されている）、残りのカミたちは民衆の生活と密接に結びつくことによって生き存《ながら》えることになる。それら民俗のレベルで信仰されたカミたちは、歴史の表舞台にはほとんど登場しないが、なかには、奈良時代の常世神《とこよがみ》や平安時代の志多羅神《しだらしん》のように、民衆の宗教運動を鼓舞したものもあった。

▼神仏習合の広まり

平安中期に律令体制が揺らいでくると神祇官制度の体系も崩れ始め、神道が多様化の様相を呈し始める。一方、この時期に定着した本地垂迹説によっていわゆる神仏習合が一般化し、さらに中世にかけて仏教の教説を借りて神道説が成立する。仏教が伝来した時、仏と神の質的な相違はさほど問題にならなかった。基本的に併存した状態にあった神仏の関係を大きく変えたのが、神は、本地である仏・菩薩が衆生済度のために仮の姿で現れたもの（権現）と説く本地垂迹説であった。本地垂迹の考えが普及するにつれて主な神社には神宮寺が置かれ、また神々の救済のための神前読経が行なわれた。同時に、神々は仏教の守護者としての位置づけを与えられるようになる。

この時期にはまた、御霊《ごりょう》信仰が広がるが、この信仰は、それまでの神の観念がもっぱら自然神的な存在であったのに対し、人格神的な存在へと転換していく契機として注目に値する。祟る神としての御霊には疫神のイメージが付与され、御霊信仰と疫神信仰の融合に伴って、牛頭天王《ごずてんのう》などの習合的神格が多く生み出されていった。これら御霊や疫神などに見られる習合性は、八幡や天神、稲荷などに代表されるように、しばしば民俗信仰のレベルにおいて最も活性化された形で受容されていく。

▼神道説の誕生と展開

中世には、神観念や信仰の変化に伴い、それらを説明する教理として様々な神道説が生み出されてくる。その代表的なものとして両部神道と伊勢神道（度会神道）が挙げられよう。前者は、神々の世界を真言密教の金剛界と胎蔵界によって説明するものであり、後者はそれを援用するかたちで伊勢の内宮（皇大神宮）と外宮（豊受大神宮）の対等（ないし外宮の優越）を主張するものであった。また、天台宗においても、比叡山の鎮守神である日吉山王に対する信仰が山王（一実）神道＝日吉神道として整備された。

近世に入ると、仏教との差異化を模索する動きが神道内部に認められるようになる。その代表が、吉田兼倶《かねとも》が創唱した吉田神道である。吉田神社の社家に生まれた兼倶は、それまでの神道を「本迹縁起神道」と「両部習合神道」と位置づけたうえで、自らの神道を、国常立尊（大元尊神）を主神とする「元本宗源神道」（唯一神道）であると主張した。

仏教との差異化をさらに推し進めたのは、儒家たちであった。例えば、林羅山は朱子学の立場から神儒一致論に基づく「理当心地神道」を唱え、陽明学の中江藤樹は道教の「道」の観念を用いて神道を説明し、古学を開いた山鹿素行は聖教たる神道が存在する日本こそ「中朝」すなわち中国だと説いた。また、山崎闇斎は朱子学の「理」の観念で「神」をとらえ、理＝神を媒介として天と人は合一すると説いた（垂加神道）。

一七世紀の神道説は儒学に大きな影響を受けていたが、同時期には文献の考証に力点を置いた神道研究がなされるようになり、やがてその流れは国学へと受け継がれていく。この流れのなかで形成された神道は、儒仏の影響を徹底的に排除して古道のあり方に帰ろうとしたが（復古神道）、その成立に大きく寄与したのが、神代のあり方を理想として『古事記伝』を著わした本居宣長である。その門人平田篤胤《あつたね》は、『霊能真柱《たまのみはしら》』において霊に関する独自の考えを展開し、復古神道を体系化した。篤胤は、すべては日本の古伝にあったとする立場に立ち、祖先祭祀や因果応報など民俗信仰の観念も積極的に取り込んでいった。

▼神道の近代——伝統の創造とアルカイックなものへの希求

明治政府は、神道に大きな変革をもたらす二つの政策を打ち出した。一つは、一八六八（慶応四）年の神仏判然令であり、もう一つは一八七一（明治四）年五月に出された太政官布告である。前者は神道から仏教色を排除して神仏分離を進めるものであったが、その政策に復古神道が影響したことは疑いえない。後者によって、神道（神社神道）は国家の宗祀として位置づけられ、天皇制（王政）とともに新生日本の統合に大きな役割を果たすことが期待された。この政策を契機に神社と国家との結びつきが強化され、他の宗教と異なる位置を与えられた神社神道は、王政復古の一翼を担い、天皇の宗教的権威を支えた。

政府によって息を吹き込まれた近代の神祇官制度は、国民の教化を第一の目的とするものだったが、神仏分離と廃仏毀釈の混乱のなかで次第に神道の機能分化が図られ、一方で国家の祭祀面は神社神道に、他方で国民の教化面は幕末維新期に形成された教団神道としての教派神道に委ねられるようになった。この教派神道には、出雲大社教や神習教など教団神道としての性格が強いものから、天理教や金光教など神道の影響を受けつつもむしろ神道系新宗教と位置づけうるものまで、性格に幅がある。特に後者は、専門的な知識をもたない民衆のなかから民間の宗教的ニーズに応える形で登場してきた。すなわち、民俗信仰の伝統に基づきながらも、歴史状況に応じた民衆の宗教運動として展開したのである。そこには単なる古代の宗教の復活とは異なる始源的《アルカイック》なものへの民衆の希求が反映されている。

◉「神道」や「民俗信仰」から問い直される「宗教」

神道や仏教などと比べて、民俗信仰は特に宗教として意識されることがほとんどなく、いわば慣習として伝承されてきているがゆえに、歴史的に再構成することが困難である。その意味で民俗信仰は「見えない宗教」と言ってもよい。誕生から死（さらに死後）に至る人生儀礼や、生業と密接に結びついた祭りや年中行事や除災行事、民衆によって生きられる世界に奥行きをもたせる様々な伝承、伝説、物語の類は、「宗教」として制度化・体系化されることはないが、しかし、そのことによってかえって固定化を免れ、衣食住から病、生死や霊魂に至るまで生活全般にわたる多様なレベルで人々のニーズにかかわることができたとも言える（もっとも、世俗化した社会においてはむしろ「旧弊」と見なされることも多いが）。そこには、必ずしも精緻ではないが、しかし人々の生と人々が住まう世界全体を包み込んできたコスモロジーを見て取ることができる。

このような庶民の文化を、知識人を主体とする価値創造的な表層文化に対し、前論理的な思惟に基づく基層文化としてとらえる見方もあるが、そこには「民俗」＝「前近代的な常民文化」という前提が看取される。しかし、ここで言われる「常民」とは、実際は、「日本民族」のアイデンティティを古《いにしえ》より担ってきたものとして、民俗学的に創出され実体化された仮想現実であった。そのような呪縛から放たれて民俗の信仰を考える際、アジアなどより広い枠組みにおける民俗のあり様や、庶民の文化の価値創造的な部分に関する考察が改めて問いなおされねばならないだろう。

近代日本に「宗教」概念が導入されて定着していく過程は、宗教をめぐるいくつかの重要な変化と対応していた。すなわち、特定の教義に基づく信仰のみを「宗教」として限定しながら、一方で（新たに創造された）古の伝統としての意義を与えられた（神社）神道は超宗教と見なされ、他方で（神道系新宗教や民俗神道の基層としての）土着のコスモロジーは俗信や迷信として軽視されたのである。その結果、神道や民俗信仰は狭義の「宗教」とは区別されるが広義の「宗教」には含まれるという、宗教のダブル・スタンダードが現代日本人の間に生み出されたと言えよう。このような事態について批判的かつ反省的に議論するうえでも、「民俗」において——すなわち実際の生活の場において——「宗教」がいかに生きられているかという実態に着目した研究の視座の確立と、それに基づく、現実の場に即した宗教学の創造が緊急の課題であるように思われる。

（宮本要太郎）

参考文献

井上順孝編『神道——日本生まれの宗教システム』（ワードマップ）新曜社、一九九八年。

菅野覚明『神道の逆襲』講談社現代新書、二〇〇一年。

荒木美智雄「民俗宗教・総論」小野泰博ほか編『日本宗教事典』弘文堂、一九八五年。

山折哲雄・川村邦光編『民俗宗教を学ぶ人のために』世界思想社、一九九九年。

宮家準『宗教民俗学入門』丸善、二〇〇二年。

第一四節　新宗教・ニューエイジ

◉「新宗教」の歴史的系譜

▼「新宗教」というカテゴリー

どの時代にしろ新しく出現してくる宗教運動がある場合、その時代の人がそれを新宗教と呼ぶのは自然だろう。だが、二〇世紀の後半には世界中で新宗教の出現、発展が目立ち、諸宗教のなかに「新宗教」という一つのカテゴリーがあり、多くの特徴を分け持っていると見なされるようになった。キリスト教、仏教、イスラーム、神道などの伝統的な諸宗教、あるいは既成宗教と並んで新たに生成発展してきた宗教集団として一群の新宗教があるというとらえ方だ。

現在、世界の宗教界を見渡すと新宗教は一定の勢力をもって各地に展開している。エホバの証人、バハイ信教、創価学会、統一教会、クリシュナ意識協会、法輪功などで、それぞれアメリカ合衆国、イラン、日本、韓国、インド、中国から起こった新宗教であるが、その信徒は他宗教に対する障壁が高くない地域の大都市を中心に、世界中に広がっている。新たに起こってくる宗教運動のなかで、既存の特定宗教伝統に属すると見なされないものが新宗教のカテゴリーに属するものと考えられている。

では、このような現代の新宗教はいつ頃から広まり始めたのだろうか。既存の伝統に属さない宗教が存続しうるのは、宗教についての寛容の制度や気風が存在しているからだ。これまでにはない新しい精神文化に価値があるかもしれないという認識も必要だろう。異文化からくる異質なものを受け入れるだけではなく、既存の諸伝統文化とは異なる、内からの新しい精神文化にも門戸が開かれているということである。

図1－13　「ハーレ・クリシュナ」を唱えながら踊る信者たち

出典：『図説 世界の宗教大事典』ぎょうせい，1991年，18頁。

▼欧米キリスト教のセクト

一六世紀に始まる宗教改革は西洋のカトリック教会の支配に風穴を開けた。既存の教会組織を否定し、独自の集団を形づくる運動に存続、発展の道が開かれるようになった。キリスト教世界の内から分裂していき、別個の信念体系を掲げる集団が主流の教会とともに存在し、多数の宗教的立場が併存する事態が生じた。再洗礼派は当時から続いている宗教的少数分派の代表的なものだ。平和主義で知られるメノナイト派や、そのなかの一派で今も古い生活様式を維持しようとしているアーミッシュ派もそこに含まれる。

だが、これらはまだ、キリスト教という大枠を超えるものではなかった。プロテスタント圏では分派を意味する「セクト」という語があり、一六世紀から二〇世紀にかけてプロテスタント圏では数多くのセクトが発生し、今も存続している。一七世紀のクエーカー（フレンド派）、一八世紀のメソディスト派、一九世紀のホーリネス派、二〇世紀のペンテコステ派などはセクトとして発展し、やがて主流のキリスト教の一部と見なされるようになったものだ。アメリカ合衆国のキリスト教世界は、ヨーロッパの各地の伝統的教会と、近代に起こった様々なセクトが「教派」（デノミネーション）として多数併存しているという意味で多様性を絵に描いたような構図を作っている。

ところがある時期から、プロテスタント圏では伝統的なキリスト教の枠組みを超え出てしまうような宗教集団が登場するようになる。すでに一九世紀にモルモン教、エホバの証人、キリスト教科学といった教団が成立していたが、一九六〇年代以降、アジア生まれの新宗教が多彩な活動を展開するようになる。そのなかではインド生まれのラジニーシ運動、超越瞑想（TM）、クリシュナ意識協会などとともに、日本の創価学会や韓国の統一教会なども目立った存在だった。アメリカ合衆国生まれのものとしては、サイエントロジーや愛の家族（ファミリー）、そして九〇〇人に及ぶ大量死者（集団自殺者）を出した人民寺院などがある。

◉日本の新宗教の歴史と特質

▼歴史的展開

もともと自由を求める宗教的少数派の移民が歴史上、重要な役割を果たし、世界中から人々が集まり、文化的な多様性が豊かなアメリカ合衆国が新宗教の発展しやすい国であることは理解しやすい。新宗教の発展が顕著な国には他にブラジルなどもあるが、日本もまた新宗教の発展が目立つ国である。日本の場合は、もともと神仏習合の多様な祭祀が行なわれてきたうえに、仏教も民俗宗教も様々な組織に分かれていたため、近代への移行期に伝統宗教の枠組みが弱まり、ついで信仰活動の自由度が高まると、集団の分立がさらに進んだという事情があった。

日本では、すでに江戸時代の初期に形成された石門心学や中期以降に発展した富士講に、新宗教と呼んでもよいような性格が多分に含まれていた。だが後に新宗教と呼ばれる集団そのものが成立するのは、一九世紀の初め頃からである。一尊如来きのが一八〇三年に神がかったことに端を発する如来教はその最も早いものである。次いで黒住宗忠が一八一五年に開教した黒住教、中山みきの一八三八年の神がかりを立教の年とする天理教、井上正鐵が一八四〇年頃から独自の布教を開始したのに始まる禊教、長松日扇が一八五七年に創始した本門仏立講、金光大神が一八五九年頃、布教に専念したのを立教の年とする金光教などが次々に成立してくる。これらが日本の新宗教の第一期をなす教団群である。

その後、第二期には一八九二年に金光教の影響下で神がかった出口なおに、神道や霊学に親しんだ出口王仁三郎が協力して形成された大本があり、第三期には一九二四年に日蓮信仰に親しんだ久保角太郎が創始し、後に小谷喜美とともに発展させていく霊友会、一九二五年に御木徳一が創始したひとのみち教団（後のパーフェクト・リバティー教団）、一九三〇年に牧口常三郎が創始する創価教育学会（後の創価学会）、同年に谷口雅春が形成する生長の家、一九三四年に岡田茂吉が創始した世界救世教、一九三八年に霊友会から分かれた立正佼成会などが発展する。この第三期は一九二〇年代から一九七〇年頃までだが、日本の新宗教の著しい発展期だった。

日本の新宗教は主に天理教、大本などの習合神道系のものと、霊友会、創価学会のような法華仏教系（日蓮系）のものが主なものであるが、儒教や他の仏教宗派やキリスト教や様々な近代思想など思想的な系譜関係はまことに複雑である。しかし、宗教史の大きな流れを見ると、近代以前には民俗宗教として地域の講集団などを形づくっていたものが、近代以降には新宗教の教団活動に展開したととらえることができる。

▼歴史的源泉

学のある聖職者ではなく、学問的素養のない生活者がリーダーとなり、生活者中心の活動形態を作っていくのが、新宗教の特徴の一つである。すでに江戸時代には山岳信仰を代表する修験道などの民俗宗教が大きな勢力をもっていたが、近代に入るとその勢力は急速に後退する。癒しの信仰、シャーマニズム、遠隔巡礼、在家の熱心家の活躍などは民俗宗教から新宗教へと引き継がれる。そして民俗宗教よりも明確な救済宗教としての教義の体系を備えるようになる。加えて、江戸時代にある程度の勢力をもっていた日蓮宗などの在家信者の講、また修養道徳の学びの集団などの流れも新宗教に汲み上げられていく。

▼現世救世主義と生命主義

宗教的な源泉は様々であっても、日本の新宗教にはかなり広く共有されている特徴がある。まず、死後の世界での救済よりも、この世での幸福の達成こそが人生の究極の目標だと考える現世救済思想がある。例えば天理教では、神が人間を創造したのは、人間がこの世で「陽気ぐらし」するのを見て楽しみたいからだったという。そして、死は向こうの世界へ行ってしまうことではなく、やがてすぐにこの世に生まれ返ってくるのだとして、死ぬことを「出直し」と呼ぶ。また、この世を超えた霊にこそ高い価値があり、現世の身体は価値の低い物質界に属すると考えるのではなく、人間のからだは神の「貸しもの」、人にとっては神からの「借りもの」であるとする。だからからだは神の宿る場なのだ。性の欲望や快楽は悪の現れではなく、性を司る神の働きの現れとして積極的に意義づけられている。

現世救済的な思想に対応する宇宙観や救済観として「生命主義」と特徴づけられるような考え方がある。宇宙の諸存在はすべて一つの生命体であり、同じ根源的実在（「親神」、「宇宙大生命」などと呼ばれる）から派生したものととらえられる。すべての人間は同じ根源的生命（神や仏）の恩恵に浴して生かされている存在であり、兄弟姉妹のような仲間として助け合って生きるべきである。生命のつながりを否定するような行動をし、心の持ち方になると生命の流露が妨げられ、病気などの不幸に見舞われる。しかし、そのような悪は根源的な実在性をもっていないので、慈愛の心や調和的な心を育てる（心直し）ことにより克服することができる。そのようにして家族や職場の人間関係を明るく調和的なものにし、環境をよい方向に変えていくことで究極の救いの境地に至れるとするのである。

◉ ニューエイジ運動と新たな霊性

▼第四期の新宗教

一九七〇年代以降、これまで発展してきた多くの新宗教が伸び悩む時期に入る。例外は密教の影響が濃い伊藤真乗と妻の友治が一九三六年に創始した真如苑であり、この教団は七〇年代、八〇年代に巨大教団に発展した。だが、七〇年代以降、新たに第四期の新宗教が発展してくる。まず、ＧＬＡ、真光（崇教真光、世界真光文明教団）、阿含宗など、また海外から流入してきた統一教会（世界基督教統一神霊協会）、エホバの証人などが教勢を伸ばす。そして八〇年代の中頃になると、オウム真理教、幸福の科学、ワールドメイトなどが目立つようになる。

これらのなかには従来の新宗教のように現世救済志向とはいえないものが目立つ。また、攻撃的な勧誘や献金要求を行なったり、マスコミとの対決を好んだり、外部との接触を極小化しようとする内閉的な傾向をもつものも目立つ。こうして一般社会との厳しい緊張関係が持続する教団が増加した。一九九五年のオウム真理教地下鉄サリン事件はこうした対決のピークをなす出来事だった。これら新宗教のなかでも新しい発展期のものを指して、「カルト」とか「新新宗教」などと呼ぶ用語法も広まるようになった。だが、一九九五年以後、新宗教にとっては厳しい環境となり、発展する教団は少なくなっている。

▼ニューエイジ運動

一方、一九七〇年代以降の日本ではもはや新宗教とはいえないが、精神的な解放や向上を目指す様々な運動や文化が目立つようになってきた。七〇年代の末頃には「精神世界」の語がこうした潮流をくくる語として浮上してくる。大型書店の宗教書のコーナーの隣に「精神世界の本」のコーナーが置かれるようになる。そこには、瞑想、ボディワーク、気、癒し、心理療法、臨死体験、輪廻転生、神秘思想などにかかわる書物が並んでおり、アメリカ合衆国でよく売れた書物の訳書なども少なくない。そこでは因習的偽善的なモラルにしばられたこれまでの自分の心やからだのあり方から解放され、高次のリアリティにふれて自己変容することが目指される。それがやがては、自然を支配し、他者と敵対しながら生きることを強いる近代文明のあり方を超えていく道を示すのではないかと考える人も多い。

このように進化主義的な考え方と結びついてこの運動が広まる傾向が強かったアメリカ合衆国では、この運動は「ニューエイジ運動」と呼ばれることが多かった。人類の意識が新しい段階に進化していく、その大きな展開がニューエイジ運動によって進められているのだと信じる人もいる。そこまでいかなくても、権威主義的で個人の自由を束縛する伝統的な宗教の時代は終わり、二元論的で自然と精神、身体と心を分割する近代科学の時代は終わり、新たな霊性（スピリチュアリティ）の時代が到来しつつあるという考え方は、さまざまな思想や実践に取り組んでいる人々に分け持たれている。「霊性」（スピリチュアリティ）という語はもともと宗教と不可分の関係にあるものとして用いられてきたが、ニューエイジ運動のなかでは組織や教義で束縛する「宗教」に対して、個々人の主体性を尊び、自由な精神的向上を目指す「霊性」といった対比的な文脈で用いられる機会が増えてきている。

▼ゆるやかなネットワークとその広がり

ニューエイジ運動（欧米の運動より広い範囲のものも指す用語として「新霊性運動」という語も提案されている）は宗教教団のような固定した組織に人を束縛することをよしとしない。個々人がそれぞれに霊性を育てていきながら、ゆるやかなネットワークを築くのが理想的な運動のあり方だと考えられている。実際には書物やビデオ、パソコンやワークショップといったメディアや集いを通じて、情報の共有や学習・修練が目指されることになる。ボランティア的な集いとともに営利的な企業組織が大きな役割を果たす場合も少なくない。

他方、ニューエイジ（新霊性運動）的な考え方が、現代の公的制度のなかに一定の位置を占めることも少なくない。心理療法のなかにはニューエイジ的な思想が含まれているものが少なくないし、医療や教育のなかではホリスティックな考え方を導入しようとする人たちも一定の地歩を占めつつある。医療、心理療法、教育のように人間との相互交渉の実践にかかわる専門領域では、近代科学の限界を超えるための知が求められ、ニューエイジ（新霊性運動）的な発想に近づいていくことの例が多々見られるのである。

（島薗　進）

参考文献

井上順孝・孝本貢・対馬路人・中牧弘允・西山茂編『新宗教事典』弘文堂、一九九〇年。
島薗進『現代救済宗教論』青弓社、一九九二年。
島薗進『精神世界のゆくえ――現代世界と新霊性運動』東京堂出版、一九九六年。
島薗進『ポストモダンの新宗教――現代日本の精神状況の底流』東京堂出版、二〇〇一年。

コラム

II 宗教における新しいものと古いもの

近頃、由緒ある神社を訪れる機会が多くなった。聖域を示す鎮守の深い森とそこに流れる静寂。大切な祭りのおりなど、衣冠束帯を身につけて、威儀を正した神官たちが粛々として拝殿へと進んでいく。こうした風景を間近にすると、古から今日に至るまでの神道の悠久の歴史に思いをはせたくもなる。

しかし、実はこうした状況が普通にみられるようになったのは明治になってからの話であるという。「伝統の発明」はここにもみられる。近世までの日本人の宗教生活は、ご存じのように、神と仏と民間信仰が仲良く同居して、すべての「ありがたいもの」が混じり合って、一つの全体をなしていた。明治になって、開国を迫った列強との関係もあって宗教という言葉が使われるようになるとともに、国学者たちの強い影響力を背景に神仏分離が実施されるようになる。この法令がどれだけ徹底的に行なわれたのかは地域によってかなりの相違があるようだが、全般にこれまで安泰だった僧侶たちの地位は揺らぎ、それに代わって積年の恨みを晴らすように神職たちの発言権が強くなったことはまちがいない。もちろん、その代償(?)として、彼らの活動がもっぱら祭事にのみに限定されたことが本当にいいことだったのかどうかは別問題である。

戦争が終わり国家の強制がなくなったときに、この宗教風景は近世の状況に逆戻りしただろうか。そうはならなかった。かつて新しかったものが昔からそうでしたという顔をして私たちを迎えてくれている。しかし、それがまったく変わらずにいるかというと、そうでもない。縁結びや安産など、どの時代でも切実である庶民の願望が寺社の境内にある池や鳥居などをめぐる所作と結びついて、また新しい宗教的物語を生み出すこともある。そして、その語りの発信元の一つは、由緒ある寺社をネタにしてなんとか少しでも多くの観光客に来てもらおうと秘策を練っている町の観光課かもしれない。人びとの宗教的ニーズに応えるとともに、その需要を新たに喚起する新しい仕掛けは、意外にも宗教領域の外側からもやってくるのである。

(山中　弘)

第二章

宗教をどう見るか

第一節　宗教へのアプローチと他者理解

◉ 宗教の多様性

前章でみたように、一口に「宗教」といっても非常に多様性に富んでおり、世界には実に様々な宗教が信仰されていることがわかる。しかも、同じ仏教でも東南アジアの上座部の仏教と東アジアのそれとでは大きく異なるように、一つの宗教でも地域ごとにかなりの差異があるわけである。

宗教現象の多様性は、それらが地域によって様々な姿をとっているばかりでなく、それ自体がいくつかの要素からできあがっていることにも関係している。ある宗教の教義を知っただけで、その宗教のすべてがわかった気になることがよくあるが、実際の宗教を少しでも観察してみれば、宗教がこれだけで成り立っていないことはすぐにわかる。儀礼などの実践も、教義と並んで重要な要素である。また、儀礼や教義をつかさどり、解釈する人々の存在も予想される。そこには彼らをまとめ上げている特別な組織つまり教団というものを考えなければならない。しかし、これらの要素だけでもまだ不十分である。宗教がなんらかの神霊との交わりをもつという場面を含むとすれば、そこには、その宗教を信奉する人々（信者）がその交わりのなかから何かを感得するという宗教体験を考えなければならない。このように、一つの宗教を取り上げただけでも、そこには「教義」、「儀礼」、「教団」、「信者」、「宗教体験」などのいくつかの要素が存在するのである。

しかも、さらにやっかいなのは、宗教を形作るこれらの要素がすべての宗教に必ず存在するわけではないということだ。いわゆる「プリミティブな宗教」と呼ばれる宗教にはっきりとした教団や教義を見いだすのは難しい。また、先に指摘した諸要素が備わっていても、どの側面が強調されるかは宗教によってかなりの差がある。例えば、わが国固有の宗教である神道は祭礼などの儀礼を重視していて、教義などにはあまり関心がないようにみえる。逆に、キリスト教の一派であるプロテスタントには、東方正教会やローマ・カトリックに比べて様々な儀式を救済にとって不要なものとする傾向があり、同じキリスト教といってもかなりの違いが認められる。しかも、それぞれの宗教がどの側面を特に大切にするかは、それぞれ宗教の個性や時代によってもかなりの幅がある。いずれにしても、宗教は先に述べたいくつかの要素の複合として存在しており、ある一つの宗教のあり方を宗教全般の基本的特質として一般化することは宗教の多様性を見失ってしまうことにもなるし、それらの諸要素のどの側面に注目するのかによっても、宗教の理解に大きな差が現れてくるわけである。

◉ 宗教をめぐる視点の相違

さて、これらの多様な宗教を学問的に理解、分析する立場をわかりやすく説明するために、ここであえて、宗教といえば「何かを信じること」、つまり「信仰」のことだ、とする立場を引き合いに出してみよう。こうした立場は、宗教を考えるとは「何を信じればいいのか」といった主体的で実践的な事柄だとしたり、逆に「そもそも神や仏といった信仰の対象は本当に存在するのか」といった「真偽問題」に反転することもある。例えば、ユダヤ教、キリスト教、イスラームという同じ系列に属する宗教は、ともに聖書やクルアーンといった「聖典」をもっているが、それらは唯一にして絶対的な神からの「啓示」によって書かれたものだと信じられている。神からの啓示の書である以上、それは永遠不変であり、絶対的真理である。聖書にある「処女懐胎」「イエスの復活」は当然のことながら「作り話」などではなく、実際に起こった出来事ということになる。これらの宗教のとらえ方は、「信仰」という一つの視点からのものであるといえる。そして、この視点で問題となっているのは、まさに「救済されるか否か」という実存的な問いである。この立場を便宜的に①の立場としてみよう。

しかし、別の視点からは別の解釈がある。例えば、啓示が誰かある特定の者に対して与えられた時、与えられた者は真理の体現者となり、さらにそれを人々に伝える伝達者となる。彼の意識、行動は一般の人々からみれば、神に取り憑かれていて常軌を逸しているように見えるかもしれない。宗教社会学では、こうした人々を「カリスマ」と呼ぶことが多い。しかも、これらのカリスマたちは自らがそうした啓示を受けているとただ夢想しただけでは教祖になることはない。彼の教えを神からのものだと信じる人々が存在しなければならないからである。つまり、この視点の関心事は、その教祖の教えが本当に人々を救済することができるか否かではなく、教祖と帰依者の間で生じている関係性をめぐる問いにあることになる。この視点を②の立場としてみよう。

①の視点から宗教をとらえるのと、②の視点から宗教をとらえるのでは、同じ宗教という対象を考える場合でもその方向性がまったく異なっていることがわかる。その違いを非常に簡単に表現すれば、①は実践的な「信仰」の立場であり、②は文化・社会現象として宗教を考えようとする立場ということになる。そして、一般に宗教を学問的に理解、分析しようとする宗教学の場合には、後で述べるように様々な視点があるにしても、直接的な信仰の問題として宗教を論じるという①の立場は排除されている。もちろん、これは特定の信仰をもっている人間は宗教を研究できないという意味でも、宗教研究者は常に「冷淡に」宗教を分析しなければならないということでもない。むしろ、信仰の有無にかかわらず、宗教の役割の重要性を強調する研究も数多く存在するし、宗教学者のなかには敬虔な信仰者が少なからず存在している。しかし、彼らは自らの信仰と学問的立場とを方法のうえで意識的に区別したり（「方法論的無神論」）、次節で詳しく述べられるように、信仰と学問的立場を区別しつつも、その学問的方法そのものを意味や価値を問う学問として再構成し、宗教研究に実存的問いの次元を確保することを試みている。

◉ 宗教研究の二つの方法

さて、信仰的実践の立場を排除して宗教を学問の対象にしようとする場合にも、それをどのような方法から考えるのかによって、対象となっている宗教の見方が大きく違ってくる。この方法の相違によって、同じ宗教を論じていてもその解釈は大きく異なってくるわけである。そこでヨアヒム・ヴァッハの古典的類型を借りながら、信仰的実践という立場とは区別される宗教研究の立場を、大きく、①規範的方法、②記述的方法、という二つに整理してみよう。もちろん、この二つの方法の区別はあくまでも便宜的なものであり、本章の第二節で試みられているように、「事実記述」と「意味理解」という区別のように、「規範的」、「記述的」とは異なった視点からの分類を考えることも可能である。

①　規範的方法（normative method）

規範的方法は、「人間はいかに生きるべきか」、「人生とは何か」といった主体的で価値的な問題意識（規範的）に基づいて、宗教の本質やその普遍的な根本構造を理性的に論じようというものである。多くの宗教が人間に内在する罪や煩悩の存在を指摘し、そこからの最終的な離脱や救済を約束する以上、宗教を問題にすることは、人間の人生をどう考えるべきなのかといった研究者自身のいだく主観的な価値的問いを含まざるをえない。「規範的方法」とは、宗教をこうした視点から論じようとする立場だといえる。この観点からは、「事実記述」の必要性を認めたうえで、それを「意味理解」の一部としてとらえ、あくまでも人間の実存を巻き込んだかたちで宗教の根源的意味を問い続けるという宗教研究の立場も、「規範的方法」のなかに分類することができるのである。信仰の次元でこうした問いに答えようとする「神学的」立場を除くと、この立場は一般に「宗教哲学」と呼ばれており、「神」、「仏性」などの重要な宗教的概念を、「信仰」の言葉ではなく、理性的反省を通じた哲学的思索の土俵の上に乗せようと努めるものといえよう。なお、規範的立場のなかには、パウル・ティリッヒのように、キリスト教という特定の宗教の「神学」の立場に立ちながらも、宗教哲学に大きな影響を与えた神学者も少なからず存在し、「宗教哲学」と「神学」との境界はそれほどはっきりとしない場合もある。

② 記述的方法（descriptive method)

記述的方法とは、先の規範的方法とは異なって、特定の宗教的立場からくる先入観を排除したり、主体的な価値観から自由な「客観的立場」を確保したりすることによって、様々な宗教の実態をあるがままに「記述する」ことを目指そうというものである。しかし、この方法は経験科学的なアプローチと同義ではない。つまり、この立場は実証性を重視する社会科学に代表される経験科学的立場だけでなく、問題意識においても方法においても大きく異なっているもう一つの立場を含んでいる。確かに、宗教学という学問の展開を考えてみると、宗教学は西欧においてキリスト教的権威からの離脱と自立を目指していたために、「記述」という方法こそが近代宗教学の固有の方法であると主張されることが多い。しかし、この「記述」は特定の宗教的ドグマに基づく価値判断を避けながらも、宗教を単なる心理・社会現象に還元できない独自なもの（sui generis）として理解したうえで諸宗教に共通する諸要素の発見に努めるという立場もあり、自然科学をモデルとした経験科学的アプローチをただちに表現するものではない。したがって、この記述的方法は、Ⓐ客観的で経験科学的な志向性の強い立場、Ⓑ宗教的ドグマからの解放を唱えながらも、経験科学的方法にも距離をおいて宗教現象の意味の解読を目指す立場、の二つに大きく分けることができるわけである。このうちⒷは、宗教的世界（ないし聖なるもの）の存在を肯定しつつ、その解明のためにその多様な現われとそこに通底するパターンや構造の発見、さらにはそれらの意味理解に努めるという点で、先に紹介した規範的立場に重なりあう側面をもっている。これに対して、Ⓐの立場は宗教を社会現象、心理現象などの人間現象の一環としてとらえ、方法論的にその世界自体の有無を正面から問題にしなかったり、場合によってはそれを否定する立場に立っているのである。ここでは、この二つの立場のうち、Ⓐに限って説明し、もう一つの立場は、ここでの分類とは一致しないまでも、その立場を含んでいると思われる次節の説明に委ねることにしたい。

Ⓐ　客観的で経験科学的な志向性の強い立場

最初に、この立場の中心にある客観的な経験科学という方法全般について少し説明する必要があるように思われる。当然のことながら、ここで客観的というのはあらゆる価値判断を排除した完全な客観性を指しているわけではない。一切の主観性から自由な「裸の事実」など存在するわけはなく、あらゆる「事実の記述」は特定の価値的観点からの現実の再構成にほかならない。しかし、それにもかかわらず、こうした立場によって明らかにされた分析結果は、第三者が支持したり反証したりすることができる共通の経験科学的手続きに基づいており、その主張の妥当性も絶えず経験的な根拠をもつことが要求されている。つまり、「客観的」とは、研究者が何の価値的観点ももたずに「事実」を単に記述しているという意味ではなく、対象に対して特定の価値的観点からアプローチしながらも、その分析結果に至る論証過程が、そのルールを理解すれば誰にでもわかる経験科学的手続きに基づいているということである。こうした経験科学的手続きを欠くことは、宗教の意味理解の妥当性を主観的で限定的なものとすることによって、かえって宗教を解釈する研究者の特権性を温存することになりかねないのである。

こうした立場に立つ宗教研究の方法として使われる学問領域の代表的なものを列記すれば、心理学、社会学、人類学、民俗学などが挙げられよう。ここでは、紙数の関係から社会的存在としての宗教の変動などを分析する宗教社会学についてのみ、ごく簡単に解説してみよう。

宗教社会学は、二〇世紀初頭にドイツのマックス・ウェーバーとフランスのエミール・デュルケムという社会学の二人の巨匠の手によって展開された。ウェーバーは、ヨーロッパにだけ成立した「合理化」の解明という大きな問題意識に基づいて、世界の諸宗教の世俗的倫理がそれを受容した人々の経済行為などにどのような影響を与えるのかを比較研究するとともに、禁欲的プロテスタンティズムと近代資本主義との親和的関係を指摘し、宗教の与える意味世界が人間の行為の「心理的起動力」となることを明らかにした。また、政治的官僚層と儀礼主義、騎士階級と運命、農民層と呪術、市民層と合理性など、特定の社会層と宗教的観念との親和性を指摘して、宗教の社会学的基盤に関する研究の先鞭をつけた。これに対して、デュルケムは、人間相互の連帯や社会的統合といった彼の終生の問題意識を基盤にして、オーストラリアのトーテミズムの民族誌的資料を使って様々な儀礼のもっている機能と意味を分析し、未開社会において宗教が統合的機能を果たしていることを論じた。また、彼は、トーテムの祭りに際して参加者たちの間に生じる熱狂を「集合的沸騰」と名づけ、そこで感じられる外在的力こそ神であり、神の力を社会の力だとした。

ウェーバー、デュルケム以降の宗教社会学は、彼らの視点をどのように総合するのかというところに理論的な焦点が移ったといえよう。アメリカ合衆国の社会学者タルコット・パーソンズは、ウェーバー的な行為論に注目しつつも、マクロ的な立場から文化体系における宗教的価値の統合的機能を強調した。また、ピーター・バーガーも、現象学的な社会学の立場から個人の意識と社会の外在性をつなぐ理論を構築した。また多くの実証研究も発表され、新しい宗教運動の類型論の研究や「世俗化」をめぐる議論が数多く提出されている。

社会学、心理学などの学問領域は当然のことながら必ずしも宗教を対象とした学問ではなく、宗教以外の学問的対象と方法をもっている。宗教学とこれらの学問との関係を考えてみると、宗教学はこれらの隣接諸学の宗教に対する知見を摂取、吸収しながらも、これらの学問の方法や成果に大きく依存することも多く、これらの諸学問の「ごった煮」となってしまう傾向もある。つまり、これらの学問領域に共通する学問的方法論を見いだすことは難しく、それぞれの専門との関連は、宗教を「独立変数」、つまり説明すべき対象としているのか否かという点にのみあるにすぎないように思われる。しかし、見方を変えれば、宗教学はこれらの学問の成果を利用しながら、宗教を多様な視点から複眼的に分析できるきわめて「学際的」な学問であるともいえるわけであり、この学際性に宗教学の特性を読み取ることもできる。

さて、宗教学の内部には方法論や問題意識を異にする様々な学問が取り込まれており、それらすべての立場を共有する宗教学自体の固有の方法論を見いだすことはむずかしい。しかし、宗教学の成立が異なった宗教との出会いを根本的な契機としていた以上、他者の宗教理解をめぐる問題は、どのような立場にとっても等しく考慮すべき最も重要な事柄の一つだと思われる。

◉ 他者の宗教理解をめぐって

周知のように、エドワード・サイードの「オリエンタリズム」批判を契機にして、フィールドワークを含めた人類学などの異文化理解の学問的方法論が厳しく問われるようになっている。このオリエンタリズム批判が意味するものは、これまでの西欧的学問が拠りどころにしてきた学問的枠組みが神のごとき超越的な視座からのものではなく、「何者かの観点」にすぎないということである。とりわけ、近代の知の体系を築き上げてきた西欧近代の視点こそ、学問の名のもとにそれ以外の地域の事象を意味づけ、裁断してきたのではないか。こうした問いは、異なった地域に存在する諸宗教を考察の対象にすることの多い宗教学に対しても同じように向けられているのである。

この問題とのかかわりで、少し目を転じて宗教学の成立当初の状況についてみてみよう。宗教学を非常に広義に宗教をめぐって行なわれてきた学問的営みと理解するのであれば、その歴史は遠くギリシアまでも遡ることになるが、一般に近代的宗教学は、一八七三年、マックス・ミュラーが『宗教学入門』(Introduction to the Science of Religion) を出版したことをもって始まるとされる。ここで注目したいのはミュラーを含む初期の宗教学の展開の一端が、一九世紀イギリスのヴィクトリア期の知識人サークルによって担われていたということである。もちろん、宗教学はオランダをはじめとして多くの国々の研究者たちによって展開されていたが、ミュラーの他に、エドワード・タイラー、ジェイムズ・フレーザー、ロバートソン・スミス、ロバート・マレットなど、この学問の歴史を語る際に必ず一度は登場する学者たちが、オックスフォードかケンブリッジのいずれかの大学で教鞭をとっていたことは注目に値する。そして、こうした事実は決して単なる偶然とは呼べない意味をもっている。

ヴィクトリア時代のイギリス社会は産業革命によって世界の工場としての地位をいち早く獲得し、人々は空前の科学技術の進歩に酔っていた。しかし、この時代は単にイギリス国内での「進歩の時代」であるばかりでなく、その繁栄を支えた大英帝国の拡大の時期でもあったのである。日の没するところがないとされた七つの海にまたがる大英帝国の確立によって、多くの商人、探検家、旅行者、そして宣教師たちが世界各地の植民地に居住することになり、彼らを通じてそこに生活する様々な民族の文化や宗教に関する情報がイギリスに集まり、学者たちはイングランドの閑静な大学町に居ながらにして、世界の諸宗教の情報を手に入れることができた。初期の宗教学に貢献した学者たちは、まさにこうした「恵まれた」環境において、当時の支配的な学問的パラダイムとなりつつあった進化論的枠組みのもとで、「未開宗教」をはじめとする諸宗教を分類した。そして、彼らは、探検家や宣教師たちが現地からもたらした「マナ」や「タブー」などの言葉を使いながら、アニミズムに代表される宗教学の初期の学説を作り出していったのである。

こうした学説は、キリスト教が大きな影響力をもっていたヴィクトリア社会を反映しており、キリスト教を頂点とする諸宗教の序列づけに貢献している。それらは、単にキリスト教とは異なる宗教の特徴を表すために作り出された学問的カテゴリーではなく、結果的にプロテスタンティズムのもつ宗教性の対極にあるものを提示することになっていることがわかる。つまり、これらの概念でさえも、これらの学者たちの個人的信仰とは別の次元で、その背後に、呪物も精霊も崇拝せず、迷信をすべて除去した混じりけのない神への信仰という当時のイギリスの支配的宗教であったプロテスタント的キリスト教の理念が見え隠れするのである。見方を変えれば、これらの宗教学の概念は、単なる客観的な学問的知識というだけではなく、その知識を要求し、それを組織した「権力の問題」とも密接に結びついているといえるのである。サイードなどによる西欧的知の枠組みへの問題提起は、宗教学に即していえば、この学問が生み出してきた様々な概念の「位置性」(positionality) を改めて問題にしている。宗教をどの位置から理解、分析しようとしているのかという問題は、近代社会においてもはや時代遅れで特異なものというマイナスのレッテルを貼られがちな宗教を研究する際に非常に重要になってくる。宗教を学問的に研究するという立場そのものが、対象に対して優位な位置にあるという錯覚を無意識にもたらすことがあるからである。ジョナサン・スミスの言葉を借りれば、比較宗教の試みは決して罪のない企てではないわけである。

（山中　弘）

第二節　宗教学の方法と意味の探究

◉ 経験科学としての宗教学

本節では、宗教学の方法の問題を「意味の探究」という視点から考えてみたい。「宗教学」と訳されている英語は、最初期は the science of religion であり、その後しばらく comparative religion が使われ、現在は the history of religions であるが、直訳すると「宗教科学」「比較宗教」「宗教史、宗教史学」となって、方法や領域に関して特化されているような印象を与えかねない。広く学問としての宗教学の概念を最も端的に示しているのは、ドイツ語の Religions-wissenschaft だろう。一般に宗教学は、キリスト教神学から独立した一個の経験科学（empirical science）として一九世紀後半の西欧で誕生したといわれている。経験科学は、形式科学と対をなすもので、形式科学が経験と直接関係しない思考の形式や論理法則を扱うのに対して、経験科学は現実の経験がかかわる精神現象と自然現象を対象とする。したがって、経験科学には、自由な精神現象を扱う「精神科学」と必然的な自然現象を扱う「自然科学」の二つがある。「経験科学」は「経験」概念と「科学」概念の合成であるから、さしあたりその両概念の内容を検討しておく必要があるだろう。

Oxford English Dictionary によれば、empirical はギリシア語 Empirici に由来し、哲学的理論を排除して経験から治療の規則を引き出す古代の医者のセクトの構成員を指していた。empirical が「経験に関係した、経験に由来する」という意味を担うようになったのは、一九世紀頃からである。ちなみに、ラテン語 experientia に由来する experience は、元は「試す行為、試み」や真理を確認するための「操作、実験」であったが、後に事実や出来事についての「観察」も指すようになり、一四～一五世紀以降は出来事によって影響を被る「内面的意識」や「個人の認識内部で生じた出来事」という意味が加わった。一方、ラテン語 scientia に由来する science は、「知っている状態や知ること」という一般的な意味が徐々に限定を受け、art と対照をなす「理論的真理にかかわる学問」や「体系的に分類され観察された諸事実に関する研究分野」の意味となり、現代では「自然科学や物質科学」とほぼ同義である。理論的考察なしに経験に導かれたという empirical と実験や観察を通した研究分野の science とが結合しえたのは、おそらく「経験」概念が孕む操作性や感覚への専一的な依存が関係していると思われる。

一七世紀の近代西欧に端を発する「科学革命」は、一八～一九世紀を通じて天文学・物理学・化学・生物学などの自然科学分野で驚異的な進展をもたらし、変質した「経験」概念を従来の学問領域（自然学・倫理学・論理学に大別される）に持ち込みつつ新たな「経験科学」の出現を促した。一九世紀後半から二〇世紀初めの時代とは、まさにその新たな経験科学としての自然科学と精神科学の方法や領域をめぐって、W・ヴントや新カント派のW・ヴィンデルバンド、H・リッケルトたちが論議を深めつつあった時代である。そこに宗教学が一個の経験科学として産声を上げたのである。

◉ 経験科学の二つの認識態度——価値中立的な態度と価値関与的な態度

対象から価値を捨象して普遍的な法則を求める「自然科学」と精神が客観化された表現に関して個性記述を行なう「精神科学」という二種類の経験科学は、「科学」の時代において、宗教学に二種類の学問的態度と方法を持ち込み、結果として宗教学に一種の分裂を招いたと思われる。一方は価値中立的な態度で観察や実験に基づいて宗教現象を事実として取り出し、それを分析的に記述しようとする。他方は価値関与的な態度で宗教現象がもつ意味に着目して、意味的連関や構造を統合的に把握しようとする。この両者の立場をそれぞれ「事実記述」と「意味理解」と呼ぶことにしよう。本章第一節の解説との関連で言えば、価値中立的な「事実記述」と価値関与的な「意味理解」の区分は、「記述的方法」と「規範的方法」の区分とほぼ重なるものではあるが、「事実記述」や「意味理解」は、自然科学と精神科学を含む広義の経験科学に関して想定された二つの理念型的な認識態度に基づく分類である。では、「事実記述」と「意味理解」は、具体的にどのような関係を切り結んでいるのだろうか。

◉ 事実記述と意味理解、および方法論的な問題群

まず「事実記述」の立場に関して言えば、そこにはすでにいくつもの操作が介入している。例えば、絶えず流動する現象から事実的要素を取り出す操作、諸々の事実から特定の事実を選別する操作、そして諸事実をデータや数値に還元する操作、さらには諸事実間の関係を整理する主体の立脚点の設定なども含まれるだろう。現象から事実を抽出する作業では、認識主体も、その事実化の作業に対応した境位へと変容しているはずである。観察や実験という経験の位相に主体が身を移してはじめて、事実も事実として現れるのである。事実記述においては、記述された諸事実の断片的な情報やデータが次々に蓄積されるが、いつかはそれらの意味を模索せざるをえない。事実記述がそれとしては自己完結せずに意味理解へ向かうことは、思考が辿るべき自然な過程であろう。事実記述にすでに様々な操作が介入しているとい

うことは、一般に想定されている事実記述の客観性や価値中立性も、額面通りには受け取れないということである。そもそも事実記述が可能となるためには、現象を事実としてとらえるための特定の立場がすでに設定されているのである。

では、「意味理解」の立場はどうであろうか。実は、意味理解も、一定の立場を反映した見方であるという点では変わらない。というのも、宗教現象の意味は、たいてい研究者の主観を屈折してとらえられ、その意味世界の連関の内に半ば自動的に組み込まれてしまうからである。特定の宗教的価値に関与する立場から他の宗教現象をとらえた場合、往々にして排他主義や包括主義（穏やかな排他主義）に陥ることになる。それゆえ、意味理解も克服すべき方法論的な問題を抱え込んでいるのである。

方法論的な問題群は、原理的には①研究者が立脚する立場の特定、②研究に使用する言語の制約、③研究対象の歴史的限定という三点に整理することができるだろう。特定の立場から研究対象を眺める以上、その対象は遠近法的な視圏の内にとらえられ、その観点の定位はそこから眺められる事物の序列化を伴っている。観点の定位には研究者の個人的主観とともに時代や文化の主観（つまり共同主観）がもつ制約や限界も影響を与えるに違いない。われわれの世界認識や自己認識が常用言語による世界裁断を基盤にして成り立っている限り、研究対象は言語（文化の眼鏡）を屈折して現れるほかはない。また、研究対象は時系列のなかで絶えず歴史的限定を受けているが、これは研究者や言語も不可避的に被る制約である。こうした研究者や研究対象や使用言語をめぐる制約や限定を考慮に入れたうえで、近代西欧における学問的な「経験」の変質という事態に眼を向けることにしよう。

◉ 宗教学の方法論的な限定と「経験」の変質

宗教学が経験科学として自立しえたのは、いくつかの「方法論的な限定」を自らが引き受けたお陰である。経験的資料や論理的操作、あるいは公共的検証などに関して、方法論的限定を設けることによって成立しえたのである。この方法論的な限定の仕方に、一九世紀後半以降の近代西欧に支配的であった特殊な認識論や方法論が影響を及ぼしたのではないかと推察される。当時の自然科学の影響を受けた実証主義——その源流の一つは一八世紀フランスの啓蒙主義であり、宗教学は「啓蒙主義の子」と呼ばれてきた——や一九世紀に台頭した歴史主義などの理念や方法が宗教学の方法論的限定に強い影響を及ぼしたであろうことは想像に難くない。

経験的資料への限定には、万人が観察可能で実験可能な経験への照準化が条件として含まれているはずである。感覚のみに依拠する観察は、もはや本質を洞察する観照ではない。経験的資料への限定や公共的検証への限定は、「経験」の意味の一元化と、そうした資料の取り扱いや検証が行なわれる場への人間の研究態勢の強制を伴っていよう。また、論理的操作への限定は、叡智界と感性界の双方にかかわる智慧（sapientia）から、もっぱら感性界に向けられた知識（scientia）への限局、あるいは論証的思考の偏重による直観的思考の犠牲を代償として支払ったと思われる。宗教学の成立を可能ならしめた方法論的自制は、様々な振幅と密度の度合いを含む経験を観察・実験可能で検証可能な経験へと収縮させる操作を随伴していた。方法論的自制は、経験科学としての宗教学の誕生を可能ならしめた一方で、経験の意味の限局を招いた両刃の剣であった。上述したような近代西欧に生じた「経験」概念の根本的変質は、人間理解に関する「精神科学と自然科学の分裂」、および「精神科学に対する自然科学の優位」という形で経験科学としての精神科学に深刻な影響を与え続けてきたのである。

◉ 事実記述と意味理解の交互媒介的な営み

人間現象を学問的に経験する時、それを学問的な分析地平に呼び込んで対象としてとらえることになる。学問的認識における「経験」は、その学問の分析地平（つまり事実記述や意味理解を可能ならしめる特定の視座）と不可分に成立するわけであるから、現象の記述や理解は、特定の主観的ないしは共同主観的な立場からの記述や理解という性格を免れえない。宗教を冠する学問名をもつ諸学――宗教哲学、宗教現象学、宗教社会学、宗教人類学、宗教民俗学、宗教心理学など――の成立は、宗教現象を当該の学問の視座からとらえることの意思表明を示している。それらは宗教現象を既成の学問から借りた方法でとらえる試みであった。こうした事態は、歴史の浅い宗教学が担わざるを得ない宿命ではあったが、固有の学問として宗教学が自立するための格好の試金石ともなった。宗教学分野で隣接の学問と連携した学際的研究が盛んな理由は、人間現象の統合的研究が要求されている現代的状況のほかに、いま触れたような事情もあったのである。

事実記述と意味理解の関係は、認識方法としての自然科学の「説明」(Erklären) と精神科学の「了解」(Verstehen) の関係と重なり合うところがある。一般に説明においては命題や意味の範囲が分析的な仕方で解明されるのに対して、了解においては部分的な意味の連鎖が全体的な把握のなかで統合される。一九世紀初めのF・シュライエルマッハーに代表されるロマン主義的解釈学では、説明と了解は相互に還元不可能な知解の様態と見なされ、解釈は了解の一つの特殊例(つまり言語表現に適用された了解)であるとされた。説明と了解という二つの認識方法は、自然と精神という二つの現実領域に対応しているとされた。この見解に対して、現代の哲学者P・リクールは解釈を「説明と了解の弁証法」的運動と見て、テキスト(神話や物語)の意味世界についての構造分析的な説明が、実存全体を巻き込んでしまう深層意味論へと導くことを説いている。説明は了解へと深まり、了解は説明を要求するのである。つまり、事実記述の立場と意味理解の立場は、学問的な営みにおいて密接不離の関係を結ぶものと見られるのであり、宗教学(のみならず人文諸学)は事実記述と意味理解の交互媒介的な営みとして成立すると考えられるのである。

◉ 宗教現象の意味をとらえるコンテキストについて

ところで、現象の意味を理解するという場合、どのようなコンテキストで意味をとらえるかが問題となる。一般に人間現象をとらえる際に、その意味を時間軸に沿って通時的にとらえる場合と、同一空間の他の類似した人間現象との対比を通して共時的にとらえる場合とがありうる。時系列に沿って出来事の因果的連関を認識しようとする時には「歴史学的」観点に立ち、同一空間の他の人間現象との差異や類似を認識しようとする時には「社会学的」観点に立つことになる。歴史学の観点と社会学の観点は、ある人間現象を、別の人間現象との関係づけを通して見ることに変わりはないが、過去からの時間的脈絡を考慮するか、同一空間の類似した諸現象を比較するかの違いである。人類学や民俗学などは、社会的関係そのものよりも文化事象や民俗的事実の方に焦点を当てた学問である。

　これに対して、現象の意味の解明を現象そのものの内に求める時には、歴史的脈絡や社会的関係から外して人間の内的な心理や生の体験を把捉しようとする「心理学」や「生の哲学」などの視点が現れる。とはいえ、歴史や社会との関係を断ち切ることは不可能であるから、これは認識の力点が人間の内面へと移されるということである。心理学は心理の深層にある隠された意味や情動を自我の意味世界と関連づけようとし、生の哲学は生の体験とその表現を通して意味的連関の広くて深い全体的な統合性を了解しようとする。内的な心理であれ、生の体験であれ、主体が経験する現実の事象である。だが、現実の事象に即しながらも、それを超えた次元に探究が向けられる時、別の風景が開かれてくる。

◉現象学の方法と解釈学の方法――自己理解と他者理解をめぐって

　現実の事象よりもそれが含む意味を探究することを中心課題とする学の典型は、「現象学」(phenomenology)と「解釈学」(hermeneutics)である。現象学は、二〇世紀初めにE・フッサールを中心に展開された哲学的運動を指すが、そこでは現象学が諸々の学問の基礎学という位置づけを与えられ、現象の背後世界を想定せずに、現象そのものにその本質が顕わになっているとする「自己能与《ゼルプスト・ゲーブング》」の根本仮説に立って現象の意味を掘り下げようとする。他方、解釈学は、もともとギリシア・ローマ古典の文献学や聖書釈義などの個別の学問であったが、一九世紀のシュライエルマッハー、アウグスト・ベック、ヴィルヘルム・ディルタイらの努力を経て、一九世紀末には人文諸学（精神科学）一般に共通する基礎的方法論として確立された。現象学も解釈学も宗教学の方法論のなかに流れ込み、宗教現象学や宗教的解釈学などの学問的な視点の形成に貢献している。宗教現象学には宗教現象に独自なもの（sui generis）を究明しようとする強い姿勢がある。例えば、二〇世紀に活躍したルドルフ・オットー、マックス・シェーラー、ファン・デル・レーウ、ミルチア・エリアーデ——エリアーデ以外の三者は神学者でもあった——は、それぞれの仕方で宗教現象の独自性を「ヌミノーゼの感情」や「宗教的作用と神的なものの啓示の相関」や「了解の究極的根拠の他者性」や「ヒエロファニー（聖なるものの顕現）」などの用語で把握している。

現象学と解釈学は、いずれも意味の探究を目指す学である。現象学は主観と対象が向き合う現実世界とは区別された、理念的世界の解明に赴き、解釈学は自己には疎遠な他者の意味世界に接近しようと試みる。現象学の企ては、哲学的には現象そのものへの遡及とその現象の認識的明証性とが一致するような根源的な地平での意味の記述である。解釈学の企ては、自己の意味世界を下敷きにして自己移入や追体験を通して他者の意味世界をとらえることを目指している。自然的態度を中断するエポケー（判断停止）と現象学的還元によって純粋意識（超越論的主観）に還帰し、意識の志向性を分析することで自己理解の掘り下げを試みる現象学は、やがて相互主観性の問題の形で他者という謎に逢着する。また、異文化や他者との出会いが出発点にあった解釈学も、異文化や他者の意味世界を問う過程で、そうした疎遠な他者の意味世界を問うこの自分とは何かという根本問題に帰着する。一見すると逆方向に進むように思われる両者の運動だが、現象学も解釈学も自己理解と他者理解をめぐって往き来しており、互いに交差し合うのである。

◉ 意味の探究ということ——現象学と解釈学が交差する地平に向けて

とはいえ、現象学と解釈学とでは、意味ということの意味が異なってはいる。意味の探究が現象学的になされる時、意味の理念性が照らし出される。事象そのものへ迫ることを目指す現象学の課題は、事象の核心としての意味に迫ることである。ここに改めて意識に深く刻み込まれるのは、現実と理念（理想）の分裂と乖離である。正三角形の意味は理念的には理解できても、現実にはその模造品しか存在しないのと同様に、宗教現象をとらえる際に、その意味や本質を探究するために現実と理念の間で往復運動が生じるのである。現実と理念の分裂は、自己と世界に分裂をもたらし、プラトンのイデア論が教えたように理念（イデア）が現実（感覚世界）に写し出されるのみならず、現実も理念の世界に投影されるという二重写しの構造が顕わになる。こうして、意味の理念性は、「現実と理念」の分裂を浮き彫りにし、その両極間を往復する人間の認識と存在の運動を呼び起こすことになる。現象学的なエポケーは、宗教学では価値判断停止として受け取られ、宗教現象の真理性に対する判断は留保されるが、いずれ価値や真理の問題には直面せざるをえない。

また、意味の探究が解釈学的になされる時、意味の疎遠性が浮かび上がる。自文化とは違う異文化の問題、あるいは自己と異なる他者や非自己の問題は、現代世界の社会生活のなかで実は様々な形で遭遇しているものである。意味の疎遠性は、しばしば疎隔や距離の問題として取り扱われ、自己が馴染んだ意味世界と他者の疎遠な意味世界との対立や衝突が先鋭化される。自宗教の教条を絶対視する原理主義の問題は、キリスト教やイスラームに限ったことではない。自己と他者の差異は、自己にとっても他者にとっても相互理解を阻む要因となりうるが、この差異こそが世界中の人間の多彩な有り様を創出しているのである。解釈学はこうした距離や疎隔を誤解や対立を生むような負の価値と見るのではなく、人間生活を充実させるような正の価値に変換させようとする。他者の宗教現象は宗教学者にとって必ずしも完全に疎遠であるわけではなく、むしろ疎隔を介して他者の意味世界の内に自己の意味世界に通底するものを発見することもしばしばある。

以上述べたように、宗教現象の意味の探究は、人間の有限な実存構造に由来する制約（歴史性・身体性・言語性など）

の下で、「現実と理念」の分裂や「自己と他者」の対立に出会う探究である。しかし、それにとどまらず、その出会いを契機にして逆に実存構造の制約を乗り越えるような運動に展開する可能性も秘めている。「現実と理念」の分裂や「自己と他者」の対立は、人間の実存構造に起因する、人間として不可避な事態であるが、その事態に直面するなかで、「現実と理念」および「自己と他者」という二重の両極をめぐる運動が交差し合って、人間の実存的地平の拡大や深化をもたらすような運動が始まることが期待されるのである。宗教学における「意味の探究」は、宗教現象の意味的連関と私の実存（ここでいま生きていること）との結びつきを問うような境位に立つ時、宗教現象の意味の探究のみならず、その現象の意味を問うている自分とは何かと問うような探究ともなるはずである。何よりも宗教現象が世界創造（宇宙軸再建）や自己創造（死即再生）を核心とする現象である以上、そこには研究者の実存をも巻き込まざるをえないような一種の根源性があるのである。

◉ 理念と現実の間で

宗教現象は、眼に見えない磁石が突如出現して、それに鉄屑や砂鉄が反応している有り様に似ている。宗教学の学問的な営みは、いわばその磁化された鉄屑や砂鉄の形状や相互関係をあれこれ分析する作業であり、ややもすると眼に見える形状相互の関係に対する考察に終始しがちになる。しかし、忘れてならないのは、そもそも磁化作用を起こした当の不可視の何ものかが存在するという事実である。こうした超越的な次元への眼差しを失ったところでは、宗教研究は宗教研究としては困難にならざるをえない。

既述したように、啓蒙主義や実証主義や歴史主義などの影響下で方法論的制約を引き受けつつ、宗教学は隣接諸学との境界線の画定を試みる一方で、まさにその隣接諸学から方法を借りることで固有の探究を進めてきた。本節で取り上げた現象学や解釈学の方法は、宗教現象を「体験」の視点から考察する際に重要と思われるものではあるが、他にも様々な方法が宗教研究に試行・適用されてきたことはいうまでもない。キリスト教神学など特定宗教の信仰——規範や価値に関与する——から自由な学問的境位においても、意味理解の立場に身を置く限りは、自覚的であれ無自覚的であれ、何らかの価値関与的な態勢を保持していると見られる。価値の相対化や多元化が云々されて久しいが、昨今ではその対極をなすような普遍主義やグローバリズムも台頭してきた。いずれにせよ、価値と事実、理念と現実など従来から論議されてきた根本問題に触れることなしには、方法の問題は決して本格的には究明されないだろう。それは人間自身が「価値と事実」の間、あるいは「理念と現実」の間に立って両者を架橋するような存在だからである。

（棚次正和）

コラム

III 宗教と科学

「呪術→宗教→科学」という精神の進化論的図式が認められていた時代には、宗教は科学以前の理性が未発達な人間が信仰するものと思われていた。この認識図式は、宗教的権威が失われつつある時代の自然科学者に支持されたものと推察されるが、客観的な妥当性はない。とはいえ、宗教の特殊な真理と科学の普遍的な真理は容易には交わらず、両者の棲み分けを主張する見解も相変わらず根強い。科学の発達とともに宗教が凋落したという認識はきわめて怪しいものだ。一七世紀の近代西欧で発生した「科学革命」は、自然科学の分野で未曾有の進歩を遂げて今日に至っているが、その輝かしい成果は、神や霊魂という根本問題を括弧に入れることで達成された結果である。遺伝子操作など最先端の技術革新をもたらしたライフ・サイエンスといえども、生命探究の緒についたばかりで、生命の根源を射程に入れるには遠く及ばない。

宗教はWhyを問い、科学はHowを問うといわれる。宗教が宇宙や人間の諸現象に眼差しを向けてその根拠を問うのに対して、科学は世界の事物や人間に関する研究と技術的応用を目指して自然現象の外側から接近する。例えば、人間存在に関して、科学は人間の遺伝子（ヒトゲノム）解析を試みるが、宗教はその遺伝子としての現象の奥にある世界や根拠を尋ねる。このように、宗教と科学とでは方法や領域が互いに連結不可能なほど異なっている。特殊な観念や儀礼に囚われた宗教集団や、唯物的な素朴実在論者が大勢をなす科学者集団を考えると、現状では宗教と科学の統合は困難に見える。だが、既成の価値観や体制に疑問を抱いて新たな世界観の構築を試みるニューエイジ・サイエンス系の研究者や文化創造者たちは、宗教と科学の連携を実現可能と見ている。「宗教と科学」の関係の話は、信仰と理性の関係の話というよりも、むしろ人間が自分自身の全体像をどのようにとらえるかという自己理解にかかわる話なのであって、宗教と科学の双方の営みのなかに人間の「宗教性」や「霊性」を見るような視点もありうるのである。

（棚次正和）

第三章

宗教現象を読み解く（I）——「体験」の視点から

解　説

宗教現象は、古今東西にわたってまことに多様な仕方で現れている。一口に宗教現象といっても、そこには宗教経験、神話、儀礼、象徴、教義、実践（行法）、宗教集団（信仰共同体）、宗教法規（戒律）など、様々な構成要素が含まれている。宗教現象に対してどのように接近すればよいのか、またどのような角度からとらえればよいのか、途方に暮れる読者もいることだろう。したがって、一種の迷路、あるいは複雑系としての宗教現象を探るためのとっかかりとなるものが是非とも必要となる。本章は、そのような多様な宗教現象を読み解くために有効と思われるキーワードをいくつか選び出して、その解説を試みようとするものである。ここで選び出したキーワードの数は、必ずしも十分であるとはいえないが、本章の解説は、宗教学を学ぶ人にとって、とりあえずの羅針盤となることを目指している。「体験」と「社会」という二つの視点から宗教現象に接近していき、その双方の視点の交差が生む複眼的な風景を読者に提供するという本書の基本方針は、ここでも貫かれている。各項目の解説は、それぞれの執筆者の見解を反映したものであり、論述のスタイルも統一されてはいないが、読者はそこに先行研究の学者の足跡を見いだして、共感や反感を覚えることだろう。この道をどのように進むかは、読者の自由な判断に委ねられている。その探究が稔り多いものであることを願っている。

◈宗教経験

救済や覚醒の経験として語られることが多い宗教経験は、古来さまざまな用語で説明されてきた。例えば、死と再生、脱自や超越の経験、神秘的合一、即身成仏、みたまのふゆ（魂の賦活）、宇宙の直観と感情、ヌミノーゼ（霊威）の感情、ヒエロファニー（聖なるものの顕現）、等々である。二〇世紀前半から中葉にかけて活躍したＪ・ヴァッハは、宗教経験を規定する公準として、①究極的現実（the ultimate reality）として経験されたものに対する応答、②究極的現実として把握されているものに対する存在を挙げての全き応答、③人間に可能な最も強烈な経験、④行為へと駆り立てる命令や参与を含む実践的性格という四つを挙げている。ヴァッハの理解は、宗教現象の中心をなすものとして宗教経験をとらえたこと、またその宗教経験が表現へと向かう傾向をもつものとみて理論的表現・実践的表現・社会的表現という三種の表現形態を析出した点に特徴がある。

霊威的な力と出会う究極的現実の経験は、表現を通して他者に開かれたものとなるが、まず霊威的な力は象徴（御神体、法輪、十字架など）として現前する。象徴が宿す意味は、やがて概念の形で明確に説明され、行動を引き起こす駆動力となり、宗教集団を形成する際の統合の要となる。理論的表現レベルでは、究極的現実に対する根本直観が起源や永遠の問題を象徴的言語で物語る「神話」や「信仰告白・信条」となり、さらには概念的に整備された「教義」体系や啓示の書である「聖典」が成立する。他方、実践的表現レベルでは、霊威的な力との接触の経験は、「儀礼」を通して周期的に再確認され、その力の獲得や行使をめぐる多様な修行階梯や行法が用意され、祈り・占い・舞踏・行列・巡礼など高度に規格化された実践活動が行なわれる。また、社会的表現レベルでは、宗教経験の内容を伝達したり共有しようとする要求が強力な動機となって、信仰共同体やカルトなどの「宗教集団」が形成される。それが他の社会集団と決定的に異なる点は、究極的現実へと方向づけられた中心軸や力の意識を核として成員間の関係が構成されることにある。

宗教経験は日常経験の根底を照らし出すような次元の異なる異質な経験であり、その基本性格の一つは、日常的な現実認識の枠組みを失効させる非日常性にある。日常の流れを断って日常から出る経験が向かうのは、自我の彼方であるから、そこには本質的に脱自や超越や死という契機が含まれている。したがって、日常の側からは存在の根底を脅かす危機的状況と見られることもある。日常から出る行法に関しては、宗教伝統で様々な修行階梯が用意されており、自我に纏わる感情や想念を徹底的に払拭し濾過するための工夫が凝らされている。日常を出ることは、逆説的だが、日常に返ることでもある。日常から出ること（現実の否定）と日常に返ること（現実の肯定）が同時に成立するような宗教経験の振幅の大きさを、充分に認識しておく必要がある。宗教経験は一方で現実の拡大と深化にかかわる運動と見られるが、他方では究極的現実との接触や参与によって人間の実存や生活の行為規範・法秩序を積極的に根拠づける運動とも結びついている。「現実の拡大と深化」が宗教経験の超越性や脱自性にかかわるとすれば、「生活規範や実存の根拠づけ」は宗教経験の絶対性や究極性に淵源があると言えるだろう。

実際には、宗教経験は、非日常的なものから日常化されたものまで、つまり深遠な神秘主義的経験から日常生活のなかで慣習化された宗教的行為（挨拶、拍手、食事作法など）に至るまで、様々な振幅と境位において変奏されている。最も卑近な例では、「ここでいま」息をしていることが自覚的に深められる時、それはすでに宗教経験の端緒となっていると言える。

参考文献

上田閑照『生きるということ』人文書院、一九九一年。

ヨアヒム・ヴァッハ著、渡辺学・保呂篤彦・奥山倫明訳『宗教の比較研究』法藏館、一九九九年。

（棚次正和）

◈神話

神々や太古の英雄的祖先の物語である。神々や祖先に関する物語というよりも、神々自身や祖先自身が語る物語ととらえるほうが神話の原像に近いであろう。幾度かの宇宙創世（世界創造）、男女両性の分離、自然現象の始源、人間的実存に不可避な死や悪の起源、神々の連綿たる系譜、文化制度の由来、故事来歴など、何らかの意味で「起源神話」が神話の根幹を成している。神話を表すギリシア語のミュートス（mythos）には元来「真実の話」という意味があった。また、日本語の「神語り」は文字通り神自身の語りとして神話の古態と見なすことができるし、霊威あるもの（霊）の語りとしての「物語」とも相通ずるところがある。

ロゴス（logos、理性・言葉）がもつ反省的論理的性格にミュートスの前反省的前論理的性格を対置させる考え方が一般的であったが、そのような発想は、ミュートスからロゴスへの精神の進化論的図式を下敷きにした合理主義的な解釈に基づくものであり、ロゴスから見える限りのミュートスの理解という枠組みを出るものではない。形式論理の法則に従わない「神話的思考」も、理性とは別次元の象徴の論理に従う思考である。現代人の思考習慣は、ミュートスをミュートスとしてとらえることを困難なものにしている。

この現実世界における諸現象は、特定の時空的制約の下で生起した因果的過程の事象として論理的に説明されうるが、そうした諸現象が有する根拠や意味に関する問いには、通常の思考は沈黙するよりほかはない。神話の役割は、世界それ自体の存在根拠や諸現象の究極的意義を明らかにしながら、宇宙に内属する本質的意味に人間的実存を結びつけることによって、人間的実存に付き纏う空虚や不安を緩和させ、その意味を充実させることにある。神話が語る神々の行為や物事の起源は、この現実世界の行為や物事（儀礼や文化制度など）の規範・範型となるものである。

本来、神話とは、語られるものであると同時に、儀礼（祭り）のなかで象徴的に演じられるものでもあった。それはかの太初の時の神々や神話的英雄の行為を範型として儀礼のなかで反復することによって、つまり宇宙と人間とが有機的に結ばれるコスモス化を通して、人間的実存が抱えている断片性と未完結性が癒されるという深層意味論的な構造を有している。こうして、神話と儀礼は密接不離の関係と見られ、神話的世界観は天体の運行や季節の巡りに同調して周期的に執行される儀礼のなかで繰り返し再現されることになる。

それゆえ、神話は太古の人間が夢想した粗野な世界観でも、理性以前の原始心性が紡いだファンタジーでもなく、むしろ「真実の話」であると解される。神話の重要性については、一部の思想家は明瞭に認知している。例えば、古代ギリシアの哲学者プラトンは、当時の常識的な神話理解に逆らって問答法による論理的な吟味の後にしばしば神話を「あえて試みる価値ある冒険」として導入しているし、近代ドイツの哲学者シェリングは、神話を哲学の最古の課題、哲学の根底をなすものとみて、その過去性を歴史的過去の方向にではなく超越論的過去の方向に見据えて、神統譜すなわち神生論的プロセスを辿り直している。

なお、「神話」には上述したような本来の語法以外に、二次的派生的な語法がある。例えば、土地神話、国際連合という神話などのように、当該事象の意味や価値が疑いを容れぬほど自明であって、それが人々の願望を方向づける象徴的な力を帯びていると見なされた場合、しばしば「〜神話」と呼ばれる。

（棚次正和）

参考文献

M・エリアーデ著、堀一郎訳『永遠回帰の神話』未來社、一九六三年。
プラトン著、岩田靖夫訳『パイドン』岩波書店、一九九八年。

◈顕現と宣言

超越的霊威（神や仏）が出現したり、何かを啓示する際のその出現様式や啓示様式に着目するとき、「顕現」（manifestation）と「宣言」（proclamation）という二つの類型を識別することができる。類型による把握は、思考の経済という点から要請されるとともに、そもそも人間研究は普遍的なものと特殊なものとを繋ぐ類型の構築によって前進するものである。類型は思考上の構築物にすぎず、経験的事実として見いだされることはないけれども、それは流動的な現実が含む構造や意味連関を理解するための手段となりうるものである。宗教現象の核心部には超越的霊威の出現や啓示があるのが普通であるから、「顕現と宣言」は、超越的霊威の出現や啓示に関する二類型であると同時に、宗教現象一般の主要な二類型であるとも言える。宗教の類型化については、ファン・デル・レーウやG・メンシングによる企図の他に、W・ジェイムズによる「一度生まれの宗教と二度生まれの宗教」、N・ゼーデルブロムやF・ハイラーによる「神秘主義と預言者宗教（啓示宗教）」、P・ティリッヒによる「存在論的類型と道徳的類型」などの分類の試みもある。

宗教現象に関するP・リクールの類型的把握は、論文「顕現と宣言」のなかに示されている。その論文の目的は、聖の「顕現」と神の言の「宣言」との対極性を浮き彫りにし、両者の交互媒介の可能性を探ることにある。聖の「顕現の現象学」の特徴は、①意味（言葉）に対する力の先行、②感性的次元における聖の顕現（ヒエロファニー）の形態と構造、すなわち聖なる時空間の成立、③聖なるものの象徴体系・神話と儀礼との相関関係、④自然の象徴体系への繋縛、⑤聖なる宇宙を貫いている照応の法則などに要約することができるが、神の言の「宣言の解釈学」は、これら五つの特徴を根底から揺さぶるものとして登場する。

リクールが念頭に置いているのは、カナンのバアル神・地母神信仰とユダヤの預言者宗教との対照であるが、言葉がヌミノーゼ的な力に対して優位を占め、名の神学が偶像の顕現に対抗し、言葉や倫理や歴史の要素が聖なる自然を後退させ、逆説的表現が象徴が繋がれた聖なる宇宙を爆破する。しかし、「宣言」の源泉は、実は「顕現」にこそあるのであって、そこから養分を吸収していることを忘れてはならない。

「顕現と宣言」は、キリスト教教会史では「秘蹟と説教（福音）」の問題に対応するものと見られるが、世界の諸宗教を見渡すような広い視野のなかで、宗教現象の類型として、あるいは文化現象の根幹にかかわる問題としてとらえ直される必要があろう。「顕現と宣言」の問題は、「象徴と言葉」の問題が宗教の場面で取り上げられたものとみることもできる。象徴は言語的な意味論には取り込めない固有の不透明さを帯びた意味領域にかかわっているが、しかしその反面、象徴が象徴として認識されるためには言語を媒介した解釈が最小限必要となる。象徴は言語から溢れ出しながら、言語媒介的な説明なしにはそれ自身が蔵する意味的連関は曖昧なままである。言語伝達の基本形は、二人の話者の間でメッセージが交わされるというものであろう。その定式を「誰かが、誰かに、何ものかについて、何ごとかを語る」という四肢構造でとらえるならば、象徴では「誰かが、誰かに」という対話の両極が消え失せて、ただ「何ものかが、何ごとかを語る」のである。聖なる象徴の顕現においては、人格的超越者（神仏）が人間に語るのではない。何ものかが如実に示現するのである。しかし、象徴は示現するだけであり、その意味を分節するのは言語である。こうした象徴と言語の関係は、人間の知が含みうる位相や次元に関係しているはずである。

（棚次正和）

参考文献

棚次正和『宗教の根源』世界思想社、一九九八年。
Paul Ricoeur, "Manifestation et Proclamation," in *Le Sacré*, Aubier, 1974.

◈身体

わたしが「ここでいま」生きているという実存的意識や自己意識は、通常は同時に身体とともにあるという意識も伴っている。わたしは身体を持っているというよりも、わたしは身体であるといったほうが、より自然な感覚に近いであろう。身体は、哲学史上では例えば霊魂という形相が肉体という質料と結びつく心身問題として古来論じられてきた。また、宗教的文脈では霊魂と肉体が反目し合う霊肉葛藤の主題として取り扱われてきた。いずれも、身体は霊魂（精神・心）と対立するものとして規定されており、身体は霊魂の法則には従わない、それ自身固有の自立した世界があるとされる。人間であるとは、霊魂と身体とが有機的に統合された生きた存在であるということである。この有機的統合の均衡が崩れると き、心身相関ゆえの様々な病態が生じることになる。

人間存在の身体性は、病気のときだけではなく、日常生活の諸局面でも意識化されるが、とりわけ先鋭化されるのは、心や精神が身体に由来する感覚や感情を振り払ったり、身体に起因する物質的欲望を取り除こうとするときである。精神の高みへの飛翔は、しばしば物質的欲望への降下によって妨げられ、人間存在の内部で分裂が起きる。通常の心身統合的関係が解消の危機にさらされるもう一つの機会は、日常的な現実感覚の矯正や変容を伴った「修行や行法」を実践する場合である。単に心や頭だけで承知するのではなく、体で覚える、体で祈る、体で読むなどと言われる。存在全体を挙げて全身全霊で特定の行為に集中することを通して、体得するという境地が生まれる。行為の全人的参与性が要求されるとき、人間存在の身体性が浮上するのである。そのとき身体は、むしろ全人性の象徴表現となるのだが、身体は物質性や自然性（感覚や欲望）の側に還元されることも多い。

身体性が人間存在の「全体性」と「物質性（自然性）」の両面を示しうるということは、身体には心や精神と対立する存在領域の他に、人間存在を構成する諸次元を指すことがあるということでもある。人間存在を構成する諸次元のそれぞれにおいて構造的機能的同一性を保ちつつ行動の中心として働く場が身体であるとすれば、人間存在を構成する各次元に対応した複数の身体が存在する可能性を考えねばなるまい。この視点に立てば、身体は人間の存在構造とほぼ同義となる。それゆえ、肉体と同一視されがちな身体よりも、「人体」という呼称の方が適切となろう。

秘教（密教）的伝統では、人間の存在構造は多次元的重層的であると想定されており、それゆえ人間存在を構成する身体も多次元的重層的であると考えられている。例えば、タイッティリーヤ・ウパニシャッドでいう「五つの鞘」説、新プラトン主義のいう霊・魂・体の三分説、本田親徳らの神道家が説く「一霊四魂三元八力」、神智学でいう重層的な身体論（物理的身体、エーテル体、アストラル体、メンタル体、コーザル体）、ニューエイジ系の実践家や科学者が提唱する「多次元的エネルギー系」としての人体論などである。これらの理説に従えば、身体には最も粗大で鈍重な物理的身体（＝肉体）以外に、もっと微細で精妙な身体が幾重にも重なり合い、全体として一つの統合体を形成している。

心や精神がそれにふさわしい様態の身体を持つという想定は、通俗的な身体論の射程には収まらない。だが、人間の多次元的重層的な構造は、世界の多次元的重層的な構造と正確に対応しており、マクロコスモス（宇宙）とミクロコスモス（人間）の照応という人類太古からの直観は、こうした人体観のなかに確かに反映されているのである。

（棚次正和）

参考文献

G・マルセル著、松浪信三郎・掛下栄一郎訳『マルセル著作集5　存在の神秘』春秋社、一九七七年。
R・シュタイナー著、高橋巖訳『神智学』筑摩書房、二〇〇〇年。

◈死と他界

古来、人間は死んでも死なないものと考えられていたと言えば、驚くだろう。人間は死ぬから人間なのだという了解は、あまりに深くわれわれの意識に浸透している。「死んでも死なない」とは、死んでも死んだ人の記憶や作品は残るという意味ではない。死んでも死んだ当人の意識は消えずに存続するという意味である。死の事態は、われわれには逆説以外の何ものでもない。死は等しく万人に訪れるものでありながら、それがいつ来るかは誰も分からない。また死者は死を（少なくとも直接には）語れず、死を語れるのは死が未体験である生者のみである。「死んでも死なない」ことの証拠は、エジプトやチベットをはじめとする『死者の書』の存在、臨死体験者や生まれ変わりを記憶する人々の証言など数多くあるが、霊魂と身体の分離による死後の霊魂存続が基本前提である。

こうした不死性や永遠の生命に関する探求は、限られた生命の実存状況を何とか超出したいという願望も関与しているだろうし、他界の存在の想定は、死への恐怖が隠された動機となっているとする合理主義的な解釈もある。しかし、そのような解説では到底割り切れない大きな謎として、死はわれわれの人生を縁どっているのである。

死の観念にはいくつかの観念が付随している。人生の終結とともに、故人の生涯、つまりその人生で織り成した人間模様や行為の総体が問いとなる。また、生者が死者を見送る葬送儀礼や死者が生者を訪れて交流・交歓する祖先崇拝の儀礼（みたま祭り）、異次元間にわたって死者と生者が切り結ぶ垂直的な人間関係、死者の住む他界（あの世）と生者が住む現界（この世）の二重世界構造など、死と生を包み込んで人生の意味や価値を全体的にとらえる視点が芽生える。

死の問題は、生の問題の裏返しであり、死を契機にして浮上するのは、かえってここでいま生きている人生それ自体に対する問いである。死への視点を獲得してはじめて、生の意味や価値を照らし返すことが可能となるのである。ここに死生学（タナトロジー）や生死の学（バイオ・タナトロジー）が成立する所以がある。

死者を見送る葬送儀礼は、残された生者の側での社会的文化的な慣習としての二人称的三人称的な死への対処法であると同時に、死者自身が生前の実存を見切るための一人称的な死への対処法という意味も秘めている。葬送儀礼は、生前の故人と生者の人間関係が死後に別の段階の関係に移行することを認識するための行事であるが、そうした人間関係の変容が他界と現界という二重の世界構造にかかわることを周知徹底させるための行事でもある。日常生活のなかでは通常は現界の出来事や物事にかまけている。だが、死を契機に他界の存在がにわかに意識される。それは現実が現界と他界の双方を包み込むような仕方で拡大・深化することに繋がる。その意味で、死の現実との直面は、人生の現実にもう一つ別の現実が隠されていたことを知らせる契機となりうる。生者にとって葬送儀礼は、死者の見送りを通して他界への視線を獲得し、他界から現界を見返すことを可能ならしめる儀礼なのである。

現界と他界に関する世界構造や他界の位置については、現界が天界と地底界という二重の他界に挟まれた垂直的世界観（高天原―中津国―根の国・底の国など）と、現界の海坂や山の彼方に他界があるとする水平的世界観（常世―この世など）に大別されうる。他界の構成者が死者や先祖である場合と神々をも含む場合があるから、類型論的に人間他界と神他界を区別するとらえ方がある。また、死者は他界で二度目の死（つまり再死）を経ることによって現界への再生を止めるという思想も存在している。

参考文献

川崎信定『チベットの死者の書』筑摩書房、一九八九年。
梅原伸太郎『「他界」論』春秋社、一九九五年。

（棚次正和）

◆教義（聖典）

教義とは、ある宗教伝統や宗教教団において正しいとされ、宗教的真理として信じられるべき教えのことである。どのような宗教も、自分たちの信仰が正しく、神聖にして権威ある根拠に基づいているという確信なくしては成立し得ない。信仰の正統性の確立は宗教において最も重要な課題であり、それを根拠づける聖なる権威と不可分の関係を有するのである。そして、自らの信仰の正統性を聖なる権威に基づいて主張し、しかもそうした主張を信仰に対する絶対的な規範として固定化するときに、教義が成立することになる。したがって教義とは端的に言えばまた、それぞれの宗教が自らの信仰する真理を、聖なる権威の名のもとに絶対的なかたちで表明し、規範化したものにほかならない。教義の原語とされるギリシア語のドグマ（dogma）とは基本的には、物事の認識に関する意見・考え方という意味であるが、ほかにも定説となっている哲学者の見解という意味や、勅令・政令などという意味もあって、それらの場合には、権威に基づいて人々に教示あるいは強制される命題というニュアンスをもつ。いずれにせよ、ある宗教においてそれを信じることが義務として人々に課せられる絶対的な教説が教義なのである。こうした教義の成立が、それを拠り所とする宗教伝統や宗教教団の他宗教との戦いや、内部における正統と異端との熾烈な対立を背景とするものであることは明らかであろう。

しかし、一概に教義と言っても、きわめて素朴なものから、壮大複雑な体系として構築されたものまで、その内容や形態は宗教によって千差万別である。例えば、自然崇拝やアニミズムなどと呼ばれるアルカイックな宗教や先史時代の宗教には、必ずしも体系的な教義は見当たらず、儀礼や祭祀などによって象徴的に表現され、神話や言い伝えのかたちで口承されていく場合が多い。それに対して、文字の発明によって記録が可能となって以降の宗教においては、様々な口承神話が特定の視点のもとに書物の神話としてまとめられ、教義もそれと関係し明確に体系化されていく。これによって宗教伝統あるいは宗教教団における聖典（教典）が明確に成立するのであって、文字通りそれはカノン（canon）として信仰に対する「基準・規範」の位置を獲得していくことになる。すなわち、世界のはじまりの時における神聖な出来事やその後の歴史を書き記した聖典こそが、教義とそれに基づく信仰の正統性を保証する根拠となるのである。古代バビロニアのギルガメシュ神話、古代中国の『詩経』『易経』、古代ギリシア・ローマの神話などは書物の神話として集大成されていても、いまだ教義の根拠としての性格は稀薄であるが、古代インドの『ヴェーダ』、ユダヤ教の『トーラー』、そして日本の『古事記』『日本書紀』などには、教義の根拠としての聖典という性格を明確に認めることができる。

とはいえ、宗教教団において教義の根拠として聖典が重要視され、絶対的なものとして位置づけられるのは、特定の創唱者（教祖・開祖）によってはじめられた創唱宗教の場合である。このとき聖典に書き記されるのは、世界のはじまりの時における神聖な出来事などだけではなく、教祖の宗教体験と言行、奇蹟に関する物語であったり、教祖に対して直接に啓示された神の言葉であったりする。そうした聖典の典型が、仏教の諸経典、キリスト教の『聖書』、ゾロアスター教の『アヴェスタ』イスラームの『クルアーン』などである。なかでもキリスト教においては、聖典としての『聖書』の理解と教義の確立とが不可分の関係にあり、『聖書』釈義を根幹として教義学が形成され、精緻な神学体系が連綿と継承されて今日に至っていることはいうまでもない。またどの宗教においても、教義の根拠である聖典そのものが神聖視される傾向にあることにも、留意しておく必要があろう。

参考文献

浅野順一編『キリスト教概論』創文社、一九六六年。
ヨアヒム・ヴァッハ著、渡辺学・保呂篤彦・奥山倫明訳『宗教の比較研究』法藏館、一九九九年。
ポール・ティリッヒ著、大木英夫ほか訳『ティリッヒ著作集別巻２・３　キリスト教思想史Ｉ・II』白水社、一九八〇年。

（木村勝彦）

◈超越と内在

およそ宗教である限り、超越と内在という問題はあらゆる宗教が何らかのかたちで問わざるを得ないであろうが、とりわけキリスト教においてこれは最も重要な対概念の一つであった。長い伝統をもつ西洋のキリスト教神学は言うに及ばず、その圧倒的な影響のもとにあった哲学思想の様々な営みは、これら二つの基軸をめぐって展開されてきたと言っても過言ではない。語の基本的な意味としては、超越とは何らかの存在あるいは領域を超え出ていることであり、内在とはその内に留まっていることであるが、そこから超え出たり、そこに留まっていたりする存在・領域とはどのようなものであるのか、そしてまた、超え出て行く先とはどのような存在・領域であるのかが問題となる。おしなべて、キリスト教やイスラームを典型として、唯一絶対の神を信仰する一神教あるいは一神教的性格の顕著な宗教は、この超越と内在という思考法のうえに成立していると言い得るであろう。そうした宗教においては、教義のなかで超越と内在という考え方が自ずと前提されており、それだけにまたこの問題がきわめて深刻かつ決定的なものであり続けているのである。

例えばキリスト教においては、絶対的な存在者である神こそが超越者であり、神の存在および属性に関することが超越的であるとされる。そして、神によって創造された世界（自然と人間）およびそこに含まれるすべての存在や事象は内在的なのである。世界の外にあって世界を無から創造し、それを維持・主宰し、そしておそらく最後には無に帰せしめるであろう神は、世界を超越した唯一絶対の存在者である。したがって、初期のキリスト教神学においては、神はいっさい把握不能な深淵とされ、中世のスコラ哲学においては、神の存在や属性は人知を超えており、アリストテレスが対象に関する述語として提示したカテゴリーによっては包摂され得ないなどと主張された。また、超越的な神については通常の合理的な知識とはまったく異なる神秘的な知識、すなわちグノーシスが必要だと説くグノーシス派をはじめ、様々な神秘主義思想も登場したのである。これに反して、ルネサンス期にブルーノ、そして一七世紀にはスピノザがそれぞれ独自の立場から、神は世界に内在するという汎神論を説いたが、無論こうした主張は異端として排斥されこそすれ、決して広く受け入れられることはなかった。

近代になると、カントが経験を超えてしかも経験の成立条件となるものを問うという超越論的哲学を説くなかで、可能的経験の対象とならないもの、すなわち感性的直観の対象とならない超感性的なものを超越的と呼んだが、こうしたカントの主張は学説の革命的な斬新さにもかかわらず、問題設定の枠組みそのものはスコラ哲学における超越と内在とを踏まえたものであった。その他にもフィヒテの自我、シェリングの絶対者、ヘーゲルの絶対精神などいわゆるドイツ観念論の哲学者たちの主張も、超越と内在にかかわる思弁の成果である。さらに、キルケゴールの説いた絶対他者としての神、ヤスパースの説く包括者、そしてハイデッガーの存在など、現代思想に多大な影響を与えている思想家たちの学説も、超越と内在という基軸から決してそれてはいない。

逆に、キリスト教などの一神教の本格的な伝来が歴史的に見て遅く、しかもそうした一神教の教義やあり方が独自の宗教風土のなかで決して根づいているとは言えない日本では、その宗教世界において超越と内在という問題設定は深刻な意味をもってこなかった。日本人にとっては、その重要性を十分に認めていながらも、理解することが最も困難な概念がこの超越と内在であることは確かであろう。しかし翻って、そうした事情が日本の宗教や思想にとって、どれほど特徴的なことであったのかを考えてみることも必要であろう。

参考文献
小川圭治『主体と超越――キルケゴールからバルトへ』創文社、一九七五年。
西谷啓治『西谷啓治著作集第六巻　宗教哲学』創文社、一九八七年。
波多野精一『宗教哲学』岩波書店、一九三五年。

（木村勝彦）

◈自然

人間は自然のなかで自然に働きかけ、自然から様々な恵みを受けるとともに、時によっては自然から多くの災厄をもたらされ、苦しめられながら生存している。また、自然は人間を外側から包んでこれに働きかける（外的自然）と同時に、人間の身体や心のなかにも働いており（内的自然）、それらが調和するところに人間の最も安定した生き方や安らぎが求められる一方、両者の葛藤・対立が人間にとって大きな不安とされてきた。まさに人間にとって最も身近で、親しいものでありながら、限りない不可思議さと畏怖との対象でもあるもの、それが自然なのである。宗教学では人類史における宗教の起源と展開の過程とを問うが、自然の様々な事物や現象に対する崇拝が、宗教の起源として最も有力なものの一つとされている。すなわち、宗教の最も原初的で根源的な形態は、太古の時代に人類の祖先がもっていた素朴な自然崇拝であると考えられているのである。世界中で発見されている「野生の王」に対する崇拝や、豊饒の女神としての大地母神に対する崇拝などの考古学的痕跡は、そうした自然崇拝のあり方を証言するものであろう。

自然に対する人間の理解の仕方やかかわり方は、時代や地域によって相当に大きな違いがみられるにもかかわらず、大まかには二通りに区別できるであろう。すなわち一つは、人間と自然とを対立的にとらえ、人間が自然をいかに征服していくかに主たる関心を寄せる考え方であり、もう一つは、自然を意味するギリシア語のピュシス（physis）やラテン語のナートゥーラ（natura, ネイチャー〔nature〕の語源）が本来そういう意味であったように、自然を一つの生命としてとらえ、人間自身もそうした生命の一部であることを素朴に受け入れ、自然に対して従順であろうとする考え方である。このうち自然と人間とを対立的にみる自然観の典型としては、ユダヤ・キリスト教の伝統における自然理解を挙げることができよう。唯一絶対の神を信仰する一神教であるユダヤ・キリスト教では、自然は神の被造物であり、人間は神によって自然の支配を委任された唯一の存在であるとされる。こうした思想はやがて「万物は人間のために創造された」という理解にまで先鋭化し、ひいては「知は力なり」という言葉に象徴されるような知（理性的認識）による自然支配という西欧近代科学の思想を生み出していくのである。西欧近代の科学的自然観によれば、人間は自然をどのように扱おうとも、何ら倫理的責任を問われることはない。西欧近代とその延長線上にある現代社会の自然観は、きわめて人間中心主義的な自然支配の思想である。

　しかしながら、人類の歴史と世界の諸宗教とを概観すると、そうした自然支配の思想が例外であると言わざるを得ない。自然の事物や現象に畏敬の念を抱き、自然の諸物に生命的な力や霊的存在の表徴を認めることが、人類全体においてきわめて一般的であったことを、宗教史は明確に物語っている。たとえば、今日でも多くの民族の間に広く認めることのできるアニミズム的な自然観では、森羅万象のことごとくが霊的な力に満ち、人間存在との独自な相互関係のなかで息づいているものとされている。日本人にとっても、古来より自然と人間とは緊密な連続性と相互関係のなかで理解され、神々、霊魂、自然、人間は決して絶対的断絶や対立関係においてとらえられてはこなかった。そうした自然観は人間の生き方そのものにも反映するのであって、例えば日本語における自然という言葉の原義である「おのずから」が示しているように、過剰な人為・作為を排除し、大いなる自然に包まれて成り行きのままに生きるということが、一つの理想として求められることもある。いずれにせよ、巨大な科学文明の代償として自然破壊・環境汚染が急速に進行している現在、人類が自然に対してかつてのような宗教的敬虔さを回復することが切実に問われている。

参考文献

ミルチア・エリアーデ著、堀一郎訳『大地・農耕・女性』未來社、一九六三年。
相良亨・尾藤正英・秋山虔編『講座日本思想1　自然』東京大

学出版会、一九八三年。
大森荘蔵・滝浦静雄ほか編『新・岩波講座　哲学5自然とコスモス』岩波書店、一九八五年。

（木村勝彦）

◈宗教共同体

　ある宗教体験を通じて一体となっている人々によって形成される共同体を宗教共同体と呼ぶ。宗教現象は、それがいかに個人的であるように見えても、基本的に集団的現象である。これは特にプリミティブな宗教の研究が明らかにしてきたことではあるが、ほとんどすべての宗教に当てはまる。ユダヤ教の場合、シナゴーグでの礼拝や割礼などの儀礼は、参加者が一定数に満たなければ成立しない。個人を重視するように見えるキリスト教や仏教の場合にも、「教会の外に救いなし」という言葉や「菩薩道」に見られる通り、自己の救いや解脱は共同体の他の成員のそれとともにある。宗教共同体は宗教現象に不可欠の要素なのである。

　例えば、だれかが密室でひとり祈りを捧げている場合であっても、その祈りの背後にある信念体系や儀礼の形式は、疑いもなく、その人の所属する宗教共同体が形成し、維持し、発展させてきたものである。神話や教義、また儀礼は、多くの場合、幾世代にもわたる共同体の様々な成員の働きを通して形成され、さらに同じく共同体によって保持・伝達され、場合によっては発展させられる。他方、神話や教義、儀礼などはまた、宗教共同体を方向づけ、それを導く働きをする。この意味で、神話・教義・儀礼と宗教共同体とは、互いに切り離すことのできない密接な相互関係にあると言いうる。

　ところで、ヨアヒム・ヴァッハは宗教共同体をその成員が属する世俗的社会集団との関係によって大きく二つに分け、それぞれを「合致的宗教集団」、「特殊的宗教集団」と呼んだ。前者は、成員の属する血縁的・地縁的集団がそのまま宗教共同体と合致する場合であり、プリミティブな宗教や民族宗教における共同体、例えば、氏神信仰における氏族などがこれに当たる。後者は、特定の宗教的目的のために形成された宗教共同体であり、世界宗教であるキリスト教、仏教、イスラームなどの宗教共同体はこれに当たる。後者のような宗教共同体、宗教集団はまた、一般に「教団」と呼ばれる。

　これらの宗教共同体はいずれも超越的な性格をもつ。「エクレシア」（キリスト教教会）、「ウンマ」（イスラーム教団）、「サンガ」（仏教教団）などは、いずれも神聖なものとして語られ、その神聖性は神話に反映したり、教義に定められたりする。例えば、元来、集会を意味していた「エクレシア」は「キリストの体」と理解され、さらに「聖なる普遍の教会」

としてキリスト者の信仰告白の対象となった。同様に「サンガ」（僧）もまた、「ブッダ」（仏）、「ダルマ」（法）と並んで「三宝」の一つに数えられ、この「三宝」への帰依が仏教者であることの基本的表明となった。前述の通り、これら世界宗教の共同体は「特殊的宗教集団」であり、世俗の社会集団とその成員が合致しておらず、そこに個人主義的傾向の芽生えが見られるにもかかわらず、これら共同体への成員の帰属は、彼ら個人の意志による参加としてではなく、むしろ共同体の側からの選びや招きによるものと理解される。これもまた宗教共同体の超越性、神聖性のゆえであると言えよう。

さて、前述の個人主義化の傾向は、現在、世界的にいっそう強くなりつつあるようである。つまり、「教団」とそれが支える儀礼などの要素が後退し、宗教は直接個人に内面化され、見えない形で機能するという傾向が見られる。「ニューエイジ運動」や「精神世界」、「新霊性運動」などがその例としてあげられ、宗教学はこれを「見えない宗教」や「内心倫理化」といった概念によってとらえようとしてきた。なるほど、このような動きには「教団」離れの傾向が強く現れてはいるが、そこに宗教共同体の新しいあり方を見て取ることができないかどうかは、いわゆるカルトやコミューン運動、原理主義など、現代のもう一つの対照的な宗教現象における共同体の問題とともに、今後の宗教学の課題の一つであろう。

参考文献

ヨアヒム・ヴァッハ著、渡辺学・保呂篤彦・奥山倫明訳『宗教の比較研究』法藏館、一九九九年。

島薗進『ポストモダンの新宗教——現代日本の精神状況の底流』東京堂出版、二〇〇一年。

（保呂篤彦）

◆絶対者と人間

絶対者とは対を絶するもの、それに相対するものがないものを意味する。他者から独立して存立し、他者の制約を受けないものとして、それは無限定的なもの、無制約者とも呼ばれ、さらにそれ自身において充足した完全なものという意味をも含んでいる。この概念は形而上学の課題でもあるが、その最初期からギリシア文化の影響を強く受け、自らの宗教体験の理解と表現のために形而上学を徹底的に利用してきたキリスト教も、神をこの絶対者として、また人間を相対的存在者、そして自らをこの両者の関係として考察する途をとった。

ところで、この絶対者と相対的存在者との関係について、伝統的な形而上学や神学においては、大きく分けて二つの考え方が提示されてきた。一つはいわゆる汎神論であり、絶対者は相対的存在者の総体である世界と別物ではない、あるいはその根底として世界に内在しているという考え方である。また、もう一つは、相対的存在者をまったく超越するものとして絶対者を理解する超越神論の立場である。しかしながら、絶対者が相対的存在者の全体としての世界、あるいはその根底であると理解され、両者の区別が捨て去られてしまうならば、絶対者と相対的存在者の関係を真剣に問う意味はどこにあるのであろうか。また逆に、絶対者が相対的存在者を単にまったく超越するものとして理解されるならば、そもそも両者の関係を問うことがいかにして可能であろうか。

とりわけ仏教に造詣の深い日本の代表的哲学者である西田幾多郎の宗教論は、絶対と相対との関係（つまり宗教）に関する問題に対して、もう一つの解答を提示していると言いうる。彼によれば、まず相対の側から見て、相対がかかわりうるのは相対のみである。絶対は対を絶したものであるから、相対が絶対に関係することは不可能である。それゆえ、相対は直接無媒介に絶対に対するのではなく、自己否定によってのみ絶対に対することができる。つまり自己を無にすること、自己に死すことを通してのみ、絶対に触れうる。宗教的回心が死の自覚によってもたらされるのもこのことによる。

他方、絶対の側から見ても、絶対が相対と対するのは自己否定を通してである。絶対とは対を絶することではあるが、いかなる対をも絶したものはそれ自身何ものでもなく、単なる無である。そこで、絶対は、いかなる意味においても対象的な有とならない絶対の無に対することによって、はじめて真の絶対であると西田は考える。つまり、自己の内なる自己自身に対すること、自己否定の働きによって、絶対ははじめて真の絶対なのである。そして、この絶対の自己否定、つまり絶対の自己限定によって、相対としての個が成立する。このように、絶対は自己否定によって相対に対し、真の絶対となるのである。

以上の通り、西田によれば、絶対と相対とは不可分、不二であり、絶対即相対、相対即絶対である。しかしまた、絶対と相対がまったく同一であれば、絶対はもはや絶対ではなく、相対もまた相対ではなくなるのであるから、絶対と相対とはあくまで不可同、不一である。彼は、絶対と相対、神と人間、仏と衆生といった対立するものが互いに自己否定しつつなお自己同一を保って対応する逆説的な関係を「逆対応」と、また、これら対立するものがともにそこに発する逆方向の二つの作用であるような実在のあり方を「絶対矛盾的自己同一」と呼び、絶対と相対とに関する前述の問題をこれらの論理によって解決しようとした。彼は、禅の素養をもちつつも、これらの論理を宗教現象一般を基礎づける論理として提示したのであり、これによって、キリスト教にも仏教にも新しい自己理解の可能性が開かれた。彼の影響を受けた新しいキリスト教神学や新しい仏教理解が生まれ、現在も互いに対話を通して自己理解を深め、さらなる展開を見せつつある。

（保呂篤彦）

参考文献
西田幾多郎「場所的論理と宗教的世界観」『西田哲学選集　第三巻』燈影舎、一九九八年。
小坂国継『西田哲学と宗教』大東出版社、一九九四年。

◈宗教間対話

現代の宗教間対話は、西欧文明を支えてきたキリスト教が自らの相対性を自覚したところから起こった。この自覚の原因は基本的には異文化や他宗教との出会いであり、二つの世界大戦や地球環境の危機などを通して西欧文明の限界が明らかになってきたこともまた、この自覚を促進したと言えよう。こうしてキリスト教は自らを唯一絶対の宗教とする立場を維持できなくなり、むしろ他宗教と並ぶ一つの宗教へと自らを相対化し、他宗教のうちにも真理があることを認め、それらとの対話を求め始めた。このように宗教間対話を主導してきたのはキリスト教であり、他宗教を考察し、それらと自らとの関係を確定しようとするキリスト教神学の一分野である「諸宗教の神学」と宗教間対話との間には深い関係がある。

宗教間対話にも様々なものがあるが、それらは大きく二つに分けることができる。一つは、教義や信仰など宗教的真理にかかわる事柄をめぐって行なわれる理論的・学問的な対話であり、もう一つは、例えば平和や環境など人類が直面する地球規模の問題に対して宗教がいったい何をなしうるか話し合い、ともに行動するために行なわれる実践的・行動的な対話である。後者は宗教間協力と呼んでもよいであろう。

ところで、前者の理論的・学問的対話は、宗教的真理をめぐる固有の難問に直面する。単純化すれば、対話に入るためには他の宗教伝統を自分の属する宗教伝統と対等なものとして、つまり同様に真理の契機をもつものとして承認しなければならないが、そうすることは、自己の宗教伝統を、他の多くの宗教伝統と同等の価値しかもたない単なる一つの選択肢であると見なす相対主義に陥ることではないかという問題である。これは包括主義と多元主義とのいずれを取るかという諸宗教の神学で論じられる問題と密接に関係している。自己に還元されるものとしてのみ他者を承認しうる包括主義では、他者を他者として真に承認できず、対話は成立しない。しかし、相対主義に陥るような多元主義を採用し、自分自身の伝統を唯一の真理に至る多くの道の一つにすぎないと見るならば、いずれの宗教伝統においてもその独自性や特殊性が切り捨てられ、対話は、あらかじめ想定された普遍的同一性の周りを虚しく廻るだけの非生産的な営みになりかねない。

この難問が対話者や研究者の間ですでに解決されてしまったわけではないが、そこからの出口を示唆する理論もまた提示されている。例えば、ジョン・B・カブ・Jr.は、相対主義的多元主義が宗教的伝統をあまりにも静的にとらえていると批判し、より根本的な多元主義によってこの問題を克服しようとしている。彼によれば、いずれの宗教伝統も静的で自己完結的な体系などではなく、開かれた力動的なもの、歴史のなかで常に発展するものである。真の宗教的真理はどの宗教伝統が現に有するものよりも豊かであるが、だれもそれを見通しえない。このように信じる者たちは、自らの伝統を捨てることなく、そこにしっかりと立ったうえで、他の宗教伝統から相互に学び、自らを変革しうるというのである。

これまでの宗教間対話は、キリスト教、仏教、イスラームなどの世界宗教を中心に行なわれてきた。これらが世界宗教と呼ばれるのは、そのいずれもが人類共通のある重要な精神的価値を指示していると考えられるからであるが、それゆえにこそ、これらの間だけで実施される対話には偏りがあると思われる。この偏りを解消し、宗教間対話をいっそう実り豊かなものにするには、最近その創造力が高く評価されている民衆宗教や各世界宗教の伝統内部にあってこれまで十分に顧慮されてこなかった民衆宗教的要素を代表する者、さらに東西の神秘主義者など、様々な宗教者の貢献が求められる。

参考文献

田丸徳善・星川啓慈・山梨有希子『神々の和解――二一世紀の宗教間対話』春秋社、二〇〇〇年。

南山宗教文化研究所編『宗教と文化――諸宗教の対話』人文書院、一九九四年。

ジョン・B・カブ・Jr.「多元主義を越えて」G・デコスタ編、森本あんり訳『キリスト教は他宗教をどう考えるか――ポスト多元主義の宗教と神学』教文館、一九九七年。

（保呂篤彦）

◈目覚めと救い

私たちが、当たり前のものと思っている日常生活や社会は、ある種の出来事を境にしてまったく違う存在に変貌してしまうことがある。その契機として、俗に貧・病・争と呼ばれる、極度の経済的困窮、命にかかわる疾病、人間や自然によってもたらされる災厄などが挙げられる。だが、そうした契機のなかでも最も影響力が強いのは、有意な他者の死に遭遇することである。そして、心理的・生理的に脅威となる状況が、合理的・世俗的な方法では克服不可能だと認識された時に、人間は自身の存在の有限性を自覚し、自身の生きる世界の不確かさに「目覚める」ことがある。人間や世界の存在の限界に「目覚めた」人間が、様々な苦難を抱きながらも、矛盾を感じずに生活を続けるためには、苦難の原因を説明しかつ有限性を超越した究極的な意味づけがなされなければならない。これをなしうるものこそが、ピーター・L・バーガーが『聖なる天蓋』のなかで規範・秩序を守る「最強の盾」と説いた、宗教である。宗教こそが、理不尽な苦難を意味づけし、有意な他者の死を説明することができる唯一のものである。苦難から超越的な力によって脱却し、意味のある確かな世界へと復帰することこそが、本来の「救い」の意味である。このため、生活するうえで避けられない多様な苦難を克服するための「救い」の要素は、どんな宗教にも普遍的に見られると言ってよい。

「救い」に至る方法は、自力的なものと他力的なものとに大別することができる。自己の精進・努力を通じて自身が超越的実在と一体化することで救われるという、自力的な救いの最もポピュラーな例としては、生老病死や無常を超克し、悟りの境地に至ることで自身が絶対者としての仏となることを目指す、仏教が挙げられる。一方、超越的実在者からの恩寵により救われるという、他力的な救いの例としては、被造物と超越的実在者との間にある越えられない断絶を前提とする、キリスト教（なかでもカール・バルトの弁証法神学）が挙げられる。キリスト教においては、救済のために人間の最大限の努力が要請されるものの、それは「救い」を得る方法とは見なされず、「救い」は神の愛による恩寵という神からの働きかけに頼るしかないとされる。しかし、キリスト教においても、キリスト教神秘主義のように自己の神化が説かれる場合もあるし、仏教においても、浄土教信仰のように阿弥陀仏による他力的な救済が説かれる場合もある。それゆえ、自力的な救いと他力的な救いの両者は、対立するものではなく、「救い」の両極の性格を示した類型としてとらえる必要がある。

「救い」と自己が生きている現世との関係のとらえ方も、現世を完全に否定して来世での救済のみを希求する信仰から、疾病の治癒や社会的成功が起こるとする現世利益的な現世中心の信仰まで、様々である。一般に、世界宗教を志向する宗教は「救い」と現世利益の両立を表向きは否定している。けれども、キリスト教の古プロテスタンティズムのように、社会的成功が来世での救済の証だと考えられた場合もあり、一概にはそう言えない。世俗社会の中では「救い」に至れないという見解は、歴史的に修道院制度や出家制度を創出し、聖と俗を明確に分離しようとしてきた。しかし、近年では、伝統宗教の信憑構造の崩壊や宗教企業体としての戦略などから、世俗社会にいながらにして究極的な「救い」に与れるという信仰も、一般的なものとなりつつある。

いずれにしても、仏教の悟りの境地や、キリスト教の最後の審判の後における理想的な状態に至らずとも、人間がいかに生きるべきかを示したヴィジョンの下で理想の人間像を目指しているならば、その時、その人は「すでに救われている」と言えるかもしれない。

参考文献
島薗進『現代救済宗教論』青弓社、一九九二年。
武内義範「救済」『宗教学辞典』東京大学出版会、一九七三年。
ピーター・L・バーガー著、薗田稔訳『聖なる天蓋――神聖世界の社会学』新曜社、一九七九年。

（星川啓慈）

◈修行

修行とは、宗教上の理想達成のために心身の鍛錬を組織的に行なうことを指す。転じて、世俗社会で学問や技芸を習熟するために学ぶことも修行というが、この場合は「修業」の字をあてて区別することが多い。宮家準は『宗教学辞典』のなかで宗教学的な狭義の修行を「精神をきたえ、宗教的理想を宗教体験のうえに実現するためにいとなまれる行動体系」と定義している。このように、修行における身体の鍛錬は、身体活動によって精神を統御しようとする心身の相関関係を前提とした、心を鍛える営みだと言える。

宗教の教理（教義・教学など）は、人間に生きていくうえでの究極の意味づけを施し、世界に秩序だった意味の体系を与える。これを具体化する手段の一つが、くり返し行なうことにより教理を体でおぼえさせる、修行という行為である。したがって、最も基本的な修行の形式は礼拝・瞑想・読経・呼吸法などの身体上の反復動作をくり返すことである。このような修行の所作（標識動作）は、「特別なことをしている」という意識を当事者に呼びおこす行為である。

修行の目的に強い影響を与える宗教の究極のヴィジョンは、宗教を信じている人間の数だけ存在している。また、超越的実在と人間との間にある距離のとらえ方の違いは、修行の目的を、超越的実在への接近であったりそれとの一体化であったりと、異ならせる。さらに、修行の結果として得られるものも、宗教的な境地の体得からある種の霊力の獲得まで様々である。いずれにしても、各宗教によって規定された理想の人間像へ到達するためには、生物としての人間がもつ資質を定められた厳しい方法にもとづく実践によって超越しなければならない点が、共通している。生理上の欲求を制限する性交の禁止・断食・不眠といった修行方法が普遍的に見られるのはこのためである。

一般に修行というと、中世のキリスト教の僧院における禁欲の修道生活、仏教における水行や回峰行などの肉体を苦しめるいわゆる苦行、イスラームにおける聖地メッカへの巡礼やラマダーン月の断食など、非日常的な状態をイメージしやすいかもしれない。だが、日常生活での道徳的行為の実践や戒律の遵守も、俗なる人間からの脱却を目ざした規範的な宗教行為であり、修行である。

修行を行なった結果として、宗教的にも社会的にも重要な地位を得られる場合がある。青森県のイタコと呼ばれる巫女は、師匠の下で数年修行し、ダイジュルシという入巫式を受けることで、神を降ろせられるようになり、職業的な独立が許可される。山形県の出羽三山では、木食という断食の一種である修行の末に即身成仏を果たし、今も即身仏として祀られている修行者のミイラが多数現存している。また、修行の目的である理想的人間像へ到達するまでの道のりが、秩序だった段階として体系的に確立されている場合もある。例えば、キリスト教神秘主義では、人間の本性が「神化」される階梯として、浄化道・照明道・合一道という霊的三階梯が説かれる。インドのヨーガ派では、禁戒・勧戒・坐法・調息・制感・凝念・静慮・三昧という心の作用の抑制による、空を目指す八階梯のヨーガが体系化されていたという。

修行を積むことにより、信仰はいっそう深められ、宗教が構成した意味世界は確固とした整合性のあるものとしてますます信憑性を増していく。このように、宗教の厳密な規則に従って自己を規制していくことは、常に変動し続ける世俗社会の脅威に対して、堅固な安定のある自己を得るためのすぐれて人間的な行為である。易行よりも難行にいっそうの価値が見いだされる理由も、ここにあるのかもしれない。

参考文献
佐々木宏幹ほか編『現代宗教4　特集・修行』春秋社、一九八一年。
内藤正敏「修行」『日本人の宗教第二巻――儀礼の構造』佼成出版社、一九七二年。
宮家準「修行」『宗教学辞典』東京大学出版会、一九七三年。

（星川啓慈）

◈体験と言語

まず、正統的な宗教体験の記述として、ヨアヒム・ヴァッハが宗教体験を他の体験と区別するための、四つの基準として述べたものを紹介しよう。①宗教体験は、あらゆるものを条件づけたり支えたりしている、究極の実在として体験されるものに対する応答・反応である。②宗教体験は、究極の実在に対する、統合された全人格的存在の全体的応答・反応である。③宗教体験は、人間に可能な体験のなかで、最も強烈・最も包括的・最も衝撃的・最も深遠な体験である。④宗教体験は、動機づけと行動の最も強力な源泉であり、命令をもふくむ。しかしながら、宗教体験をこのような、いわば全人格をあげての強烈な体験に限定することもない。われわれは日常生活のいろいろな場面で宗教体験をしている。例えば、日本においては、神社にお参りしたり、お寺の花祭りに参加したりすることも、広い意味での宗教体験だといえる。

古来、「不立文字」「これに非ず、あれに非ず」「文字は殺し、霊は生かす」などと、宗教の奥義や体験は最終的に言葉や言葉による説明を峻拒するものである、とされてきた。また、宗教体験を表現する場合に象徴的表現・否定的表現・逆説的表現が多用されることも、このことと深い関係にある。しかし現実には、宗教伝統は言語がなければ成立・存続しえない。そして、それぞれの宗教には、それ独自の広義の言語伝統・言語宇宙がある。こうしたものが宗教体験を生み出すのだとすれば、「宗教の相違に応じて宗教体験は異なる」という見方ができる。これに対して、「諸宗教の言語伝統・言語宇宙の相違にかかわらず、究極的に、宗教体験はすべての宗教や人間にとって同一である」という見方もできる。実際に、学問の場においては、宗教体験をどうとらえるかをめぐって、この二つの見方が拮抗する局面もある。どちらの立場に立つかは、この問題と取り組む本人が決めることだ。おそらく実際には、この二つの側面が複雑にかつ微妙にからみあって、宗教体験と宗教言語がおりなす「場」が形づくられている、と予想される。つまり、諸宗教にある程度共通する体験の要素と、個々の宗教に特有な言語伝統・言語宇宙によってもたらされる体験の要素とが入り混じって、おのおのの宗教における宗教体験を構成しているのである。

宗教体験の同一性と相違性をめぐる右の事態を、最近取り沙汰されている「宗教間対話」との関連で考えてみよう。宗教間対話の観点から言えば、宗教体験が諸宗教を貫いて同一であるほうが、対話を行なうのに好都合である。けれども、これだと、価値判断はさておき、諸宗教は均質化・同質化されることになる。反対に、個々の宗教の言語伝統・言語宇宙によって宗教体験が異なるとすれば、宗教間対話は先の場合よりも困難になるだろう。しかし、この場合には、諸宗教にはそれらの独自性がきちんと保持されることになる。

これまで、宗教体験と言語との対応関係については述べなかったが、最後に、これについて触れておきたい。普通、われわれは単純に次のように想定しているだろう。つまり、宗教体験を他者に伝えようとする時には、まず自分の宗教体験があり、それが言語化され（文書であれ口頭であれ）、他者に伝達される、と。また、他者の宗教体験を理解しようとする時には、宗教体験を有した他者が発する言語を手がかりに、他者の体験に迫ることができる、と。こうした見解の根底には、「宗教体験とそれを表出する言語の間には一定の対応関係がある」という前提がある。だが、何らかの宗教体験は存在しているとしても、厳密にいえばこの対応関係は必ずしも保証されるわけではないことも、心に留めておいたほうが賢明である。

いずれにせよ、宗教体験とそれを語る言葉の問題は豊穣な主題領域を提供しており、どの宗教においても、いつの時代にも、このテーマは変貌しながら生き続けるであろう。

（星川啓慈）

参考文献
星川啓慈『言語ゲームとしての宗教』勁草書房、一九九七年。
G・A・リンドベック著、星川啓慈・山梨有希子訳『教理の本質——ポストリベラル時代の宗教と神学』ヨルダン社、二〇〇三年。

◈儀礼（実践）

「聖なるもの」との人間の出会いや接触が宗教現象においては決定的に重要である。儀礼においては意識的に繰り返される象徴的行為からなる一連の身体的運動を通じて、死と再生、生命の更新などの宗教体験が実現されるように方向づけている。儀礼には、年間通じての農耕儀礼、狩猟儀礼や東北アジア地域の熊送り、アフリカの仮面儀礼、ヴェーダの儀礼、禅寺における修行生活、アステカの人身供犠、キリスト教の聖餐式、「シャーマン」による治癒儀礼など多様な内容がある。

儀礼は宗教研究の主要なテーマの一つである。ここでは儀礼の理論を簡単に振り返っておきたいが、欧米における儀礼理論を理解するには、それらの研究がいかなる「儀礼」を考察の対象にしたかも考慮しなくてはならない。というのも、欧米の研究者はヘブライ聖典に描かれている馴染みのある供犠を儀礼の代表として理論を構築してきたからである。例えば、E・B・タイラーはアニミズムを提唱したことで知られているが、供犠を贈与と解釈した。ほぼ同時代のロバートソン・スミスは初期のヘブライ人の供犠を研究して、供犠を人間と神とのコミュニオンと解釈している。スミスは宗教研究における儀礼の第一義性を主張し、フレーザーに代表される「神話と儀礼」学派、デュルケムに代表される社会学派、フロイトに代表される深層心理学派などに影響を与えた。デュルケムが儀礼（宗教）は社会を統合すると論じたのはよく知られている。フロイトは神経症患者の行動と繰り返される儀礼行為との間に類似点を見いだし、どちらも抑圧と転移と密接にかかわっていると論じた。フロイトの視点の延長線上でR・ジラールは暴力と聖なるものとの関係から供犠をスケープゴートとして見なした。また、少し違う立場であるが、ヴェーダ儀礼を研究したＦ・スタールは儀礼そのものは無意味であるとする立場をとる。宗教現象学のなかではＪ・ヴァッハが宗教体験の表現としての行為という側面から儀礼を取り上げている。Ｍ・エリアーデはＡ・イエンツェンと同じく始源神話の再演として儀礼を解釈している。Ｖ・ターナーはパフォーマンスとしての儀礼の解釈を行ない、その視野をドラマなどにも拡張した。ジョナサン・Ｚ・スミスは理想としての神話と実際の狩猟などとの間のギャップを埋めるために儀礼が行なわれるといった解釈を提示している。また儀礼がもつ権力構造に着目した研究も行なわれ、儀礼の複雑な様相が徐々に明らかになってきている。

以下、儀礼の諸相を考えるために、日本の禅寺の修行と北米先住民ナヴァホの儀礼を見てみよう。

山門に辿り着いた新参者は五体投身で三礼し、玄関口で入門を請い願う。迎え出る僧は叱り、入門を拒否する。場合によっては新参者を引っ張りだし、決意のほどを試す。それでも入門を願う場合は、玄関口に頭をついてお辞儀の姿勢を二日間保つ庭詰めが科される。寺内に入ることが許されても、最初は客間に一日中座って待つように指示される。少なくとも三日間は様子が監視される（旦過詰め）。この後、入門が許され、朝から晩まで規律に従った生活が始まる。個人の空間は畳一畳だけであり、そこで寝起きし、私物も置いておく。夏も冬も布団は一枚だけである。日課は厳しい。午前三時半に起床、本堂における読経が行なわれ、その後、茶を飲む梅湯座礼が続き、朝食が取られる。食事は作法に従ってしなくてはならない。朝食の後は寺院内の掃除を行なったり、托鉢に出たりする。掃除やお茶のみは一見すると日常的行為と思われるが、決められた規則に従った行為であるという意味で儀礼の一部である。禅寺においては座禅が最も重要な儀礼行為であるということはいうまでもない。座禅はただ座っているだけではないかと思われるが、座禅も何も行なわないという重要な儀礼行為である。これらの規律化された儀礼行為が悟りという禅の体験を求めてのことはいうまでもない。

次に、北米先住民のナヴァホのメディシンマンが行なう治癒儀礼を見てみよう。メディシンマンやシャーマンと呼ばれる宗教的人格については別に考察を要するが、ここでは簡単に触れることにしたい。ナヴァホのメディシンマンが病に罹った人を治す時は儀礼を行なうが、多くの人々も参加する。メディシンマンは神話を歌いながら、神話に登場する神々や神話の場面を砂絵で描き出し、神話の世界を再現する。歌はそれ自身が宗教的力に満ちたものである。儀礼行為により再現された神話的原初の世界に病人は身を置くことにより、宇宙が再生すると同時に、病人の身体も新たに再生され癒される。メディシンマンが執り行なう治癒儀礼は個々のメディシンマンが学んだ定められた規則に従って行なわれ、正しく儀礼を行なうことが治癒を成功させる際には必須である。メディシンマンには男性も女性もいる。

参考文献
アルノルト・ファン・ヘネップ著、綾部恒雄訳『通過儀礼』弘文堂、一九九五年。
V・W・ターナー著、富倉光雄訳『儀礼の過程』新思索社、一九九六年。
M・エリアーデ著、堀一郎訳『生と再生』東京大学出版会、一九九五年。

（木村武史）

◈宗教的シンボル

男性から女性に贈られたバラは彼の愛情のシンボル、また秤は公正な裁判のシンボルであるなどと日常言われている。また数学では∞は無限大のシンボルである。日本国憲法は天皇を日本国民の象徴と宣言している。また太陽は最高原理（神）のシンボルであり、樹は世界のシンボルである。

　このようなシンボルの大海のなかで、宗教的シンボルをどのように位置づけることができるであろうか。はたしてそれを定義することができるであろうか。そうではなさそうである。というのも学者たちの間でも宗教的シンボルは同じような前提のもとに同じように理解されているわけではないからである。このことは宗教学の分野でのデュメジルとエリアーデ、キリスト教神学の分野でのカール・バルトとウルス・フォン・バルタザール、文化人類学の分野でのレヴィ＝ストロースとジルベール・デュラン、精神分析学の分野でのフロイトとユングなどが互いに異なる見解を述べていることを見れば明らかである。

　シンボルとはある事象を他のもので表現することをいうと一般に認められている。つまり、シンボルは意味するものと意味されるもの（前記の例では記号「∞」と概念「無限大」）という二つの面がある。通常前者をシンボルのシニフィアン、後者をシンボルのシニフィエと呼ぶ。

　まず、宗教的シンボルのシニフィアンは他のシンボルのそれとさほど変わることはなく、光、色、音、樹、山、水、動物、植物、稲妻などの自然物（現象）や言葉、身振り、運動、感情、そして数、善や美などの抽象概念、抽象図形、幾何学図形などのすべてに及ぶ。他方、シニフィエに関しては、宗教的シンボルは他のシンボルと次の二点において根本的に異なる。①シニフィエが属する実在の存在段階、②シニフィアンとシニフィエの間の関係。つまり宗教的シンボルは、通常の方法ではとらえることの難しい、あるいは感覚や理性によって完全にとらえることのできないもの、たとえば他の存在段階あるいは諸世界（宗教は神の世界を頂点とするこの世とは異なる別な世界を前提としている）というようなものをシニフィエとする。また、シニフィエとシニフィアンとの間の関係は、存在論的因果関係であり、シニフィアンは恣意的に選ばれたものではなく、シニフィエの本質から発出したものである。さらにこのことに関連して宗教的シンボルではシニフィアンとシニフィエとの間は必ずしも一対一の対応ではない。

冒頭に挙げた例を以上の解釈に従って検討してみよう。人間世界での愛と公正な裁判はだれにでも理解できることであり、したがってその「シンボル」であるバラと秤は宗教的シンボルではない。ただしこれが、神の愛や神の審判、つまり通常の人間界では把握できない実在のシンボルとして用いられるならば、それは宗教的シンボルとなり得る。また無限大は把握が困難な概念であるかもしれないが、∞と無限大の概念の間には何の存在論的関係もなく、それもまた宗教的シンボルとはなり得ない。∞は恣意的に（人々の合意によって）選ばれた記号でしかないのである。また「天皇は日本国民の象徴である」との憲法の文言は正常な譬喩的表現であるが、もちろんこれも宗教的シンボルではない。

これに反して太陽と樹の二例は確実に宗教的シンボルである。多くの伝統において黄道十二宮（あるいはその図形である円）の中心である太陽は、万物の顕現の根源である最高原理（神）のシンボルであり、樹の枝は階層をなす世界のシンボル、幹はこれらすべての世界の中心を貫きかつ結びつける世界軸のシンボルである。ここでいう「最高原理」も、諸世界における「万物の顕現」も、世界の中心を貫く「軸」もすべてはわれわれの通常の常識を越え、シンボルによってのみ理解され得る実在なのである。また両シンボルは決して恣意的に選ばれたのではなく、本質的に太陽は中心であり、本質的に樹は軸である幹、水平方向に広がる枝をもっている。

ここで一つの疑問が生じる。どうしてわれわれ人間はこのような通常の人智を超えた概念をもち、さらにそれをシンボルによって表すことができたのであろうか。この問いに対してはコルバンの「創造的発想力」、エリアーデの「始原的直感」など多くの説がある。しかしこうした概念、それにまつわるシンボルは、内的宗教体験（啓示、境地に達するなど）によって得られた、と様々な伝統は教えている。

さらに宗教的シンボルが他のシンボルと根本的に異なる特徴の一つは、それが儀礼において用いられることである。ある中心点（祭壇、カアバなど）の周りを巡り歩く、あるいは樹や梯子を儀礼に用いるなどは、宗教的シンボルにのみ見られる事例である（同じシンボルが目的を異にした呪術でもしばしば用いられるが）。

以上述べたことは次のように要約できよう。

①　宗教的シンボルは、通常の経験や常識では到達し得ないもの（神）を表現する「言葉」である。

② それは同時に、儀礼に用いられることによって様々な種類や段階の内的宗教体験を可能にする。

③ 異なる伝統においてであれ、同じ伝統においてであれ、宗教的シンボルは多くの（時には相反する）意味をもちうる（例えば蛇は良い意味をも悪い意味をももちうる）。このような多くの意味は一貫性のあるシステムを構成し、矛盾を来すことはない。なぜなら、具体的なものとしてのシンボルは様々な側面をもち、その各々は異なった、しかもそれと存在論的な関係にある実在を指示し得るからである。

宗教的シンボルは、その対象に敬意をもって接し、その基礎を理解することなくしては、「不可解」なものにとどまるであろう。そして忍耐強く考察する者には、「枯渇」したと思われるシンボルが「新生」し、「死んだ」と思われるシンボルが「蘇生」するのである。

参考文献

ミルチャ・エリアーデ著、前田耕作訳『イメージとシンボル』せりか書房、一九七四年。

ジャン・シュヴァリエ／アラン・ゲールブラン著、金光仁三郎訳者代表『世界シンボル大事典』大修館書店、一九九六年。

Gérard de Champeaux, Dom Sébastien Sterckx, *Introduction au monde des symboles*, Zodiaque, Paris, 1989.

（リアナ・トルファシュ）

◈遊びと芸術

遊びの概念は、相応する各国語の内包する意味に差はあっても人類に共通のものである。生真面目な近代精神は、遊びを不真面目だとか幼稚なものだとかネガティブに見なそうとしたが、決して遊びはその力を失うことはなかった。遊びは人間にとって必要不可欠なものと考えられるのである。

宗教と遊びのかかわりをみると、いくつかの形而上学的な宇宙論に遊びの概念がみられたり、宗教儀礼の文脈において遊びが有効に機能すると考えられる場面がある。ヒンドゥーの教義のなかでは、この現象界を動かす原動力であるマーヤー（maya）が副次的な現実、幻にすぎず、宇宙の究極的原理であるブラフマン（brahman）の「冗談」あるいは「遊び」（lila）であると言われている。また「反転の儀礼」という術語が示す祝祭の場における遊び、男性の女装や女性の男装、主人が使用人になり最も貧困なものが王に擬される「乱痴気騒ぎ」では、一時的にもステータス、職業、年齢差が無効になり、高きが低められ、周縁が中心に置かれる。これはアフリカの神話に登場する文化英雄、トリックスターの役割を想起させる。騙す者であり騙される者、愚弄する者であり愚かな者、作る者であり作られる者でもあるトリックスターは、神話や物語の筋立てを常にひっくり返し、それによって世界に秩序と無秩序、混乱と知恵を導入する。彼は人間の生の根源的な両義性を明らかにする者なのである。

そして遊びの位相（フェーズ）は日常・世俗的生活からの離脱であり、聖なるものの位相と通底する。それは、生の横溢と規則、恍惚と慎み、熱狂的錯乱と綿密な正確さ等の相反する働きを同時に要求するが、これはまさに聖なるものの位相の特徴でもあるのだ。こうした考察から、「聖・俗・遊」の三者による円環構造が論じられている。人間はこの三つの位相を相互に移行し、それにより全的な生をおくることが可能になるのである。またこれを社会構造のなかの階層になぞらえた時、王宮のなかの道化師の意味や、天皇と河原者と呼ばれた人々、京童の関係を読み解くのに重要な示唆ともなる。

約一万五〇〇〇年前の後期旧石器時代、ヨーロッパの石灰岩洞窟に岩面画が残された。ラスコーやアルタミラに代表されるこれら遺跡画は、人類史上最初の美術だったと言われる。赤、黒、黄土の顔料によって描かれた、傷ついたバイソン、眠るバイソン、雄牛、トナカイ、馬などのこれらスケッチは、宗教的儀式の一環として描かれたものとも推測されている。

芸術という分野もまた、俗なる日常の枠組みを超えた存在であろう。有用性という機能的なものさしだけではそれを語ることはできない。なぜ芸術が人間に存在するのかはわからなくとも、人間はそれに打たれ、それを希求する。

一定の宗教の教義・聖典に題材をとる芸術的表現が宗教芸術と呼ばれるものだが、それもまた宣教・布教のために作られたとする機能的な説明だけでは理解しきれないものだ。インスピレーション（inspiration）の語源が「（神の）息吹を吸う」であるように、それが芸術である以上、必要性の次元だけでは語り尽くせないのである。

プラトンにとって、美術の最高の形態は神聖な創造者デミウルゴスの創造にあった。デミウルゴスは「究極で不変の形態」の模倣（ミーメーシス）としてこの世界を造った。そして美術作品を作る者は、降りてきた神の翼に触れ、デミウルゴスの行為をさらに模倣する者とされた。彼は美しさの感受を究極の目的である「善なるもの」への入門段階であるとし、自然は聖なるものの模倣であり、美術はその模倣の模倣だとする。プラトンの顰《ひそみ》に倣えば宗教芸術もまた、神あるいは宗教の創唱者の行為の「まねび」であり、部分的にも世界の再創造という意味を担う行為とも考えられよう。

われわれが美術を見、音楽を聴き、踊り、文学作品に感動する時、それは俗なる日常性からの離脱であり、ちょうど遊びが聖なるものに通底するように、すでに芸術によってわれわれは深い意味での宗教性に触れているのではないだろうか。

参考文献

ヨハン・ホイジンガ著、里見元一郎訳『ホモ・ルーデンス』河出書房新社、一九八九年。

ロジェ・カイヨワ著、多田道太郎・塚崎幹夫訳『遊びと人間』講談社、一九九〇年。
プラトン著、岩田靖夫訳『パイドン――魂の不死について』岩波書店、一九九八年。

（海山宏之）

◈夢――◆

古代の史料として文献に登場する夢に関する記述には、個人を超えて社会的に意味が共有されていたことを示すものが多く残っている。例えば「王の夢」もその一つの類型であり、そこでは都市国家の政治的方針や国権の移譲が夢によって判断されている。この夢の権威の源泉は、夢が異界と交流する場として宗教的にとらえられていたところに起源をもつと考えられる。こうした夢の宗教性は夢占いなどの形で今なお残存するが、かつて夢はより大きな重要性をもって人々を宗教的世界へ開いてくれるものであった。

制度的宗教においても夢の啓示等の記述が聖典に残されており、夢を個人的意味に限定し現世的解釈に終始する態度は微塵もみられない。そして、宗教体験の契機として夢が働いた例は有史以来数多く挙げられる。病の癒しから新たなる信仰の設立まで、夢は様々な形で人間と宗教的にかかわってきたのだ。

オーストラリア先住民が彼らにとっての神話の時代＝原初の時を"The Great Dreamtime of alchuringa"と呼び、その「かの時」（in illo tempore）とのかかわりを、彼らの全的な生の根幹としていたことはよく知られているが、シベリア・アメリカ大陸・アフリカ大陸のアルカイックで伝統的な諸社会でも、夢は現実の世界と霊界との不可欠な媒介的領域あるいは媒体、両者をつなぐパイプとされていたと文化人類学や民俗誌の研究で考察されている。またこれら諸社会においては、シャーマン等の宗教的技能者の加入儀礼（イニシエーション）に請夢の儀礼が存在することもあった。

古代メソポタミアの記録、古代エジプトの夢の伝承、中国の周礼、日本の記紀などに記されるのは、祭祀者としての王（支配者）の夢が宗教的権威をもって現実社会の政治に影響を及ぼしていた事例である。日本書紀崇神天皇四十八年正月の条では、崇神天皇が二人の皇子に儀礼的に夢見を請わせ、その夢の解釈によって皇太子を決めている。

このようにしばしば記録に登場する請夢は、古代社会のエクスタシー（脱我）の技術の一つであった。これはインキュベーション（御籠り・参籠）と分類されるもので、夢―死の世界へ入り、聖なるものと出会い、現―生の世界へ戻ってくる擬死再生の儀礼と考えられるものである。インキュベーシヨンで名高いのは古代ギリシアのアスクレピオス諸神殿での儀礼である。そこでは不治・難病の患者たちが聖なる泉で沐浴し、生贄を捧げて祈り、アバトンと呼ばれる聖室の寝台で休んで神の夢を待った。そしてアスクレピオス神やその分身である蛇が夢に現れて患部に触れると、目覚めた者は癒されたと伝承されている。

旧約聖書やクルアーンなどの諸宗教の聖典でも、夢が聖者の重要なエピソードにかかわって登場する。創世記のヤコブの梯子の夢では、ベテル（神の家）と呼ばれる石を枕に眠ったヤコブが、天上と地上を結ぶ梯子を天使が上り下りする夢を見る。まさにそれは、天上界と現世を貫き相互の交流を可能にする宇宙軸をシンボライズした夢であり、夢の意義が象徴的にも表されているものだ。

さて、親鸞の六角堂への参籠とそこにおける救世観音の夢告は名高いが、法然・日蓮・道元など鎌倉新仏教の祖師と呼ばれる人々の伝記にも、欠かさず夢告による宗教体験の件が記述されている。これは宗教の開祖や改革者の啓示的宗教経験の典型例ととらえられるが、同時に、それらの人を聖別するという夢の意義が同時代の人々に共有されていた証ともなろう。この伝統は近現代の新宗教開祖の体験にまで継続して保持されている。

以上のように歴史の長きにわたり、夢は人間と聖なるものとの出会いの場であった。そして、たとえ心理学や生理学が夢を今以上に解明していったとしても、それとは異なる次元での夢の意味、夢の宗教的な働きの意義は、人間の心の底流に存在し続けるであろう。

参考文献
吉田禎吾『宗教と世界観』九州大学出版会、一九八三年。
西郷信綱『古代人と夢』平凡社、一九七二年。
河合隼雄『明恵　夢を生きる』京都松柏社、一九八七年。
Mircea Eliade, *Australian Religions : An Introduction*, Cornell University Press, Ithaca and London, 1973.

（海山宏之）

コラム

Ⅳ　占いと予言

占い（divination）は、特定の事象・しるしを手がかりにして、神霊や宇宙法則などの神秘的な力との関係のなかで、過去や未来の出来事や現在の行為の是非に関する情報を獲得することだ。卜占・占術とも言う。占いは、合理的な因果説明がもはや直接には妥当しない事象・しるしに対して行なわれるために、占いによる情報の入手には、特殊な能力や技法や知識が要求される。託宣（神託）・鎮魂帰神・太占・亀卜・鳥卜・占星術（星占い）・八卦・聖書占い・くじ・手相・姓名判断・タロット・四柱推命など、占いの種類は多種多様である。占いを支える宗教的世界観は、神霊や超自然的理法の働きに対する信念、およびその超越的世界との接触や交流によって神的知識や問題解決が与えられるという確信を含んでいる。占いを呪術的世界の一要素と見なす傾向は根強いが、神的知識の獲得によって問題を解決し、危機を克服するための文化装置と見ることも可能であろう。他方、予言（prediction）は、未来を予測して言うこと、またその言葉を指す。しばしば予言と混同される預言（prophecy）は、人格的超越者（神仏）からの言葉を取り継いで世界の根本的な意味を開示するという点が重視される。ノストラダムスの予言やファティマの予言も、預言の性格を帯びている。

現代日本の「占い」の状況は、右のような説明だけでは収まりがつくまい。インターネットでは手軽に各種占いの世界に参入でき、占い欄は雑誌や新聞紙上を賑わせ、街角の手相見や易者も繁盛している。天体や風水が生活に影響を及ぼしていると思っている人も少なくない。占いが人々の関心を引くのはなぜだろう。よるべない浮き草のような人生、漠たる不安を感じるなかで何か日々の指針が欲しいのか。それとも、ゲーム感覚で一時の気晴らしをしているだけか。人の運勢や運命が自由論よりも決定論の方に傾いて考えられがちなのは、「自由意思による決定」が十分には認識されていないからに違いないが、あらかじめ形成された運命がこの世に映し出されると見る直感も働いているのだろう。

（棚次正和）

第四章

宗教現象を読み解く（II）——「社会」の視点から

解　説

　宗教は、誰もあずかりしらない個人の内面に留まるだけでなく、宗教的実践としてわれわれの目にもふれることが多い。それらは、礼拝や儀式への参加や聖地への巡礼といった明白な宗教的行為から、貧しい人々への施しや良心的兵役拒否などに至るまで、実に幅広い形態をとっている。神との交わりだけに意識を集中する神秘主義者でさえも、ひとり砂漠のなかで生活したり、社会的生活にまったく頓着なく各地を流浪すれば、本人の意識にかかわりなく、社会的には特定の生活態度を選び取っていることになる。これもまた社会学的視野のなかに入ってくるわけである。また、宗教は人生の重要な区切りを画したり、祖先を祀るなどといった人々の生活にも大切な役割を担っている。こればかりではない。時には「神」や「聖地」などの宗教的言葉を使いながらも、宗教が政治や経済などの利害と密接に結びついて、政治的イデオロギーとしての役割を果たし激しい暴力を生み出す場合さえもある。ここでは、主に宗教社会学で取り扱われる項目を解説しながら、社会・文化現象としての宗教を考えてみよう。

◈教祖

宗教には自然発生的に生じたものもあれば、特定の人物によって唱えられたものもある。教祖とは、最も狭い意味では文字通り特定の教えを唱え始めた人のことを指している。しかし、こうした人々が必ずしも自覚的にある宗教を創始しようと考えていない場合もあり、逆に最初に教えを唱えた人々でなくても、すでに存在していた教えの再解釈者や新たな宗教組織の創始者などが教祖と呼ばれることもある。その意味で、宗教的指導者のなかで誰をこの類型に含めるのかはなかなか難しい問題といえる。J・ヴァッハは、教祖と並ぶ宗教的権威の類型として「改革者」「預言者」「呪術師」などの類型を挙げているが、彼によると、教祖は自らの宗教体験に基づいて、神、人間、世界、社会に対する新たな見方を提示した人物であるとされる。教祖が他の類型と区別されるのは、①組織や階層にもたらした社会学的帰結の大きさ、②自身が宗教的尊敬の対象となる、③自らの教説の布教を行なう、としている。島薗進は、教祖を、①ある宗教者を絶対的な指導者として強く崇拝する集団が一定期間存在したこと、②その指導者が何らかのまったく新しい、決定的に重要な理念や信仰形式を創出、開示したと見なされる、としている。また、荒木美智雄は、教祖にみられる共通の構造として、社会的周縁性への「引き退き」とそこでの新たなコスモロジーの創造を指摘している。

宗教社会学の領域において、教祖研究はM・ウェーバーのカリスマ論が援用されることが多い。ウェーバーによれば、カリスマとは特定のものや人物に宿る非日常的な力と信じられているものを指すが、こうした力を備えているとされる人物がカリスマ的指導者である。彼のカリスマ概念は決して宗教指導者だけに限定されない、政治的、軍事的指導者などを含む幅広いものである。また、ウェーバーは「支配の正当性」とのかかわりでカリスマを論じる場合が多く、その正当性を法律や伝統などにおく支配類型とは異なり、カリスマ的支配は超自然的な力を体現する彼らの人格にのみ基づくと考えられている。しかし、信者の教祖への帰依を支配―服従という関係に還元することができるかどうかはなお考慮すべき多くの問題を含んでいるように思われる。

いずれにしても、カリスマ的支配は個人の資質に依存するために、その帰依者との関係は本質的に不安定であり、そのため、カリスマ的個人はその権威の確かさを帰依者たちの前に常に明らかにすることで彼らへの帰依を持続させなければならない。新たな宗教の創始者の聖伝が記す様々な奇跡や奇瑞は信者たちの帰依を持続させるための教祖的権威の証としても理解できるわけである。しかも、カリスマを中心にして形成された共同体は、その不安定性のために常に解体の危機にさらされることになる。ウェーバーは、いわばこの不安定で非日常的なカリスマ的権威をどのように持続可能な日常的な権威へと安定的に移行させるのかという問題を「カリスマの継承と制度化」としてとらえ、カリスマ本人による指名、血縁による継承、官職への転化など、いくつかの継承の類型を提示した。キリスト教の教祖イエスのカリスマを、使徒ペテロの権威を介して永続的な制度としての聖職者の階層秩序として制度化したローマ・カトリックの展開は、この問題の代表的な事例といえる。また、近年の理論的関心の一つとして、教祖化のプロセスのダイナミズムを理解しようとする研究も存在している。こうした立場は、ある人物の教祖としてのアイデンティティの確立に焦点を合わせながら、社会がそうした人間をどのように評価し、それを彼らがどのように受け止めていったのかという、両者の動態的な関係を明らかにしようというものである。

参考文献

マックス・ウェーバー著、世良晃志朗訳『支配の社会学II』創文社、一九七九年。

宗教社会学研究会編『教祖とその周辺』雄山閣、一九八七年。

（山中　弘）

◈教団

宗教は、教団という特定の組織によって担われる場合と、特別な組織をもたずにその社会と重なりあって存在する場合とに分けることができる。小規模で社会的に未分化な未開社会では、宗教は後者のあり方をすることが多く、その社会のメンバーすべてが何らかの仕方でその宗教の信念や儀礼に関与している。ヴァッハは、これを「合致的集団」と呼び、前者を「特殊的集団」とした。

宗教社会学の領域において、これまで主にキリスト教を対象とした教団を類型化する試みが行なわれてきた。その出発点を築いた代表的な学者として、ウェーバーとエルンスト・トレルチがいる。二人の類型には若干の違いがあるものの、ともに「チャーチ」型、「セクト」型という類型を提出した。「チャーチ」とは、神の恩寵を独占的に管理する施設として、だれでもその施設を媒介すれば救済に至ることができるとするものである。それは、いわば社会の成員の救済を一手に引き受けることができるという意味で普遍主義的で包括的である。また、恩寵を授けるのは、司祭という職務に由来する権威であって、司祭の個人的な宗教的資質に左右されるわけではない。これに対して、「セクト」とは、神の恩寵はそれに相応しい選ばれた者だけに可能であり、それゆえ、教会はこうした人々だけが自発的に結成する結社であり、どんな人間も包括する救済の機関ではないとされる。また、信仰とその表現である厳格な規律を守ることが求められ、それができない場合には教会から排除される。

アメリカ合衆国の神学者リチャード・ニーバーは、ヨーロッパのようにローマ・カトリック教会という「チャーチ」型の宗教が存在しないアメリカ合衆国という宗教風土において、セクトが世代的変化や経済的上昇のなかでどのように変わっていくのかを問題にし、「セクト」から「デノミネーション」への変化を指摘した。その後の理論的展開のなかで、「デノミネーション」という類型は、「チャーチ」、「セクト」の類型とならぶ第三の類型としての地位を占め、宗教集団の併存、競合を容認する多元的な真理観をもった開放的な自発的な結社を意味するものとなった。その後、この議論は、新たに生まれた新しい宗教運動を整理する類型として、ブライアン・ウィルソンなどによって精緻化された。なかでも彼は、セクトの懐く対社会観に注目して、セクトの類型論を「革命」、「内向」、「改革」、「ユートピア」、「回心」、「操作」、「呪術」の七つの類型に細分化した。また、ローランド・ロバートソンなどの研究者は、ニーバーが先鞭をつけた教団類型の移動という議論を修正して、類型間の移動は教団ごとに差異のあることを指摘した。

日本では、井門富二夫が欧米の類型論を念頭において、デノミネーションに対応する「組織宗教」という独自の概念を提出した。森岡清美は日本にはキリスト教的文化伝統から生じた類型論を適用できないとして、イエないし親子という関係を日本の宗教集団の構成原理の基底とした、①イエモデル、②親子モデル、③なかま―官僚制連結モデルの三類型を発表した。また、島薗進による新・新宗教の諸教団の組織類型である「隔離型」や「個人参加型」は、七〇年代以降の社会における宗教集団の類型モデルと理解することができる。しかし近年、宗教が人々の意識のなかに拡散し「私事化」するという状況が強まるなかで、宗教集団の組織的特徴づけやその変化への関心は低くなっているように思われる。

参考文献

リチャード・ニーバー著、柴田史子訳『アメリカ型キリスト教の社会的起源』ヨルダン社、一九八四年。
森岡清美『新宗教運動の展開過程』創文社、一九八九年。

（山中　弘）

◈エスニシティ――◆

エスニシティとは、これまでの民族や人種とは区別される概念として、一九七〇年代あたりから使われるようになったものである。梶田孝道によると、その最も簡単な定義は、「一定の文化的絆によって相互に結びついていると感じている人々の集合体」である。とりわけ、アメリカ合衆国のような移民社会において、国家の枠組みを前提にしながら、共通の出自や文化伝統と並んで「我々意識」を共有している集団が行なうアイデンティティの誇示や集団の利害の拡張、維持などをめぐる行動を理解する場合に、この概念は有効であるといわれている。また、この集団をまとめあげている「我々意識」が、言語、文化、宗教など象徴的次元に深くかかわっていることも重要な点である。

エスニシティを考える際に、これまでの研究の視点として、自らの出自につながる文化的伝統などは人間に本来的に内在する原初的な愛着であるとするものと、そうした文化伝統やアイデンティティの誇示は、その集団がもっている特定の政治・社会的目的のために手段的に「動員」されるものであって何ら本来的なものでないとする視点が存在している。どちらの立場に立つにせよ、宗教が一定の人々を結びつけるとともに、それ以外の人々の間の境界線を画すうえで大きな役割を果たしていることが重要である。特に、生まれ故郷を離れて見知らぬ土地に移り住んだ移民たちにとって、自分たちの父祖伝来の宗教は自らの集団のアイデンティティを維持するうえで大切なものであり、多民族国家の場合には民族集団の境界が宗教によって分けられるということも珍しくないのである。

しかし、宗教が対立の大きな要因となっている地域紛争などの場合には、宗教が政治的目的のために動員されていると理解した方がわかりやすい場合もある。一つの例として北アイルランドの問題を考えてみよう。北アイルランドには、隣接するアイルランド共和国と共通するローマ・カトリックを信奉する人々と一六世紀にスコットランドから移民してきた長老派プロテスタントの信仰をもっている人々が存在する。前者に属する人々は宗教はもとより文化伝統の共通性から、アイルランド共和国に帰属することを望んでおり、その実現を暴力を含めた強硬な手段によって行なおうとする集団がIRAである。これとは反対に、プロテスタント住民は同じ理由からイギリスへの帰属を強く主張し、IRAと同様にテロリズムを通じてそれを実現しようとする過激派も存在している。この両者は北アイルランドの帰属問題をめぐって政治的に対立しているばかりでなく、それ以外の様々な日常的な生活においても分断されている。彼らは同じ都市のなかで別々の地域に居住しており、結婚も同じ宗教同士で行なうことが圧倒的に多く、教育の場面でも、それぞれの宗派の学校に通っている。経済的にもカトリック住民の失業率が高いとされており、両者はいわば政治的、経済的利害を異にする集団だといえる。つまり、北アイルランドでの対立は宗教的教義をめぐるカトリックとプロテスタントとの間の争いではなく、この地域の複雑な歴史的経緯を背景とした利害を異にする二つのエスニック集団の対立だと考えた方が理解しやすく、宗教は、いわばそれぞれの集団をまとめ上げるエスニック・アイデンティティとして機能しているという面が強いのである。宗教の衰退や復興をめぐる議論も、こうした宗教とエスニシティとの複雑な関係を考慮に入れて考える必要があるように思われる。

（山中　弘）

参考文献
梶田孝道『エスニシティと社会変動』有信堂、一九八八年。
中野毅・飯田剛史・山中弘『宗教とナショナリズム』世界思想社、一九九七年。

◈世俗化論

世俗化論は、およそ一九六〇年代以降に欧米の宗教社会学の領域において流行した宗教と社会変動をめぐる一般理論である。その内容は論者によってかなりの違いがあるものの、その最も代表的な論者であるイギリスの宗教社会学者B・ウィルソンによれば、世俗化は宗教が社会的意義を喪失する社会変動のプロセスであるとされる。彼の世俗化論の特徴は宗教の近代化論とも呼べるもので、近代化のプロセスにおける宗教の変動を論じており、世俗化をもたらす三つの要因として、①社会的分化、②伝統的共同体の解体による、人々の生活の国家的単位への再編成（ソシエタリゼーション）、③思考様式と行動様式の合理化、を挙げている。

今日の世俗化論の一つの方向としては、ウィルソンの世俗化論に対する多くの批判を受け止めて、それをいくつかの次元ないし命題に分解して、それをそれぞれ実証的に検証、批判していくというカーレル・ドベラーレなどの業績が考えられる。例えば、ドベラーレは、「世俗化」に代えて「非聖化」（laicization）という言葉を使い、それを社会構造の次元に限定し、その理論に含まれていたそれ以外の二つの次元（宗教集団や組織への個人の参与と宗教変動）の動向についてはそれぞれ個別的な実証研究が必要であることを指摘した。さらに、彼は、この非聖化が近代化に必然的に伴う一方向的で機械的な進化の過程ではなく、当該社会の政治・社会・文化状況に左右される多様な過程であるとしたのである。

これに対して、まったく別の方向として、世俗化論を完全に破棄してそれに代わる新しい理論として「合理的選択理論」（rational choice theory）を主張するロドニー・スタークやウィリアム・ベインブリッジたちの立場が存在している。

彼らは、あらゆる宗教的経済に常に生じる三つの相互に関係するプロセスとして、世俗化（secularization）、信仰復興（revival）、宗教的革新（religious inovation）を想定している。彼らが指摘する世俗化とは、文字通り、支配的宗教がこの世的になり日常化することであり、それによって支配的宗教は宗教的市場において非この世的需要に十分に応えられない状況を指している。それに代わって、この需要を満たすために宗教的復興（セクト）が生じるとともに、世俗化は新しい宗教市場に適合した新しい宗教的革新を刺激し、新たな宗教伝統（カルト）が形成されるという。宗教史は宗教の衰退ばかりではなく、誕生と成長のプロセスでもあるというのである。

世俗化論をめぐるこれらの議論は今日でも決着がついていないが、全体的にみるとヨーロッパの研究者の間には世俗化論を支持する傾向があり、反対にアメリカ合衆国ではそれを真っ向から否定する傾向が存在するように思われる。日本では早くから世俗化論の欧米的偏向が指摘されて、ほとんど真剣に議論されることはなかった。しかし、世俗化論の問題意識が近代社会における宗教のあり方に存在する以上、日本の宗教状況の理解が世俗化議論に資することは明らかであり、この議論に対する新たな角度からの日本の研究者の取り組みが望まれる。

参考文献

ブライアン・ウィルソン著、中野毅・栗原淑江訳『宗教の社会学』紀伊國屋書店、二〇〇二年。
カーレル・ドベラーレ著、ヤン・スウィングドー／石井研士訳『宗教のダイナミックス』ヨルダン社、一九九二年。

（山中　弘）

◈消費

消費とは、モノを個人的欲求の充足のために使い、一定程度の充足を得ることでそれを捨て去ることだと定義すると、消費的な行為は人間の欲求に限りがない以上無限に続き、新たな欲求を満たすモノが次々に提供されていくことになる。しかも、経済的に豊かな高度産業社会における消費は、モノが本来の使用目的を離れて、他者との差異を示す特定の記号的意味をもつようになり、単なる個人的欲求の充足を超えて一つのシステムとして制度化され、個々人がその消費システムのなかに取り込まれるということになっている。

こうした消費のあり方は一見宗教とは何の関係もないように見える。確かに、貨幣経済が十分に発達していない社会状況のもとで人々に宗教の選択の自由がない場合には、宗教的財が積極的に消費の対象となることは難しい。ところが、貨幣経済が発達して消費をもっぱらとする都市社会が生まれ、個人の宗教的選択が程度の差こそあれ許容されている場合には事情は異なってくる。日本の近世においてさえも、特定の神格の霊験の高さが瞬く間に広がる「流行神」の出現も、かつて人を寄せつけなかった行者の山に多くの人々が代参するようになるのも、江戸などの有数な大都市に住む人々の消費力と深く関係している。

近代社会においてはこの傾向はますます強くなっており、特にアメリカ社会のように、宗教集団が信者獲得のために相互に競争し、人々が自由に宗教を選択するとともに、それがまたその集団の存続、発展のための経済的基盤となっている場合には、宗教は商品として売買される傾向が強くなる。その宗教の教義内容を丁寧に解説し人々の目にとまるように工夫された大量のパンフレットなどが出版され、布教に携わるスタッフたちはその教団の神学校などで十分に訓練され、営業担当のセールスマンのように自らの宗教の効能を説いて回る。こうした様子は、さながら、商品を宣伝し売り込む一般の企業の営業活動と何ら変わるところがないのである。もちろん、そこで売買される商品は車やテレビなどの商品とは異なっている。宗教は救済財であり、人々の人生の究極的意味にかかわる「意味商品」ともいえる。しかし、そのメッセージが市場で売買される商品である以上、差異化戦略として秘儀化という選択肢もあるものの、一般に多くの人々が近づきやすく加工される可能性が高い。そのため、そのメッセージは死後の天国での平安を説くよりも、経済的成功や健康を神の恩寵と考える現世的な約束を説くものが増えており、現世的「欲望」を「煽る」ことを積極的に是認する場合も多い。わが国の「水子供養」もまた、中絶が個人の問題としてしか認識されなくなった現代社会において、水子の霊の障りに怯えたり、中絶体験に人知れず悩んでいる人々に提供される宗教的サービスにほかならず、それがもたらす経済的効果は寺院経営にとって無視できないのである。また、教団ばかりでなく、ギリシアや日本の神々などが神話の全体性から切り離されて加工され、マンガやゲームのなかの新しい物語のキャラクターとして利用され、次々に消費されることも起こっている。こうした現象は、ゲームメーカーのマーケティング戦略を背景としながらも、ユーザー側による多様な出自の宗教的資源の消費という、現代宗教の一側面を示しているといえる。

（山中　弘）

参考文献

島薗進・石井研士編『消費される〈宗教〉』春秋社、一九九六年。
ジャン・ボードリヤール著、今村仁司・塚原史訳『消費社会の神話と構造』紀伊國屋書店、一九九五年。

◈宗教と国家（政治）

国家、特に近代国家とは、一定の領土において、一定の「国民」を構成員として、独立した主権を保持し、中枢権力による統治作用と統治機構を有する高度に組織化された社会集団をさす。国家にはしたがって統治者による支配と国民の服従という関係が発生し、支配の正当性を根拠づける権威、統治権力行使のルール（法）の制定などが必要となる。近代以前は、この権威の源泉を超越神などの宗教的権威に依存したため、宗教と国家との関係はきわめて密接であった。近代法治国家の誕生後は、国家は基本的に世俗化され、両者の関係には距離が置かれるようになった。

政治とは権力の獲得や保持をめぐる抗争、および権力を行使する活動一般をさす、より広い概念である。権力とは、ウェーバーによれば「社会関係のなかで抵抗に逆らっても自己の意志を貫徹するあらゆるチャンス」を意味し、ある個人なり集団なりが特定の方法（制裁、威嚇、実力の行使等）によって、他の個人や集団の意思および行動に影響を与えうる能力をいう。したがって、政治は特に国家のみに特有な現象ではなく、あらゆる社会集団について、また社会集団相互において広く見られる現象である。

したがって、「宗教と国家」との関係と「宗教と政治」との関係は、区別して論じられなければならない。宗教者や宗教団体による広い意味での政治活動は、国家の統治権力の行使に影響を及ぼす場合は「宗教と国家」の関係で検討されなければならないが、そうでない場合は、たとえば「信教の自由」の範囲における活動としてどの程度可能なのかという、「宗教と政治」の問題として検討されなければならない。

ここで、多様な宗教と国家との関係について、三つの類型を紹介しておきたい。

その第一は教会国家主義（Church-State, Kirchenstaatum）といわれる関係である。これは、すべての権威の源を教会または宗教にあるものと見なし、宗教的権威を世俗的権威よりも優先させる理念および社会的関係である。その淵源は原始キリスト教会を理念化したアウグスティヌスの普遍教会の概念である。この場合、世俗的権威は教会に従属する一方、聖職など教会的事項に関する決定権がない。王権神授説や宗教改革者カルヴィンが「聖徒による支配」を目指した神聖政治（Theocracy）に、またアメリカ開拓期のマサチューセッツ植民地等にその歴史的事例を見ることができる。

第二の関係類型は、国家教会主義（State-Church, Staatkirchentum, Erastianism）である。これは王権や国家の支配権などの世俗的権威・権力も神によって与えられたと見なし、人は神に信従するのと同様に世俗的権威にも従順であるべきであるとする論理である。国家にも自立した権威を認めることなるので、国家による教会運営や聖職事項の監督を認める理念および社会的関係へと展開することにもなった。

この理念は、カルヴィンと同時代人であったスイスの神学者エラストス（Thomas Erastus, 一五二四〜八三年）に由来し、それゆえこの論理を別名エラスティアニズム（Erastianism）ともいう。エラストスは、「聖徒による支配」を主張したカルヴィニズムに対抗して、一つの信仰を告白した国家は市民的あるいは教会的な事項を問わず、すべての支配権を行使する権利と義務を負うと主張した。国家が特定の信仰を国教と定めた場合、その国家は世俗的事項のみでなく、教会に対する統治権・管轄権をも有しうるという論理を展開したのである。イングランド国教会（The Church of England）が、その典型例である。ヘンリー八世の治世を復活させて、今日に至るイングランド国教会の基盤を確立したエリザベス一世は、一五五九年に国王至上法（The Act of Supremacy）を発布し、イングランド教会に対する国王の至上権、支配権を再び公式に認定し、すべての聖職者に国王至上権への宣誓を義務づけた。

第三の関係類型が、国家と教会の分離（Separation of the State and Church）、すなわち政教分離原則である。この論理は基本的には、両者は相互に独立した権威と機関であると見なし、相互不干渉、中立という原則で成り立っている。ただし、政教分離原則にも国家の非宗教性、国家による宗教的活動の一切の禁止を要求する「厳格な分離主義」から、国家が諸宗教を平等に扱えばよいとする「平等主義的分離」まで、いくつかの事例がある。フランス革命によって誕生したフランス共和国は国家の非宗教性の維持を強く掲げる前者のケースであり、アメリカ合衆国は諸宗教に友好的な後者の例である。一九四六年以降の日本も、一一月三日に公布された「日本国憲法」二〇条、同八九条によって「信教の自由」と「政教分離原則」が確立した。その政教分離の原則は次の三つである。①国が宗教団体に特権を与えることの禁止、②宗教団体が政治上の権力を行使することの禁止、③国およびその機関が宗教的活動をすることの禁止。

参考文献

中野毅『戦後日本の宗教と政治』大明堂、二〇〇三年。
W・マーネル著、野村文子訳『信教の自由とアメリカ』信教出版社、一九八七年。

（中野　毅）

◈ナショナリズム――◆

世俗化された近代国家では、政治的支配の正当性はどこからくるのであろうか。形式的には、憲法を頂点とする世俗法の体系である。しかし、法体系があるだけでは人々は服従しない。支配が存立し、持続するためには服従することへの利害関心と「正当性信仰」が必要である。利害関心は、司法や警察機構による刑罰として強制的に誘導される。では内的な正当化はいかに、何によってもたらされるのであろうか。

ここに、具体的特定の宗教ではなくても、バーガーのいう、社会を覆う宗教的コスモスとしての「聖なる天蓋」、J・ワッハによれば「疑似宗教的なもの」とその象徴体系が、支配あるいは統治を正当化する権威として、近代的な世俗国家にも必要であり機能していることになる。しかし、近代的政治制度の内部における具体的な宗教の存在はイデオロギー上のレトリックにすぎず、国家統治の宗教的正統化はほとんど一掃されてしまうか、たとえ残るにしても社会的現実性を欠いたレトリカルな飾りものにすぎないということになる。つまり、宗教的な装いをもたない、世俗的な外皮をまとった「聖なるコスモス」にとって代わられるのである。それが、近年の「国民国家論」でいう「国民統合のイデオロギー」としてのナショナリズム」の問題である。

この「国民国家」とは近代的な国家のすべてをさすが、その特徴は、明確な国境の存在、(単一の) 国家主権、「国民」概念の形成と国民統合のイデオロギーによる支配 (ナショナリズム)、こうした政治的・経済的・文化的空間を支配する(国民議会や大統領制をとる単一の) 国家装置と制度、そして国民国家間のシステムとしての国際関係が挙げられる。モデルは革命後の「フランス共和国」である。したがって近代国家の国民統合のイデオロギーといえるナショナリズムとは、一八世紀以降のヨーロッパで近代的「国民国家」の成立に伴って生みだされ、表現された「宗教性の強い政治的イデオロギー」といえよう。「進歩した近代的な国家」の構成員として、国家と国民文化への賛美と献身、愛国心を強調するイデオロギーである。その意味で、ナショナリズムは一八世紀フランスに発した啓蒙主義、その普遍主義的立場や科学的合理主義、進歩信仰の産物でもあった。有名な歴史学者ハンス・コーンは、二〇世紀は「全世界がナショナリズムと自由の覚醒」に反応しているユニークな時代であり、「ナショナリズムとは、個人の最高の忠誠心が国民国家に帰さなければならないと感じられるような精神状態である」と述べたが、前世紀前半の期待感にあふれたナショナリズム論であった。

ユルゲンスマイヤーは、こうした近代国民国家を前提として主張されたナショナリズムを「世俗的ナショナリズム」と特徴づけ、それは西洋近代に固有な価値を前提とした「一つの宗教」であり「信仰」であると主張する。そしてさらに彼は、現在、世界各地で頻発している民族的宗教的対立、エスニック・アイデンティティをもとめる闘争を「世俗的ナショナリズム」に対する「宗教的ナショナリズム」の反抗ととらえたが、それはまさに、近代西洋の価値、特に宗教的に中立で世俗的な国家体制自体が内在する固有の文化的価値にたいする挑戦という性格を強く有しているからにほかならない。

参考文献
マーク・ユルゲンスマイヤー著、阿部美哉訳『ナショナリズムの世俗性と宗教性』玉川大学出版会、一九九五年。
中野毅・飯田剛史・山中弘編『宗教とナショナリズム』世界思想社、一九九七年。
中野毅『宗教の復権』東京堂出版、二〇〇二年。

（中野　毅）

◈グローバル化

現代世界を考えるうえで、グローバル化の進展は無視することのできない現象であり、その進展と宗教との関連についての研究もますます必要となっている。グローバル化とは、科学技術の発展・国際経済の展開・情報化の進展などの結果引き起こされた、世界の単一性の増大または世界の縮小、あるいは世界は一つの場だという認識の増大ととらえられるが、その要因や過程のとらえ方はいくつかの立場がある。その一つはウォーラーステインの世界（経済）システム論である。彼は、資本主義の拡散によって単一な近代世界システムがグローバルに形成されたとする。またイギリスの社会学者ギデンズは、近代性の重要な要素を「時間と空間の分離」、社会的諸関係が相互行為の局所的な脈絡から引き離され、無限に広がるグローバルな時空間のなかに再構築される「脱埋め込み」メカニズムの発達、そして近代的知識の「内省性または再帰性」ととらえ、こうした近代性の帰結としてグローバル化をとらえる再帰的近代化論、その他がある。しかし、これら多くのグローバル化論は、宗教の役割を無視または二義的にしか扱っていない。

それに対しロバートソンは、国民国家としての諸社会、諸社会が相互に交流する世界システム、多様な諸個人の存在と交流、そして人類としての共通意識、という四要素間の相互作用の場としてのグローバルな領域（global field）を考え、グローバル化は近代以前から進展した構造的にも形式的にもはるかに複雑な複合的過程であると主張する。そして、グローバル化は上記四要素のそれぞれのアイデンティティの変容と再形成に深くかかわる過程であるとして、グローバル化の認識的主観的側面の重要性を強調し、そこに宗教が認知的準拠枠の重要な資源として参入すると考える。

彼はさらに、世界の同質化や諸国民や諸民族の個別性の抹消という単純な立論を否定し、グローバル化を「普遍性の個別主義化」と「個別性の普遍主義化」をグローバルに推進する過程と見なす。したがって、それは他方で多様性の進展と国民的または民族的、地域的な固有性の再構成、再主張を伴って進展するがゆえに、グローバルなローカル化、「グローカル化」といえると主張する。かれはグローバル化が進展している現代に、宗教と国家との緊張が高まっている事実、宗教的ファンダメンタリズムが勃興している事実から考察を進め、それらは反グローバル化や反近代の産物なのではなく、むしろグローバル化に伴う新たなアイデンティティ形成の「原理」(fundamentals) を探求する動きであることを解明した。ここにグローバル化と宗教的ナショナリズムの勃興、地域主義やファンダメンタリズムの勃興との相関関係を解明する有益な視点がある。

参考文献

R・ロバートソン著、阿部美哉訳『グローバリゼーション』東京大学出版会、一九九七年。

(中野　毅)

◈カルト

今日、カルトというと、社会問題化した宗教や団体のことを意味すると考えがちである。トマス・ロビンズとディック・アンソニーによれば、一般社会でカルトと呼ばれる宗教や団体は、一般に、①非因習的で秘教的、②非難の的となっている、③権威主義的、④組織が緊密で、コミューン的、⑤攻撃的に改宗を求める、⑥教義の植えつけや集団儀礼の点で徹底的・情緒的、などの特徴をもっているとされる。とりわけ有害なものは、「破壊的カルト」と呼ばれる。その基準は、「コミューン的一体主義、権威主義、カリスマ的な指導者、暴力、児童虐待、性的搾取、集団生活における強度の情動、マインド・コントロールの手法の使用」などである。

しかしながら、このような用語法が記述的というよりも価値判断を含んでいて、社会学的な教団の構造と必ずしも合致しないため、宗教学上の用語として認めない研究者も多い。そこで、ここでは主として宗教学上の用語法について述べたい。

第一に、カルトとは、ラテン語の cultus に由来し、儀礼や祭儀を表す用語である。これは、具体的な宗教的実践を示唆している。信仰が内面的な精神性を表すとすれば、それに実践的な表現を与えるのがカルトである。

第二に、カルト概念は教団論の文脈において使用される。エルンスト・トレルチは、キリスト教の教団を分類して、チャーチとセクトと神秘主義に分類した。簡単に言えば、チャーチとは国教に準じる制度であり、人はチャーチに入会するのではなくチャーチに生まれる。セクトとは自発的結社であり、チャーチや世俗社会に対する批判を特徴としている。神秘主義は、個人の直接体験を強調する立場である。このような純粋に個人的な基盤に基づいた場合、儀礼や教理や歴史的な要素の意義は弱められざるをえない。その意味で、神秘主義は伝統から離れていく危険性をもっている。このような教団の枠組みから言えば、カルトは、主流文化としての宗教団体の枠組みから逸脱した不安定な小集団である。伝統からの逸脱という点では神秘主義と傾向を共有している。

第三に、カルトはいくつかに分類される。例えば、ロドニー・スタークとウィリアム・シムズ・ベインブリッジは、聴衆カルト、クライエント・カルト、カルト運動の三つにカルトを分類する。第一の聴衆カルトは、あるカリスマ的な人物の講演や説教に人々が集まるような形式のものである。第二のクライエント・カルトの場合、治療者やカリスマ的人物のもとを人々が訪ね、来談者（クライエント）となり、セミナーやセラピーに参加する。聴衆カルトに比べ、主催者と来談者の関係は密になっているが、明確な教義の枠組みや来談者の間の明確な組織は欠けている。第三のカルト運動は、前者二つが組織化された運動体の形をとったような場合である。例えば、ある人物が霊媒師として個別のクライエントをもっていたが、月例祭や大祭などを催して、多くのクライエントを同時に動員し、教義や会員組織を整えたような場合が考えられる。ここまでくると、それは、すでに宗教集団としての特徴を顕著に備えるに至る。

今日のようなカルト概念の用例は、すでに一九三八年にみられるが、それが本格的に用いられるようになったのは、一九七〇年代のアメリカ合衆国である。それはカルトに対する反対運動と相関関係にある。デイヴィッド・G・ブロムリーとアンソン・D・シュウプ・ジュニアによれば、当時、アメリカ合衆国で問題になった教団は、政府、教会、家族という伝統的な制度と利害が対立したため、問題視されることになった。

日本では、一九九三年に統一教会の集団結婚式に有名人が参加した事件をきっかけにカルト概念が普及しはじめ、一九九五年のオウム真理教事件以降、マインド・コントロール概念とともに定着した。同年、オウム真理教の教祖が逮捕され、また、宗教法人法が改正されてから、二〇〇〇年にライフスペースと法の華三法行の教祖が相次いで逮捕され、国家がとりわけ新宗教団体を積極的に規制する姿勢が明確になった。

参考文献
井門富二夫『カルトの諸相――キリスト教の場合』岩波書店、一九九七年。
デイヴィッド・G・ブロムリー／アンソン・D・シュウプ・ジュニア著、稲沢五郎訳『アメリカ「新宗教」事情』ジャプラン出版、一九八六年。

（渡辺　学）

◈暴力

暴力とは、特定の相手に対する通常意図的な有害な強制力の行使を意味する。暴力は宗教的な形式をとることがある。暴力は、畏怖の念をもってなされることがあるし、宗教的価値に基づいてなされることもある。

宗教は、聖、善、真などをはじめとする価値序列を提示し、それらに基づく規範を人々に与える。それに違反する者は宗教の名のもとに強制力を加えられることになる。例えば、タブーとそれに対する違反者の懲罰が典型的である。一九九一年になって、イランの宗教指導者だったホメイニ師が、『悪魔の詩』の著者、サルマン・ラシュディとその出版にかかわった全員に対して死刑の宗教令（ファトワー）を出したのが記憶に新しい。要するに、彼らを殺害することは全イスラームの聖なる義務であるというのである。著者をはじめとして世界中の関係者に命の危険が及び、日本語訳者、五十嵐一筑波大学助教授もまた、何者かによって殺害された。この事件は、異文化や国境を越えて及ぶイスラームの恐怖を世界中に印象づけることになった。

多くの場合、暴力は、宗教的要因だけではなく、経済的要因や政治的要因などと複合してなされる。民族紛争のような世俗的な要因に基づく葛藤も、宗教によって究極的な根拠を与えると、激しい暴力や殺戮を生み出すことになる。宗教にかかわる暴力の領域には、①民族間の国際的な宗教的暴力、②一定の国家内の集団と社会の間の暴力、③集団同士の暴力、④成員同士の暴力、さらに、⑤自分自身に対する暴力がある。

①の例としては、ヒンドゥー教徒を主体としたインドとムスリム（イスラーム教徒）を主体としたパキスタンの対立が挙げられる。イギリスの植民地であったインドとパキスタンは主流となる宗教を異にする自治領として分離独立し、その後、独立国家となった背景は無視できない。また、オサマ・ビン・ラディンを主体とするアルカイーダによる、アメリカ合衆国の世界貿易センタービルや国防省ビルなどに対する同時多発テロは、単に政治的な動機によるものではなく、ムスリムによる「十字軍」に対する反抗という意味をもっていたことが特筆に値する。

②の例としては、インド国内のシク教徒の民族主義運動を事例として挙げることができる。インドのシク教徒は、主流文化のヒンドゥー教徒の社会と鋭く対立する危険性を秘めている。また、イスラエルの支配下におけるユダヤ人とパレスチナ人の対立も、このような問題領域に包含される。さらに、スリランカにおける主流派のシンハラ人（仏教徒）と少数派のタミル人（ヒンドゥー教徒）の対立もこれに分類できよう。また、ブランチ・デヴィディアンが一九九三年にテキサス州ウェーコでたてこもり事件を起こして、FBIやBATFと銃撃戦の果てに、多くの死傷者を出したことは記憶に新しい。

③の例としては、北アイルランドにおけるカトリックとプロテスタント、旧ユーゴスラビアにおける正教徒のセルビア人・クロアチア人とボスニアのムスリムが挙げられる。

④の例としては、教団内部の制裁などが挙げられる。例えば、オウム真理教の信者でありながら、教団によって拷問にあったり、同じ信者の手によって命を落としたりした人々は少なくない。

⑤の例としては、苦行者が自らをむち打ったりする行為や、ベトナム戦争に抗議して公道で焼身自殺を図った仏僧などが挙げられる。また、九〇〇名以上の信者が亡くなった一九七八年の人民寺院の集団自決事件、八〇名近くの信者が亡くなった一九九三年のブランチ・デヴィディアン事件、一九九四年以降、五〇名以上の信者の集団自殺が続いた太陽寺院事件、一九九七年に三九名の集団自殺者を出したヘヴンズ・ゲイト事件などが、④ないし⑤に分類されよう。

このように、宗教と暴力は密接な関係にあり、宗教は、暴力に絶対的な意味づけを与えるという危険な可能性を秘めている。

参考文献
島薗進『現代宗教の可能性』岩波書店、一九九七年。
ロバート・J・リフトン著、渡辺学訳『終末と救済の幻想』岩波書店、二〇〇〇年。

（渡辺　学）

◈聖と俗

「神」概念を用いずに、宗教現象を定義しようとする試みのひとつである。

フランスの社会学者エミール・デュルケムは『宗教生活の原初形態』のなかで、「宗教とは、神聖すなわち分離され禁止された事物と関連する信念と行事との連帯的な体系、教会と呼ばれる道徳的共同社会に、これに帰依するすべてのものを結合させる信念と行事である」とし、「聖と俗」という二つの領域を形成するものが宗教であると考えた。宗教は、ある「聖なるもの」に関連した信念と実践のシステムであって、それを支持する人々を一つの共同体へと統合するのである。

ある「聖なるもの」が社会のなかで認められると、その「聖なるもの」は社会的な象徴として機能し、その社会の成員をまとめる。ピーター・バーガーによると、「聖なるもの」は、日常生活に「究極的意味」を与え、社会全体を覆う意味体系を作りだす。バーガーは、そうした社会全体に意味・秩序を与える宗教を「聖なる天蓋」と名づけ、成員にアイデンティティを与える社会の統合機能に注目した。

「聖と俗」という二領域の分離と、聖なるものからの社会の統合という機能を拡大解釈すれば、例えば、「正義の戦争」といった政治的宣言、社会主義のような思想、そして自由と平和の象徴として尊重されるオリンピックのように、ある集団の成員間に連帯感を作りだすような社会的表象を、一般に宗教と呼ぶことができることになる。

そうした近代における宗教的機能を本来の宗教的人間の残存と考えるのがミルチア・エリアーデである。エリアーデは、聖なるものが俗なる世界に現れること「ヒエロファニー」(聖体示現)が、宗教の本質的な様態であると見なした。人間が聖なるものを知るのは、聖なるものが自ら顕れるからであり、しかも俗なるものとはまったく違った何かであるとわかるからであるという。このヒエロファニーを理解することができるのが宗教的人間である。しかし近代以降の人間は、宗教的人間の素質をもちながら、超越性を否定し、非聖化を試みる俗なる人間となりつつある。エリアーデによれば、古代社会の人間は聖と俗という二通りの世界に生きていたのに対して、近代社会の人間は「聖なるものを失った宇宙に生きている」という。

しかしながら現代社会は、宗教行事も各地で存続し、宗教団体は形を変えながら活動しており、単純に宗教的人間がいなくなり、宗教的現象が消失しつつあるというわけでもなさそうである。また、特定の宗教団体とは直接的にかかわらずに行なわれる儀礼も注目に値する。例えば、新たな居住地の新住民によって、あるいは商店主を中心に企画される祭は、俗なる生活に聖なる力を呼び込もうとする儀礼であると分析することも可能である。毎年繰り返される地域の祭は、地域の繁栄を祈り、その共同体の成員が非日常的な儀式を行なう。そこには、日常の生活とは異なる世界観や象徴が登場し、非日常的な時間と空間が作り出される。踊りや騒乱を体験した者は連帯感を感じ、その集団への親密さを増し絆を強くする。

近年、西国巡礼など、巡礼の旅がブームという。巡礼や旅も、「俗世界」からの逸脱とみなされることが多い。実社会にある違い、貧富の差、立場・地位の高低も、ひとたび巡礼者となって道を歩き出せば関係がなくなる。そして出会う巡礼者は互いに拝み合う存在となる。このような普段の生活と異なるあらたな経験が、その後の日常生活を変えると考えられるのである。

こうした儀礼や体験を、聖なる力を獲得しようとする宗教的な行事と見なすことが適当なのか、あるいはそれは俗なる人間の擬似宗教にすぎないのか。宗教が個人的な領域において広がりつつあるとされる世俗化社会において、社会的な象徴として機能するような宗教の存在ははたして消えつつあるのか。「聖なるもの」を求めるのは人間の本質的な欲求と言えるのか。このように「聖と俗」は、現代社会を見る視座として、今もなお有意義な問題意識を提供している。

（小松加代子）

参考文献

ルドルフ・オットー著、山谷省吾訳『聖なるもの』岩波文庫、一九六八年。
ミルチャ・エリアーデ著、風間敏夫訳『聖と俗』法政大学出版局、一九六九年。
エミール・デュルケム著、古野清人訳『宗教生活の原初形態』岩波文庫改訳版、一九七五年。
ピーター・L・バーガー著、薗田稔訳『聖なる天蓋』新曜社、一九七九年。

◈ジェンダー

仏や神は男か女か、といった問いに対し、そのどちらでもない、と答えるだけでは答になっていない。実のところ、われわれの言語や絵画などのように表象化されたものはなんであれ、ジェンダーのくびきから解放されているとはいえないからである。そして、宗教も例外ではない。

ジェンダーとは、文化や社会によってつくられた性別を、「セックス」つまり生物学的性別と区別する用法として使用され始めた。もとはヨーロッパ語などにおける文法上の「性称」をさしていた「ジェンダー」は、一九六〇年代から七〇年代にかけてこうした新しい意味を与えられた。そしてさらに、八〇年代以降いっそう深い論点を含むようになる。つまり、セックスがジェンダーを規定するどころか、ジェンダーがセックスに先行していること、そしてジェンダーとは、男／女という個別の要素なのではなく、男／女に人間の集団を分割するその分割線、差異化そのものだということ、そして、ジェンダー関係が「階層的」、つまり「権力的な非対称性」をもつことが指摘され始めたのである。

宗教研究においては、これまで男性役割と女性役割の宗教的な意味づけ、あるいは宗教儀礼における男女の役割の交代劇などに関心が向けられるのみであったが、次第に、宗教の教義、組織、歴史におけるジェンダーの階層性の問題に焦点が当てられ始めることになった。宗教においても、男と女は、異なっているが対等だという類の区分でなく、男が標準、普通、主であり、女は差異をもつ者、特殊、従とするタテ型の階層性が存在するとされる。

イスラエルを統治し、民を支配し、敵と戦い、罰するヤハウェは、圧倒的に男性的イメージでである。またイエスの告知する神も、男性的イメージでとらえられてきた。ローマ帝国の国教として確立した「正統派教父」教会は、排他的にテキストを選択して正典とし、教会に対立するものは「異端」として排除され、女性は沈黙させられ、周縁へと追いやられていった。絶対的な至高神の性が男性であるがゆえに、地上の存在である男性は神に近い存在とされ、男女の間の上下関係が神学的にも正当化されてきた。

仏教の経典では、女性は「悪行多く、物欲が強く、高慢で、正しい行為ができない」ゆえに「五障」の存在と規定され、女性は男身を得なくては成仏できないと説いてきた。

日本古代・中世以来の血穢思想では、精神面の劣性のみならず女性の体の不浄性も規定されてきた。儒教でも、本来中国では、相補的な意味をもっていた陰陽の原理が、家父長制の進展のなかで、男女のシンボリズムと結びつき、女性の従属性が所与のものとして肯定されている。

宗教におけるジェンダーの視点とは、宗教そのものが人々の階層化を内蔵しているのか、あるいはそれを打ち破る存在でありえるのかどうかを問うものである。宗教者のなかには、宗教そのものの限界を感じて既成宗教を飛び出る者もいれば、宗教本来の教えにも、そうした階層性を否定する教えが備わっていると考え、改革を目指す者たちも登場している。

改革を目指す運動では、例えば、聖書解釈にフェミニスト視点を取り入れ、一部の人々を従属させた歴史的に「正典」とされたテキストの「犯罪」をあらわにすることで、その境界線を越え、聖書のなかにより豊かな創造性と力強さと自由を招きいれようとする人々がいる。また日本の仏教にかかわる女性たちの間にも、釈尊のメッセージは、本来様々な差別の愚かしさや根拠のなさを解き明かしてくれるものと考え、仏教がもつメッセージを認めたうえで、仏教を再創造しようとする活動が起こってきている。

このように、現代の宗教を考えるうえでジェンダーは、宗教者にとっても宗教研究者にとっても、欠かすことのできない視点となっているといえよう。

参考文献
上野千鶴子『差異の政治学』岩波書店、二〇〇二年。
エリザベス・シュスラー・フィオレンツァ編著、絹川久子・山口里子監訳『聖典の探索へ——フェミニスト聖書注釈』日本基督教団出版局、二〇〇二年。

女性と仏教東海・関東ネットワーク編『仏教とジェンダー　女たちの如是我聞』朱鷺書房、一九九九年。

（小松加代子）

◈ファンダメンタリズム

最近では「原理主義」と訳されることの多い「ファンダメンタリズム」という用語は、一九一〇年代のアメリカ合衆国のプロテスタント教派内でのリベラルな風潮や聖書理解に対し、「根本的な」信仰箇条を掲げる運動をさすものとして使われはじめた。一九一〇年から一五年にかけて発行された、「ザ・ファンダメンタルズ」（The Fundamentals）という小冊子では、「聖書の逐語霊感」、「キリストの処女降誕」、「キリストの代理的贖罪」、「キリストの身体的復活」、「キリストの可視的再臨」、という最重要原理が説かれている。このパンフレットの名にちなんで保守的なプロテスタントがファンダメンタリストと名乗り始め、自由主義者たちに対抗するようになったと言われている。

その初期には聖書の無謬性の主張を中心に、進化論批判などが主であったが、一九七〇年代後半以降、アメリカ合衆国のキリスト教界で保守的な傾向が強まるとともに、政治的な活動も伴い始め、ファンダメンタリズムという言葉が再び注目をあびることになった。その保守的で好戦的な姿勢の類比から、キリスト教以外の宗教、イスラーム、仏教、日本の新宗教などにも使われるようになっている。

ファンダメンタリズムという用語には否定的な意味合いが付与されることが多い。特に世俗化され宗教が衰退すると考えられていた時代に、科学や近代主義に対抗するように見える熱心な宗教運動が起こったことに対する驚きから、非近代的、非科学的な運動と見なされることも多い。しかしながら、ファンダメンタリズムと呼ばれる運動が近代的な技術をすべて拒否しているわけではなく、宗教が見えなくなり、価値が相対化されつつある現代に、絶対的な価値を求める人々によって、起こるべくして起きた運動とも考えることができる。

例えば森孝一は、アメリカ合衆国における宗教的ファンダメンタリズムについて考察し、彼らが訴えていることは、近代性のもっている「細切れの人間理解」、「細切れの世界理解」ではなく、人間や世界をトータルに、統一ある全体として説明してくれる何かがほしいという欲求であると考えている。また、田中雅一は、ヒンドゥー・ファンダメンタリズムが、新しい共同体意識を確立し、近代的自我が直面する孤独や不安を緩和する役目を果たしていると述べている。また、ジル・ケペルは、現代の宗教復興運動の主なものについて、社会の細分化や「アノミー」、つまり支持すべき全体計画の不在を非難しているとしている。その点から、ファンダメンタリズムは多元化する現代社会のなかで、人々と連帯する強いアイデンティティを提供しているということができる。

その一方で、ファンダメンタリズムの顕著な特徴として、男性中心主義に注目する研究者もいる。ファンダメンタリズムは、男は正義に従って戦い、女は家庭を守り子どもを育てるという性役割の遵守を求めるもので、現代社会の問題の原因をすべて価値観の変化に求めており、言い換えれば「古き良き時代の家族」へのノスタルジーともとれる主張だと考えられる。アメリカ合衆国のキリスト教、イスラーム、ヒンドゥー教、日本の新宗教、ユダヤ教などに見られるファンダメンタリズム運動は、意図したものではないにせよ、女性に対する宗教的な制裁を伴っている。

どのファンダメンタリズムの運動においても、自由主義的な思想、すなわち女性の経済的自立や子どもを出産するかどうかの権利、伝統にとらわれない性関係、家族関係の変化などが、現代社会の乱れや腐敗をもたらした原因だと見なされており、それ以前への復帰が求められている。また「原典に戻れ」と主張しているものの、その主張の基盤には、原典にないものも多い。そうした意味で、ファンダメンタリズム運動とは、単なる民族復興運動に加えて、理想と「あるべき伝統的な家族体制・ジェンダー体制」からの逸脱に対する反発に根ざした一種の回帰運動と見なすこともできよう。

（小松加代子）

参考文献
井上順孝・大塚和夫編『ファンダメンタリズムとは何か』新曜社、一九九四年。
ジル・ケペル著、中島ひかる訳『宗教の復讐』晶文社、一九九三年。
John Stratton Hawley, ed., *Fundamentalism & Gender*, Oxford University Press, 1994.

◈差別

差別とは、文化、人種、民族、国籍、性別、言語、宗教、思想、制度、職業など、多種多様な枠組みに基づき、異なる枠組みに属するとされる人々に対して不平等、あるいは不利益を生じさせることである。

宗教は、人々を救済するはずのものでありながら、そうした差別を制度化し、正当化する思想・教義・儀礼を構築、保存してきたという側面を有する。宗教と差別の問題には、宗教教義と差別の関係、宗教集団と差別、宗教者と差別という様々な視点が複雑に絡んでいる。

日本仏教においては、例えば、部落差別、性差別、障害者差別、人種・民族差別などの問題を見ることができる。部落差別においては、ほとんどの既成仏教教団が、「差別戒名」すなわち、被差別部落民と見なされた人々に対して差別的な戒名（法名）をつけたという過去を抱えている。部落住民は、死んでからも現世の差別から解放されず、仏教教義はそれを否定してこなかった。現在、各仏教教団は宗団全体で差別戒名の調査を行ない、その付け直し作業を行なっているが、戒名の制度自体が人を階層化しているという根本的な問題を解決するには至っていない。

また、女性に対しては、五障の障りをもち、永遠に成仏の望みがないとする経典が存在する。またほとんどの日本仏教は出家主義を標榜しているがために、僧の妻たちは戒律上も制度上も見えない存在とされ、何の権利も存在理由も認められていないまま、寺院の維持のための役割分担だけは課せられてきた。さらに、男性僧侶の従属的存在としか認められない尼僧の地位の問題も存在している。これらについては、教団内での議論すらままならない状態が続いている。

民俗信仰におけるケガレの観念は、「不浄」の観念と結びつけられ、災厄の原因として忌み嫌われることが多い。被差別部落民、ハンセン病者や身体障害者もケガレた存在と見なされ、共同体から排除されることがあった。また、女性は、出産・月経の血が地の神と仏に供える茶の水を汚すため、罪業の深いケガレた存在と見なされてきた。ケガレの観念は仏教に取り入れられて、「業による輪廻」の考え方と結びついた。すなわち、現世のケガレの理由は、前世の業、つまり当人の責任であるとされた。ケガレと「業による輪廻」が結びつき、身分差別の正当化が行なわれてきたことが分かっている。「業による輪廻」あるいは「宿業論」の解決はまだである。

複数の宗教が存在する社会においては、多数派の宗教信者による、少数派の信者への差別が生じることがある。他宗教の慣習についての無知や軽蔑あるいは恐怖感が、その信者を職場から排除し、共同体から疎外する傾向が見られる。また、同性愛者であることを理由に、聖職者の地位を追われるケースも起きている。ＩＬＯ（国際労働機関）は、世界各国で宗教に基づく差別がこの一〇年間に増加していることを明らかにしている。

差別の問題が扱われる際に、差別される理由を差別される側に求める傾向が強い。しかし、実は差別は、差別する側が自らの権力を維持・強化するために教義や制度を自己解釈し、正当化している面が多分にある。この差別する側への視点なしでは、差別の問題を根本的に解決することは困難であろう。近年に至るまで、支配と差別・抑圧、それにかかわる文化・社会の構造の分析などには、その実態が存在していたにもかかわらず、直接的に手がつけられることはなかった。

今後宗教者も宗教研究者も、差別の問題に対して敏感でなければならないだろう。宗教は差別を正当化し、社会の秩序を強化するものとして機能してきた一方で、場合によってはそうした差別を否定する役割を果たしてきたこともあった。今後それぞれの宗教は、抱え込んだ差別的構造と直面することで、差別を乗り越える地平を開けるかどうかを問われることになろう。

参考文献

松根鷹『差別戒名とは（人権ブックレット）』解放出版社、一九九〇年。

大越愛子『女性と宗教』岩波書店、一九九七年。

ＩＬＯ報告書「Time for Equality at Work」二〇〇三年五月一二日発表。http://www.ilo.org/public/english/bureau/inf/pr/2003/19.htm

（小松加代子）

◈先祖祭祀

親族を主とする集団において、死んだ親族をめぐる儀礼や信念を指し示す用語である。ちなみに、「先祖」と「祖先」の言葉は、同義として見なしても間違いではない。

先祖は、すでに死者であり、この世に生をもたないにもかかわらず、この世に対して神々と同じ力をもち、その社会に恩恵をもたらしたり、災いを防ぐ力をもっていると考えられている。このように先祖崇拝は、死者や生者をめぐる宇宙観や世界観、霊魂や死後の世界の考え方、継承や相続の規則と密接に関係しているが、それ自体で教義を作り上げているわけではなく、それ自体が宗教というよりは、宗教的儀礼と考えるのが適切である。

このような崇拝の対象となる先祖とは、単にその親族の一員であったというだけではなく、ある条件を満たさなければならないとされる。例えば、異常な死に方をしていないこと、一定年齢に達してから死亡していること、後継者がいること、などである。そうした条件を満たした死者は、葬式に終わらず、死後も定期的に儀礼が行なわれ、その親族のそれまでの先祖と一緒にまとめられて祀られることになる。

先祖崇拝は、地域によって様々な形態をとっている。古代ギリシア・ローマ社会を分析したヒュステル・ド・クーランジュは、古代ギリシア・ローマ社会は、先祖崇拝に基づいており、その信念や儀礼が廃れるとき、社会全体が変化することを指摘した。また、ガーナのタレンシ社会を調査したＭ・フォーテスは、先祖崇拝が父系継承制度の社会構造と呼応していることに注目している。こうした社会では、父から息子への権威継承が先祖によって保証されるという形を取り、先祖崇拝が年長者の権威を高め、社会的支配を支え、保守的で伝統的な態度を育てる機能を果たしていると考えられる。

日本では、子孫による儀礼（先祖祭祀）が死霊をカミとして祖霊に昇華させると信じられてきた。初七日、四十九日、三回忌など、一定の期間、子孫による供養・浄化を経て、先祖は祖霊となり、カミに祀り上げられることになる。先祖祭祀はこうした日本人特有の霊魂観に基づいており、先祖は身近にいて盆や正月などの特別な時には生者の近くに戻ってくるという民間信仰の先祖観として大切にされてきた。また、先祖祭祀を行なうためには、儀礼を行なう子孫が存続していることが必要であり、家の永続性が重要な価値をもつことになった。代々連なっていく永続性の象徴として先祖をおき、その先祖を超世代的に祀ることが家の存続とかかわるものと考えられてきたということができる。またその祭祀は日本に広がるなかで先祖崇拝を取り入れていった仏教の僧侶に次第に大きく委ねられるようになった。このように日本社会における先祖崇拝の形態は、家・先祖・仏教という相互補完的な構造のうえにできあがっている。

しかし、産業化を迎え、高度経済成長期の人口移動に伴って、家族変動が起こり、先祖崇拝の形態も変化しつつある。

R・スミスは、戦後日本社会における位牌祭祀の対象者を分析し、都市部では、非系譜親族の位牌もまた祀られていることを見いだし、日本人の先祖観が変化していることを指摘している。さらに、今日の日本であがめられる先祖は直系構造をもつイエの先祖から夫婦の双系的近祖へと変わりつつあること、先祖への個人的感情的親近感が強調されつつある点などをあげ、これをイエ制度の崩壊と関連づけている。また、森岡清美も、直系的に連結されている「家を前提とした家的先祖」のほかに、双系分岐上に連結されている「家を前提としない非家的先祖」への変化を認めている。

さらに一九九〇年以降、家・先祖・仏教の相互補完的構造に変化が見られるようになってきた。結婚相手の家の墓に入ることを拒む人々や、墓の継承者を持たない人々、そして「非家的先祖」すら祀らない人々が増えたこと、また、散骨や樹木葬の登場、生涯にわたって墓や仏壇をもたないことを選択する人々も登場し、先祖崇拝における大きな変化が見られる。先祖崇拝は衰退していくのか、あるいは形を変えて存続するのか、今後の展開は大変興味深い。

（小松加代子）

参考文献

柳田国男『先祖の話』筑摩書房、一九四六年。
R・スミス著、前山隆訳『現代日本の祖先崇拝　上下』御茶の水書房、一九八一、八三年。
森岡清美『家の変貌と先祖の祭』日本基督教団出版局、一九八四年。
井上治代『墓と家族の変容』岩波書店、二〇〇三年。

◈通過儀礼と宗教

通過儀礼とは、状態の変化に伴う儀礼であり、一般的には、個々の人間の一生、すなわち生誕から幼少期、青年期を経て、結婚、死に至るまでの各成長段階の節目にそれぞれ設けられた儀礼をさす。しかしその他、季節の変わり目の年中行事や、神社に入る際のみそぎの儀礼なども含まれる。

人は常に世界を分け、境界を設定する存在である。境界のこちら側とあちら側とを異なった世界とすることで、人は住んでいる社会的文化的世界を人工的に区分する。この世とあの世、内と外の区分などは全て、時間や空間の連続性のなかに、境界という非連続性を導入して断ち切ることでもある。その際の境界、敷居が、象徴的な異界への扉となり、そこで行われるのが通過儀礼である。日常の俗なる時間を人為的に区切り、非日常的な聖なるひとときが挿入され、また再び日常に帰還するというのが、通過儀礼の一般的パターンである。

通過儀礼には、個人としての意味と、社会的な役割とがある。個人的には、人間としての成長プロセスに人為的な区切りをつけることで、それぞれの時期に特別な意味を込めようとする。つまり人の成長を単に年齢の堆積とみるのではなく、一定の期間ごとにいったん完結させ、新たな再生へとつなげていこうとする。

また社会的には、一人の人生を社会的共同体とかかわらせることで、各時期ごとに、共同体の一員としての役割を再確認することになる。個人としての生誕は、共同体の一員の誕生でもあり、成年は社会的責任をもつ共同体の一員となること、また死は共同体を離脱したという社会的な認可をも意味する。

すなわち通過儀礼とは、人為的に作られた生と死と再生の儀礼とも言える。多くの儀礼のなかでも、死にかかわる儀礼は通過儀礼の原型であり、人間にとって最も根源的な境界は、この世（生）とあの世（死）の間に存在する。

フランスの民族学者A・ファン・ヘネップ（A. van Gennep）によると、ほとんどの儀礼は、社会の様々な境界を通過するという意味で通過儀礼である。それらは社会のなかで、「分離」（初めの状態からの隔離）―「過渡」（社会的休止状態）―「統合」（新たな存在として社会復帰）の三つのプロセスを踏む。この節目となる区切りは、それぞれの段階で秩序を完結させ、再び新たな段階に入るという重要な結節点となる。この節目は、時に不浄や穢れという危険をはらんだカオスでもある。それを無事に通過することは、新たな秩序の再生であるとともに、社会の成員として再び認められることでもある。

V・ターナー（V. Turner）は、通過儀礼の「過渡」の側面に着目し、ここに多くのタブーをもつ非日常的時間空間のカオスをみる。それは単なる無秩序の混乱ではなく、新しい秩序を生み出し、活性化するエネルギーに満ちた時期である。この過渡の時期は、中心的秩序から逸脱し、また排除されることで、周縁的（liminal）な状況を生む。この境界状況は、前後の状態の中間という両義的性格をもつため、両者の間で、新たな構造を生み出す創造的役割を果たすことになる。

この状況の社会形態が、コミュニタス（communitas）である。これは、秩序と序列に基づく通常の人間関係とは対照的に、互いに平等で実存的な人間関係の場である。日常的規範から切り離された不安定な状況では、強い連帯感と共同感情が生まれる。このような平等と友愛に満ちた共同体は、古い秩序から解き放たれた人間同士の直接的なふれあいの場となり、新たな秩序を生み出していく創造力の源泉となる。

参考文献

A・ファン・ヘネップ著、綾部恒夫ほか訳『通過儀礼』弘文堂、一九七七年。

V・ターナー著、冨倉光雄訳『儀礼の過程』思索社、一九七六年。

山口昌男『文化と両義性』岩波書店、一九七五年。

（石川　都）

◈医療と宗教

元来身体の癒しと心の癒しとはつながっていた。体の病と心の病は分かち難く結びついており、宗教者でも医術家でもあったシャーマンたちは呪術的な力を用いてそれを癒した。現代でも、アメリカ合衆国、ナヴァホのメディスンマンなどは、様々な儀式を通して人々の心と身体の治療を行なっている。

病とは身体的疾患のみでなく、人々の心や価値の投影でもある。時代によっては、病は人の業や神の罰と見なされ、社会的差別や疎外の対象ともなったが、現代のように自他の関係を築きにくい時代においては、病とは個人にとっての意味喪失や、世界との断絶とも解される。

多くのことが合理的に理路整然と説明づけられる現代でも、個人の存在や、現実の意味にかかわることについては、納得のいく答えはなかなか与えられない。病や肉体的苦痛の原因は明らかにできても、それがなぜ自分なのか、なぜ私が病み苦しまねばならないのかといった現実の理不尽さ、苦悩の意味については、科学も医学も解決にはならない。

社会の都市化、近代化に伴い、地域共同体や家族のつながりが薄れ、人々は従来の強い絆から切り離され、心の病が増した。日本では、新宗教がそうした人々にとっての擬似的な共同体の役目を果たし、受け皿となることで、病や様々な人生上の苦悩を癒す機能を果たしてきた。

そこでは、現実の苦難や病の解決を通して心や身体の癒しが目指され、東洋医学や様々な心理療法なども併用しつつ、信仰治療が行なわれてきた。そのなかには現代人特有の意味喪失感、不安感にも対処しうる心身医学の知識やカウンセリング技法もみられる。宗教的な癒しも、時代の流れに沿った科学的な方法が、それぞれの教団の独自な癒しのあり方に組み込まれるようになった。

医学の歴史においても、近代まで宗教とのかかわりは密なものであった。中世ヨーロッパにおいては、当時盛んな巡礼で行き倒れた者たちを修道院が収容し、修道女たちが手当てや看護を行なったが、この医療伝道とも言える形態が、現在の病院の原型となった。

近代になると、医学は客観性と合理性を重視する科学として、著しい発展を遂げた。その結果医学はますます細分化、専門化し、身体の機械的修復術と化した。

その弊害を見直す形で、近年新たな潮流となりつつあるホリスティック医学や心身医学は、心身を相関的にみることで、現代の医療に全人的な視野を取り戻し、病よりも病む人間に焦点を当てた広い意味での「癒し」に取り組み始めている。

一方医学でも人の心の解明が進み、患者の精神面・心理面へのアプローチが重視されるようになった。近年の精神神経免疫学や、サイコオンコロジーの研究などにより、心の持ち方や闘病姿勢が病の予後にも影響することが解明され、様々な精神療法や自助療法などが普及しつつある。

これからの医療の課題は、終末期における宗教的ケアである。医学的な処置 cure にとどまらない精神的アプローチ care の必要性が説かれ、欧米ではチャプレン（病院付牧師）の役割も大きいが、日本の場合、医療の場に宗教が入ることには抵抗が大きく、ホスピスなどでも非宗教的ケアを求める声もある。こうした日本の現状では、宗教色のない科学的形態の精神療法や心理トレーニングなどは受け入れやすい。森田療法を基盤に、イメージ療法やユーモア療法も取り入れた生きがい療法なども関心を集めている。

現代は心の病が個人化、多様化している。これからの社会では、病の身体的治療だけでなく、老いや死も含めた全人的な癒しがテーマとなる。病がたとえ治癒することがなくとも、現実の病や苦悩の意味を新たな形で見いだし、それを試練や挑戦として引き受けることができれば、本人の心は変化し、その時から現実の様相は一変する。

現状への意味に満ちた説明がなされ、それに自らが心から納得できた時、それは世界との和解となり、癒しとなる。断片的な現実の全体をつなぐ意味が見いだされれば、人は病や苦悩のなかでも生きられる。こうした全体的態度が、身体的癒しと心の癒しとをつなぐものとなる。今後は医療も宗教も従来の枠を超え、人間のトータルな癒しを目指して協調する視点が求められるであろう。

（石川　都）

参考文献
新屋重彦・島薗進ほか編著『癒しと和解――現代におけるCAREの諸相』ハーベスト社、一九九五年。
日野原重明『現代医学と宗教』（叢書　現代の宗教九）岩波書店、一九九七年。
波平恵美子『医療人類学入門』（朝日選書四九一）朝日新聞社、一九九四年。

◈エコロジーと宗教

現代のエコロジーの出発点は、自然科学としての生態学にある。近代科学の基である人間中心主義を否定することで、破壊の一途をたどる自然環境を守り、地球の生態系全体を視野に入れた広い視点から、あくまでその一員としての人間が、自らの分をわきまえ自然との共生を目指すものである。

古来から人間は、自然の恩恵を謙虚に受けることで、環境との調和を保っていたが、近代から現代に至り高度産業社会へと移行するに伴い、生活圏の人工化から、地球規模の自然環境の破壊を招いてきた。それには食料危機や熱帯雨林破壊、地球資源の枯渇など、様々な問題が含まれる。

現代社会の人々の心や身体の病は、世界の様々な地域の政治、経済、社会問題と不可分であり、第三世界の国々では自然災害や戦争、貧困によるものも多い。その意味で、今後は立場の相違を超えた地球規模の視点から、反省に基づいた新たな自然観と環境保護に取り組む姿勢が必要となる。

人間の癒しも、広くは人間を取り巻く社会や自然環境の保護、共生と深いつながりをもつ。自然や社会を客体化し、支配してきた現代人は、その過程でかつての生活の基盤であった自然や大地の帰属感を失い、アイデンティティの危機、全体的生の喪失感と向き合うことになった。

かつては地球上の多くの地域で、人は自然とともに生きていた。現代でも世界各地に、自然のなかに暮らし、自然との調和に生きる人々はいまだ存在する。先住民のネイティブ・アメリカンやイヌイット、日本のアイヌの人々は、自らもその一員である自然や大地を母なるものとし、過度の搾取をせず、大いなる生命への畏敬と感謝の念のもとに、自然環境との共生をはかってきた。そこには自然の概念化以前の、大地と人の全的つながりの緊密さと一体感があり、人間の力を超えた超越的絶対的存在への願いや祈りが、日々の生活のなかに満ちている。

これまで現代人が蔑視してきたそうした人々の自然観への

見直しが、今後の新たなコスモロジーへの第一歩となる。現代の都市化、工業化された社会が失った自然の豊穣なる力を再認識し、そこに根ざしてこそ大いなる生命とつながり得るとする生の全体性の感覚を、現代人は取り戻そうと試みつつある。

近年多くの宗教は、こうした社会問題、環境問題に大きな関心を寄せている。世界宗教者平和会議（ＷＣＲＰ）などでも、自然との関係を大切にする心の豊かさと、宗教的節度の必要性が説かれる。

現代人の心の癒しは、社会や自然の問題と切り離すことはできない。その認識のうえに立ち、環境問題への活発な取り組みと自然保護の姿勢が明確に見られる新宗教に対し、伝統宗教においては、今後あるべき人間と自然との関係が十分に論議されているとは言えない。特にキリスト教では、人間中心主義の立場を脱した自然との調和への再考が促されている。

東洋的自然観は、とかく自然への情緒的反応に終始しがちであり、日本人の汎神論的な自然愛も、自然破壊をとどまらせることはできなかった。今後は西洋東洋を問わず、倫理として、人間の責任として、全世界や未来世代をも射程にいれつつ、新たな自然とのかかわりを問うていくことが求められる。

「生命」を媒介として、自然に内在する大いなる生命への畏敬を取り戻し、人が主体的に生きる生命と、自然の摂理によって生かされている生命との調和をはかることが、未来のエコロジカルな生命観につながる。人間はかつてもこれからも、社会や自然とかかわりつつ生きる存在である。限られた地球資源の認識と、取り返しのつかない環境破壊への反省を視野に入れ、あくまで自然の一部としての立場から、人間はこれまでとは異なる生活態度や節度を自らに課していく必要がある。現代人のトータルな癒しには、社会の欠陥や矛盾をみつめ、自然との和解、共生を目指すグローバルな視点が不可欠である。

（石川　都）

参考文献

間瀬啓允『エコロジーと宗教』（叢書　現代の宗教一〇）岩波書店、一九九六年。
河合隼雄『岩波講座　宗教と科学九　新しいコスモロジー』岩波書店、一九九八年。

コラム

V　医療の宗教化

宗教と医療と呪術は、かつて渾然一体の関係をなしていた。ところが、近代西洋科学の成立に伴い、三者はそれぞれ切り離されて棲み分けが行なわれた。つまり、宗教は個人の信仰（魂の事柄）という性格を強め、医療は科学的実証に基づく方法で疾病に対処する西洋医学となり、呪術は近代社会の表舞台から姿を消したのである。話を宗教と医療の関係に限定すれば、近年、日本では再び宗教と医療が交差する現象が顕在化し始めている。「医療の宗教化」の現象である。宗教の医療化は、そもそも宗教が人間存在全体の癒しにかかわるものである以上、宗教の働きのなかに医療的傾向は含まれていた。また、信仰治療を活動の中心に据えている宗教（クリスチャン・サイエンスや世界救世教などの新宗教教団）も少なくはない。

最近の特徴は、むしろ「医療の宗教化」が顕著になった点にある。その兆候は、末期患者のスピリチュアルペイン（人生・病苦の意味、自分の存在理由などの問題が未解決ゆえの苦悩）に対するケアが医療従事者に要求されていること、病院死の一般化によって医療従事者が死の問題（死の判定のみならず）に直面していること、生殖医療の発達が人間（人格）成立の時点を確定するという困難な問題を惹起したことなどに窺える。従来は生も死も、社会の宗教的脈絡のなかで扱われていた事柄だが、それが宗教者の手から抜け落ちて、病院という科学的な世俗空間の中で扱われ、しかも人工的に操作されている。要するに、医療現場において、かつて宗教者が果たした役割を医療従事者が代行せざるをえない状況が発生しているのである。既成宗教のある種の退潮と引き換えに、巷間では様々なセラピーも盛んである。こうした医療の宗教化は、生物機械論や心身二元論などの旧来の認識枠組みの失効をもたらすように思われる。西洋医学と補完・代替医療（ＣＡＭ）が融合した「統合医療」や人間存在（その核心はスピリット）全体を視野に入れた「全人的医療」の発想は、その先駆けであろう。

（棚次正和）

第五章

宗教学を学ぶ人のための基本文献

◈宗教学（宗教現象学、宗教解釈学）

『宗教学入門』マックス・ミュラー著、塚田貫康訳、晃洋書房、一九九〇年。

本書は近代宗教学を創始したとされるミュラー（Max Müller, 一八二三〜一九〇〇年）による記念碑的な一冊である。原題を *Introduction to the Science of Religion*（一八七三年）とする同書は、彼がドイツからイギリスに渡った後、一八七〇年に王立研究所で行なった四回の講義をまとめたものである。言語（語族）と宗教との関連、そして言語の語源的比較、「幼児語」としての宗教の言語におけるメタファーの解釈等を通して、彼が規定した宗教の本質、すなわち、人間の無限なるものを理解する能力についての探求がなされている。現在では、原題の Science of Religion という語を宗教学の意味で用いることはあまりないが、彼はこの語をドイツ語の Religionswissenschaft（宗教学）に対応するものとして用いている。近代の宗教学の展開がミュラーを嚆矢とするのは本書の題号にのみその理由があるのではない。彼は単一の宗教内の神学的研究を脱した客観的・実証的研究を企図し、すべての高次の知識は比較によって得られ、そして比較に基づいているとの確信から、比較言語学、比較文献学的知見を背景に、複数の宗教伝統の比較研究の重要性を説く。本書では「比較神学」という言葉が用いられているが、その意味するところは今日でいう「比較宗教学」と同義である。ゲーテの言語理解の逆説を援用した「ひとつの宗教しか知らない人は、いかなる宗教も知らない」との本書でのミュラーの言は現在でもしばしば引用される。キリスト教神学者たちとの緊張関係や、キリスト教の優越性が絶対とされていた当時の状況を考慮すると、非西洋世界の宗教伝統と西洋のそれとを同列に並べて比較する本書がもたらしたインパクトは、その後の比較宗教研究の隆盛と広範な展開を予見させるものであったといえる。

彼はすぐれたインド学者でもあり、『リグ・ヴェーダ』の英訳書『東方聖書』全五一巻を著した。宗教研究に関する他の著作として、*Essays on the Science of Religion*（*Chips from a German workshop*: vol. 1. 1868. 未邦訳）等があるので参照されたい。

（平良　直）

『宗教現象学入門』G・ファン・デル・レーウ著、田丸徳善・大竹みよ子訳、東京大学出版会、一九七九年。

本書はファン・デル・レーウ（一八九〇〜一九五〇年）によ

って一九二四年に出版され、宗教現象学という学問領域の本格的展開の契機となった書である。宗教現象学はその後の展開や立場によって、多少異同はあるものの、現在でもその学問的視座の梗概を知る格好の入門書である。宗教現象の非還元主義的態度や、解釈学的伝統を背景にした普遍と特殊との循環的理解の記述など、「宗教現象学派」といわれる宗教学者たちに共有され継承された立場を理解するうえでも必読の一冊である。

本書が書かれた当時は、宗教の起源論的探求、進化論的説明の限界が認識され、それに替わる宗教現象の研究方法が模索されていた。レーウは、宗教的事象の歴史的羅列のみでは宗教現象の本質の理解は不十分であり、客観的事実と主観的評価との中間の第三の領域、すなわち諸現象の意義・意味が現象学的な視点から問われなければならないとする。宗教現象学は、所与の現象の構造を問うものであるとされ、その構造の把握を通して現象の意味が理解可能なものとなる。彼によれば、宗教現象の「本質」とは宗教現象の「構造」にほかならない。その意味で宗教現象学は現象の通時的変遷の記述ではなく共時的把握が目指される。例えば、祈りとは何かを知ろうとするならば、古代から現代までの様々な宗教の祈りの形態を類型的に分類し、その構造が問われねばならない。本書ではそのような構造の理解に向けて、「神」、「人間」、「神と世界」といった章構成のもと通宗教的な項目がたてられ、「力」（Macht）の概念などを核に様々な宗教現象の体系的把握が試みられている。

レーウの著作には他に宗教現象学の本格的大著『宗教現象学』（一九三三年）がある。残念ながら同書の邦訳はないが、*Religion in Essence and Manifestation* として英訳されているのでさらなる理解のために参照されたい。

（平良　直）

『太陽と天空神——宗教学概論1』（エリアーデ著作集第一巻）

『豊饒と再生——宗教学概論2』（エリアーデ著作集第二巻）

『聖なる空間と時間——宗教学概論3』（エリアーデ著作集第三巻）

ミルチア・エリアーデ著、久米博訳、せりか書房、一九七四年。

『永遠回帰の神話』 ミルチア・エリアーデ著、堀一郎訳、未来社、一九六三年。

エリアーデ（一九〇七〜八六年）は一貫して宗教現象独自の構造と意味を探求したが、その際、宗教現象をそれ以外の現象と区別するために、「ヒエロファニー」（聖なるものの顕れ）というカテゴリーを用いた。この概念が最初に現れるのが『宗教学概論』であり、このなかでエリアーデは、天空、太陽、月、水、石、大地、植物、農耕、聖なる空間と時間といった様々な宗教的象徴を歴史や文化を横断して取り上げ、それらの分析を通じて多様なヒエロファニーの諸「形態」を分類してみせた。しかしこの書で試みられたのは宗教現象の単なる分類ではない。主要な関心は、むしろそれらの現象を通底している構造を明らかにすることであった。

そのためにエリアーデは、聖なるものが俗なるものを通してのみ顕れることを聖なるものの弁証法（ヒエロファニーの弁証法）と呼び、その概念を用いて、聖と俗とが対立しつつも相互に補完的な関係にあることを示した。パラドキシカルな関係にある聖と俗は、例えば死と生の関係のように、その両者を生きる人間にとってともに実存的状況であるがゆえに、ヒエロファニーは人間存在そのものに実存的な危機をもたらす。そこから宗教体験の整合的な意味が求められるのであり、それゆえ宗教学は必然的に解釈学的な営みとならざるをえない。

『宗教学概論』においてエリアーデは、「世界の中心」をたてることで宇宙・世界が聖化される構造を示している。このような構造においては聖なる空間の建設は神話的世界創造の模倣であり、そのことで俗なる時間・空間が廃棄される。この俗から聖への移行は始源の世界創造の宗教的範型（アルケタイプ）である宇宙創造神話を儀礼的に反復することによって可能になるが、このような「永遠回帰」によってリアリティーが回復されることを「アルカイック・オントロジー」（始源的存在論）として解釈してみせたのが、『永遠回帰の神話』である。聖なるものの意味を問うことがますます困難になっていると同時に「歴史の恐怖」がいよいよ深刻になっていく今日の文明社会において、エリアーデの著書を読む意義は決して失われていない。

（宮本要太郎）

『宗教の意味と目的』 Wilfred Cantwell Smith, *The Meaning and End of Religion*, Fortress Press, 1991〔1963〕.

ウィルフレッド・カントウェル・スミス（一九一六〜二〇〇〇年）はイスラーム研究者で比較宗教学者。主な著作は、『現代イスラムの歴史』（上）（下）（中村廣治郎訳、中央公論社、一九九八〔一九五七〕年）、『宗教の意味と目的』（一九六三年）である。

『宗教の意味と目的』では、「宗教」という概念が広すぎるとして破棄されている。人間の宗教生活の歴史研究で問題になるのは歴史的次元と超越的次元である。前者は歴史学者による直接の観察が可能で、後者は不可能である。この両者のいずれを無視しても人間の宗教生活の正しい理解はできない。そこでこの両者を混同させる「宗教」という概念が放棄され、宗教史の学問的理解のために人間の宗教生活の歴史的次元が蓄積されたものが「伝統」、超越的次元が「信仰」と規定される。この両者は生きた人間においてのみ結びついている。「伝統」を生みだし、存在理由を与えているのは「信仰」である。すべての宗教的共同体にとって、その成員の生ける「信仰」が「伝統」の原因であって、「信仰」は「伝統」の結果ではない。歴史の宗教的意味は、歴史的状況において超越的な次元が指し示されることである。

「宗教」という名詞的概念は役に立たなくとも、「宗教的」という形容詞的表現は役に立つ。ここにおいて、ある宗教的伝統に属する人間が他の宗教的伝統に属する人間を共感的に理解することができる。世界のどこかで誰かが宗教的な決意をするとき、それは人類の意味と究極的な運命にかかわっている。もしわれわれがこの意味を理解できず、読者に伝えられないなら、それは宗教史学者とはいえない。

このようなスミスの主張は、自らがキリスト教の伝統に属しながらイスラーム研究者であるという個人的体験に基づいている。学問的対象として宗教史を研究することと、自身が宗教的人間として現代や未来の問題にかかわっていくこと、この両者の共存が重要となる。

（谷口智子）

「至上者——現象学的構造と歴史的発展」ラファエル・ペッタツォーニ著『宗教学入門』M・エリアーデ／J・キタガワ編著、岸本英夫監訳、東京大学出版会、一九六二年。

ペッタツォーニ（一八八三〜一九五九年）の主著は『全知の神』（*The All-knowing God*, 1956）であるが、彼の宗教学の全体像を知るうえでより有用なのは、一九篇の論文からなる論文集 *Essays on the History of Religions* であろう（とりわけ、そのなかの“History and Phenomenology in the Science of Religion”）。また、論文「至上者——現象学的構造と歴史的発展」は、その主題と副題が、それぞれ彼の重要な研究テーマと方法論上の主要な関心とを端的に物語っている。この主題に関するペッタツォーニの主要な論点は、一神教を宗教の起源とするW・シュミットの原始一神論（Urmonotheismus）に対し、一神論が前提とする唯一神と至上者とを概念的に区別したうえで、後者は原始社会にも広く見られるが、語の厳密な意味での前者は、むしろ多神教の観念に対してある特定の歴史的文化的文脈のなかから生じたとする点にある。そのような個別の文脈から生まれる至上者の観念を彼は、遊牧民にとっての天父神、農耕社会における地母神、狩猟民族にとっての動物の神に類型化している。

至上者の理解にはそれぞれの宗教の成立している社会・文化の歴史的研究が不可欠であると主張するペッタツォーニは、

現象学的＝共時的な素朴な類型論を、歴史学的＝通時的アプローチによって補完しようとする。そこには、ファン・デル・レーウのように共時的・体系的研究に偏りがちな宗教現象学に対し、個別の宗教現象をあくまでもそれ自身の歴史的コンテクストにおいて理解しようとする立場が鮮明である。もっともペッタツォーニは、現象学的方法それ自体を否定しようとしたのではない。むしろそれによって歴史学的アプローチはその意義が明らかにされると考えた。現象学的研究と歴史学的研究とを二つの相互補完的な側面としてペッタツォーニが構想した「総合的宗教学」は、今日の宗教研究にとっても十分示唆に富むものである。

（宮本要太郎）

「宗教における普遍的なもの」『宗教体験の類型』Joachim Wach, "Universals in Religion," in *Types of Religious Experience*, University of Chicago Press, 1951.

「自立した学問」としての宗教学（Religionswissenschaft）の方法論的・理論的な枠組みは、厳密にはJ・ヴァッハにまで遡れると言っても過言ではない。特に、その学的独自性の特質を反規範性と反還元主義に置き、その研究が比較に基づく体系性をもち、人間性のあらゆる側面を総合的にとらえ、さらに、アプローチにおいては学際的であるべきだと強調した点など、形を変えながら今日まで批判的に継承され続けられている学問的枠組みの多くは彼に帰する。

ヴァッハが宗教研究の中心課題を理解の問題としてとらえた背後にはドイツ精神科学における解釈学的問題意識があり、その理解の究極的対象を他の何物にも還元し得ない宗教体験に置いた点はオットーの影響が強く見受けられる。しかし、宗教体験の個人的・内的・心理的次元よりは、それの共同体的表現形式に重点を移すことで、オットーに見られる心理主義的な偏りの克服をも試みた。また、理解における主観や直観の全面的排除が不可能であるという認識を現象学と共有しながらも、理解の客観的な合理化プロセスに心血を注ぐことで、前世代の宗教現象学に見られる方法論的な欠陥を補おうとした側面も認められよう。

こうしたヴァッハ宗教学の基本姿勢が、簡潔に示されているのが表題の論文である。ここで著者は、人類史に見られる宗教現象の多様性にもかかわらず、そこから抽出可能な共通の普遍的なものを見いだす。すなわち、①究極的実在に対する人間の存在全体を挙げての最も強烈な応答として定義づけうる宗教体験は普遍的であり、②そうした宗教体験は必ず表現へと向かうという事実が普遍的であり、③その際の表現の諸形式に、理論的（知的）、実践的（儀礼的）、社会的（共同体的）表象といった三つの次元に分節できる一定の構造があるという事実がまた普遍的だ、ということである。以上からも分かるように、著者の論じる普遍的なものが、ある実体的本質への理念的・神学的な主張であるよりは、あくまでも構造的・方法論的な普遍性であることは留意すべきであろう。上記の枠組みは、『宗教社会学』や『宗教の比較研究』といった、ヴァッハの他の主著にも貫かれており、宗教学の入門者にまず本論文を参照されたい。

（沈　善瑛）

『悪のシンボリズム』ポール・リクール著、植島啓司・佐々木陽太郎訳、溪声社、一九七七年。

本書は、フランス反省哲学の伝統のうえで独自の哲学的解釈学を幅広く展開してきたリクールが、彼の思惟の母体である現象学から離れ本格的な解釈学的立場を確立する過程で書かれたものである。つまり悪という人間の根源的経験に関して、現象学的判断中止《エポケー》と本質直観によっては悪の可能態に対する純粋記述は可能でも、悪の現実性への理解には至らないという認識から、後者に対する理解の地平を解釈学的枠組みを通して示したのが本書である。ここではその解釈学的枠組みが孕む方法論的な示唆に限って二点のみ触れることにする。

第一に、リクールは悪の現実性を理解するための解釈学的基礎を象徴論や神話論を通して導いているが、その根底に流れる言語に対する省察内容を踏まえない限り彼の解釈学的立場は摑み難い。原罪や奴隷意志のような悪に纏わる概念、そして悪の由来やその始原と終焉を物語る神話はもちろん、著者が悪の原体験の資料とする告白ですら、前思弁・前神話的な表象であるという意味で悪の原初的象徴ではあっても、それはすでに言語的次元での象徴である。このことは、悪の経験を含め宗教的根源性が問われる人間の如何なる体験も、象徴を介して比喩的かつ志向的に顕れる限り、すでに言語の領域に属し解釈はそこから出発する、という基本立場の闡明である。事実、著者が終章で、現代性を忘却と回復の時代として特徴づけた折に、忘却されたのは言語を介せずヒエロファニーの全一性を所与として生きる「信の素朴性」であり、回復しうるのは再充電された言語の全一性を通してしか取戻すことのできない「第二の信」にほかならない。

第二に、解釈学は前提を有する他者理解・自己省察の学だという点である。多種多様な象徴や神話のなかで特定の象徴や神話と出会い、それを特定の形で取り上げ類型化することは、解釈以前にすでに解釈の前理解が含まれていることを意味する。換言すれば、解釈者の投げかける諸々の問いは、解釈者が実存者である以上、歴史的・地理的・文化的な偶然性によって必然的に方向づけられているということである。問題は前提をもつ所にあるのではなく、その前提に対する正直な認識論的省察を欠く所に生じる。著者が解釈の循環を通して示したのも解釈における上記の認識論と存在論の交差路で逢着する問題である。この点、リクールは擬似普遍性の名の下で主張される便利な価値中立には頼らない。解釈行為が最終的に一種の「賭け」に擬えられる所以であろう。

（沈　善瑛）

◈宗教哲学・神学――

『たんなる理性の限界内の宗教』イマヌエル・カント著、北岡武司訳、岩波書店、二〇〇〇年。

宗教に関する哲学的反省を宗教哲学と呼ぶとするならば、「哲学的宗教論」という見出しを冠せられた四つの論文から成るイマヌエル・カント（Immanuel Kant, 一七二四〜一八〇四年）の『たんなる理性の限界内の宗教』は、文字通り宗教哲学の先駆的業績として評価され得るであろう。キリスト教神学の教説を批判するという啓蒙主義的宗教観に貫かれ、プロシア国王の忌避に触れることとなったこの著作は、まず一七九二年に第一編「善の原理とならんで悪の原理が内在することについて、もしくは人間本性のうちにある根本悪について」が発表され、検閲をめぐる一連の紛糾の末に新たに第二編から第四編までの三つの論文を加えて、翌一七九三年に一冊の書物として公刊されたものである。理性批判の哲学者であるカントは、理性的存在者としての人間に限りない信頼を示しながらも、その理性に厳しい限界を画し、人間存在の有限性を見極めることによって新たな知の地平を切り拓いてきた。そうしたカントが、啓示宗教としてのキリスト教がもっている非合理的な要素を独断的主張として退け、イエス・キリストの教えを人間理性の限界内で理解可能な道徳的教説として再解釈してみせたものが、この著作にほかならない。

ここでカントの主張の核心となっているのが、第一編における「根本悪」（das radikale Böse）という考え方である。これは道徳法則に違背しようとする人間の内なる性癖を指しており、キリスト教の説く原罪の教義を彼なりに解釈したものであるが、「人間は生来、悪である」という言葉の内に、人間の根源的有限性に関するカントの洞察が最も深刻なかたちで言明されている。そして、根本悪はただ「神の子」の理念に倣って生きるという「心的態度の革命」によってのみ克服されるとして、キリスト教の教えの道徳的理解が説かれるのである。さらなるカント理解のためには、いうまでもなく『純粋理性批判』『実践理性批判』『判断力批判』のいわゆる三批判書が不可欠である。

（木村勝彦）

『聖なるもの』ルドルフ・オットー著、山谷省吾訳、岩波書店、一九六八年。

神観念を表す「聖なる」(heilig) という語は、「完全に善い」という道徳的な意味で用いられることが多い。しかし、オットーが一九一七年に出版したこの書物によれば、この語は本来宗教に独自なものであり、道徳からの派生物ではない。彼は、合理的・道徳的要素の他に概念的には理解不可能な非合理的要素がこの語には含まれていると主張し、この非合理的要素を確定したうえで合理的要素に対するその関係を明らかにすることが宗教理解に不可欠であると考える。そこで、まず彼は「聖なるもの」における非合理的要素のみを指示する「ヌミノーゼ」(das Numinöse) という新語を導入し、概念的に理解不可能なその内容を、それに対する様々な感情反応の記述と分析を通して読者の意識に呼び起こし、理解させようとする。その際、古今東西の様々な分野の文献が検討され、「ヌミノーゼ」の要素として「秘義」「絶対他者」という形相的要素、また実質的要素として「戦慄すべきもの」などの反発的要素と、それとは対照的な「魅するもの」などの要素とが析出される。さらにこの書の後半では、「聖なるもの」の合理的・非合理的両要素がともに「アプリオリ」(先天的)であり、「図式化」という独特の仕方で結合していること、宗教史は非合理的なものから合理的なものへと発展し、次第に文化的・道徳的要素が加わること、この点から見てキリスト教が最も発展した宗教であるが、そこでも依然として非合理的要素がその核をなすことなどが論じられる。神観念と宗教感情の核として非合理的要素を指摘し、宗教が他の活動に還元できない独自の営みであることを明確にした点で、この書物は宗教現象学につながる重要な業績であり、「ヌミノーゼ」概念とその諸要素の分析とは、宗教の本質に迫るものとして今日の宗教学にも受け継がれているが、キリスト教という特定宗教の優越性の論証を目指している点で、やはり宗教哲学ないしは神学の書物であると言いうる。

(保呂篤彦)

『人間における永遠なるもの』マックス・シェーラー著、飯島宗享ほか訳、白水社、一九七八年。

「生」こそを根源的な価値とする立場から、カントの道徳哲学を主観的形式主義にすぎないとして厳しく批判し、内容ある実質的な価値に基づく実質的価値倫理学 (die materiale Wertethik) の構築を主張したマックス・シェーラー (Max Scheler, 一八七四〜一九二八年) は、同時にまた、宗教的価値としての「聖」をあらゆる価値のなかで至上のものとする宗教哲学の提唱者でもあった。フッサールの現象学から強い影響を受ける一方で、カトリックに帰依し、晩年には汎神論的な傾向も深めたシェーラーの独自な宗教思想が展開されている著作が『人間における永遠なるもの』である。ここでは徹底的な変化の時代である現代において、精神的なるものと生命的・非合理的・衝動的なるものとが調和した全人（All-mensch）の理想が、来るべき人間のあり方として説かれ、新しい知の方向が示されている。シェーラーの宗教哲学の中心にはカントと同様に人格（Person）の概念があるが、シェーラーによれば人格とは決して現に与えられてあるべきものではなく、価値の追求によってそれに「成る」べきものである。人間は一面においては確かに動物であるが、他面では神という至上の価値を求めてやまぬ精神であり、人格である。そして、そうした人格の精神的な行とは根底において愛（Liebe）にほかならず、その最高形態は「神の愛」なのである。究極的人格としての神にあずかるという愛の生き方の内に、従来の「支配知・効用知」「本質知・教養知」とは異なる第三のより根源的な知としての「解脱知・形而上学知」が導かれてくる。ここにおいて、人間とはあらゆる存在の本質が究明され、大宇宙の最高根拠さえも開示されるべき存在であること、すなわち「小さき神」（Mikrotheos）として絶対的な存在者である神への唯一の通路であることが明らかとなるのである。シェーラーの著作として他には、『倫理学における形式主義と実質的価値倫理学』、『宇宙における人間の地位』などがある。

（木村勝彦）

『我と汝・対話』マルティン・ブーバー著、植田重雄訳、岩波書店、一九七九年。

近世以降、自我は、対象を認識する自律的な理性として、確固とした地位をもつものと見なされるようになった。これを批判したブーバー（Martin Buber, 一八七八〜一九六五年）は対話的原理を提示したが、その思想的立場が確立されたのが本書においてである。本書の基本的立場は、主体としての「我」はそれのみでは存在しえず、他者や世界とともにあってはじめて「我」でありうるというものである。「我」と他者や世界との関係は、「我―それ」（Ich-Es）「我―汝」（Ich-Du）という二種類がある。「我―それ」という関係は、主観としての「我」が他者や世界を「経験」によって一方的に対象化し、それを「利用」するというあり方である。これに対して、「我―汝」という関係においては、他者や世界は「経験」の対象とはならず、「我」は、ただ他者や世界との相互的な出会いを生きることができるだけである。人間は、「我―それ」と「我―汝」の二極間を推移するが、「我―汝」こそが真のあり方だとされる。対象化されえない「汝」は、

「我―汝」という出会いにおいて「現存」するものであるが、人間その「現存」は一時のことである。ブーバーによれば、人間は「現存」にとどまることはできない。やがて「汝」は「それ」となることを避けられない。しかし、「我―それ」というあり方は、真の人間のあり方ではなく、そのため「我」は「汝」との関係を再び取り戻さなくてはならない。そして、絶対に「それ」となりえないもの、いわばそのつど出会われる個々の「汝」の汝性ともいうべきものが、「永遠の汝」と呼ばれる。ブーバーにおいては、この「永遠の汝」が「神」と呼ばれるものであり、個々の「汝」は「永遠の汝」をかいま見せる「窓」であるとされる。なお、ブーバーの著作として他には、『ハシディズム』、『人間とは何か』などがある。

（井手直人）

『宗教と道徳の二源泉』アンリ・ベルクソン著、平山高次訳、岩波文庫、一九七七年。

この著作は四つの章（第一章・道徳的責務、第二章・静的宗教、第三章・動的宗教、第四章・結び――機械学と神秘学）からなっている。「閉じられたもの」と「開かれたもの」との対比に基づき、第一章では道徳が論じられ、次の二つの章では宗教が論じられている。最終章ではそれまでの議論を受けて、ベルクソン独自の生命進化の視点において現代社会そのものが批判的に再考されている。二つの世界大戦の狭間において書かれたこの著作は、国家を超えた人類社会への開かれた眼差しの希求であり、開かれた魂の探求である。

第一章で彼は、閉じられた社会と開かれた社会とを区別している。閉じた社会における習慣は、自然において必然性が果たす役割を演じ、社会的秩序の維持を目指した道徳的責務を構成するのである。そのような閉じた社会の道徳は、国家を超えて人類を目的とすることはない。閉じられた社会から開かれた社会への、国家から人類への移行は、単なる拡張によって得られるのではなく愛の躍動《エラン・ダムール》によって可能となるのである。続く二つの章においても道徳の場合と同様に、彼は静的宗教と動的宗教との二つのタイプを区別している。静的宗教においては、生命の躍動《エラン・ヴィタール》の停止が仮構機能としてのある種の虚構＝神話を産み出すのである。この仮構機能は、社会的結束を脅かしかねない知性への防衛反応であり、閉じた社会の秩序の維持へと人間を向かわせるものである。しかしながら人間は、閉じた社会から開いた社会への移行と同様に、生の躍動の回復として、その躍動の根源へと遡行することによって、静的宗教から動的宗教へ向かうことができる。彼は動的宗教を、生命の顕示する創造的努力との部分的合一、すなわち神秘主義において把握している。彼によれば、完全な神秘主義における愛の躍動の方向は、生命の躍動の方向そのものであり、開かれた生の次元への魂の解放なのである。

本書以外の主著として、『意識に直接与えられたものについての試論』『物質と記憶』『創造的進化』がある。

（佐藤郁之）

「場所的論理と宗教的世界観」 西田幾多郎著『西田幾多郎哲学論集III』上田閑照編、岩波書店、一九八九年。

西田幾多郎と言えば『善の研究』を書いた日本の哲学者として名高いが、彼の考えでは哲学と宗教は表裏一体であった。それが顕著にあらわれたこの最晩年の論文は、宗教を人間に本然の事実としてとらえ、不幸や悲哀を契機に意識される自己自身の存在の問題として考察している。しかし、西田の言う自己の問題とはいわゆる個人主義の類では決してなく、彼が「宗教の根本概念」と述べる神とのかかわりにおいて論じられている。そのかかわり方を表すために用いられるのが、この論文のキーワードであり、仏教思想を手引きに語られる「逆対応」である。西田によれば、逆対応とは絶対と相対、無限と有限、特殊と普遍といった対が相互に対立しながらも、各々が自己否定しつつ対応するというパラドクス的関係であり、この逆対応の見地からでなければ宗教の問題は考えられないという。神と人間の関係で言えば、神の自己否定の極限に人間の自己が成立し、逆に人間は自己否定によってこそ自己の根源を自覚して神の呼び声を見いだすのであり、これら二つはメビウスの環の表裏のように同時に対応しあっている。この例として、西田は親鸞の悪人正機説を挙げている。つまり、絶対的に悪人であると自覚して阿弥陀仏にすがる凡夫の働きと、たとえ地獄においてでも衆生を救済しようとする阿弥陀仏の働きが名号を介して逆対応し、「念仏の申さるるも如来の御はからひなり」と極まるのである。また、彼はパウロやアウグスティヌスにも逆対応を見いだしている。この論文に示された西田の宗教論は、日本人による宗教哲学の論考として重要な価値をもっていると言えよう。

他に、文庫で手軽に入手できる西田の著作としては、『善の研究』岩波書店、一九五〇年や上田閑照編『西田幾多郎哲学論集I』岩波書店、一九八七年や、上田閑照編『西田幾多郎哲学論集II』岩波書店、一九八八年がある。

（土井裕人）

『宗教とは何か』 西谷啓治著、創文社、一九六一年。

現代の問題を、あらゆる存在の根拠を虚無化するニヒリズムにみとめ、それを自己自身の問題として引き受けつつ、超克することを課題とした西谷（一九〇〇〜九〇年）は、必然的に宗教の問題へと踏み入ることになった。本書は、西谷の宗教論の集大成として位置づけることができるが、ここでは、宗教の固有なあり方が探求されている。西谷によれば、宗教は、外から理解することはできず、各自が宗教的要求をもって主体的に問う場合にのみ理解されうる。それゆえ、宗教が真に問題になるのは、宗教がわれわれにとって何のためにあるかではなく、われわれ自身が何のためにあるかと問われるときであるとされる。われわれ自身の存在の意味が問われるときに、宗教的要求が生起してくるからである。われわれ自身の存在の意味の探求は、われわれの自己を中心とし、すべてを自己の外に見て、自己へ関係づけるという自己中心的なあり方からの超出を促す。この自己中心性から超出したところに実在がリアルに自覚され、同時に、われわれの自己が実在的に実現するとされる。実在の自覚、自己の実在的実現という問題の探究を通して、「空の立場」が提出される。西谷によれば、「空」とは「そこに於て我々が具体的な人間として、即ち人格のみならず身体をも含めた一個の人間として、如実に現成しているところであると同時に、我々を取巻くあらゆる事物が如実に現成しているところでもある」。このような「空の立場」は、ものを対象化することによって認識しようとする自己の働きが、徹底的に否定されていくところに開かれる。そして、この「空の立場」においては、「自己は自己ではない、ゆえに自己である」というかたちで、自己の実在性、実在的な自己が示される。なお、西谷の著作として他には、『根源的主体性の哲学』、『神と絶対無』などがある。

（井手直人）

『信仰の本質と動態』 パウル・ティリッヒ著、谷口美智雄訳、新教出版社、二〇〇〇年。

この著作においてティリッヒは、「信仰」という概念にまつわる誤解と混乱とを解きほぐそうとしている。第一章「信仰とは何か」、第二章「信仰とは何でないか」、第三章「信仰の象徴」、第四章「信仰の類型」、第五章「信仰の真理」、第六章「信仰の生活」といった構成からも明らかであるように、「信仰」を巡って展開するこの著作は、人間の本質と不可分なものとしての「信仰」の概念を救い出し、現代において再生しようとする試みである。彼によれば信仰とはまず、「究極的に関わるものによって捕えられた状態」である。「あなたは心をつくし、精神をつくし、力をつくして、あなたの神、主を愛さなければならない」（申命記六—五）という彼が引用した旧約の言葉は、信仰の本質と、究極的に関わる対象に対するまったき献身の要求を語るものである。信仰はまた同時に、思考・感情・意志を含む全人格的な行為であり、人間の心が中心化（集中）された行為である。

ティリッヒにおける「究極的な関わり」とは、人間がそれによって捕えられていることと、人間がそれを捕えていることとの、二重の意味を有している。彼によれば、このような究極的な関わりは、象徴として表現されなければならない。なぜなら、象徴のみが究極的なものを表現できるからである。象徴は自らを超えて他の何ものかを指し示すと同時に、その象徴なしには理解できない現実の層を明かにし、その現実の次元に対応する人間の魂の次元を開示する。このような象徴的表現のうちにこそ、自然科学や歴史学、哲学の真理とは異なる「信仰の真理」の基準が存在しているのである。彼によれば信仰の真理とは、他の種類の真理によって判断され得ないものである。信仰の真理の基準とは、究極的なものを表現した象徴が人間において生きているか、その象徴が偶像崇拝ではなく真に究極的なものを表現しているかに存在しているのである。

本書以外には主著たる『組織神学』、ほかに『生きる勇気』等があり、主な著作の邦訳は『ティリッヒ著作集』(白水社)にまとめられている。

(佐藤郁之)

『宗教の哲学』ジョン・ヒック著、間瀬啓允・稲垣久和訳、勁草書房、一九九四年。

本書は、「宗教についての哲学的な思考」という立場から宗教哲学を概説しており、スタンダードな教科書として三〇年あまり版を重ねている。邦訳された第四版では、神概念、悪の問題(神義論)、啓示と信仰といった宗教哲学の伝統的なテーマのみならず、宗教認識論、宗教言語論、宗教多元論などの現代的なテーマも取り上げられ、宗教哲学の主要な領域が網羅されている。これらすべてを紹介することはできないので、とりわけ注目を集めている宗教多元論について解説しておこう。ヒックは、現代および未来の宗教哲学者が論じるべき問題として諸宗教間の対立の調停を挙げ、その理論的基礎として宗教多元論を提示する。これは、諸宗教が正しいと主張して譲らない諸「真理」をどう調停するかという問題として議論されている。ヒックはまず、諸宗教が体験的な根底において、同一の究極的な神的実在に触れていると考える。しかし、同じ実在に対する体験でも、時代状況に即して様々な文化が受け止めるため、諸宗教の相異なる主張が形成されることになる。したがって、諸宗教の主張が相容れなく見えても、根底に共通なものをもつからには、今後の時代状況に対応するなかで対立は克服可能であると論じるのである。この宗教多元論に対しては賛否両方の様々な議論が巻き起こっているが、現代における宗教哲学の重要な問題であることは確かであろう。

本書の著者であるヒックはわが国でも注目を集めており、邦訳された著作として、間瀬啓允訳『神は多くの名前をもつ——新しい宗教多元論』岩波書店、一九八六年や、間瀬啓允訳『宗教がつくる虹——宗教多元主義と現代』岩波書店、一九九七年などがある。

（土井裕人）

◈宗教社会学

『プロテスタンティズムの倫理と資本主義の精神』マックス・ウェーバー著、大塚久雄訳、岩波文庫、一九八九年。

本書は、ウェーバーの一連の比較宗教社会学的研究の出発点となった論文で、「金を儲けるなと言わんばかりの教え（世俗内的禁欲）を命がけで擁護した者たちが、近代の合理的な産業経営を支えることになったのはなぜか」という問いに答えようとするものである。

第一章「問題」で、ウェーバーは、近代の資本主義が西欧世界でのみ成立したのは、プロテスタンティズムの信仰と密接なかかわり（親和関係）をもっているためであると論じる。そして、「資本主義の精神」は、労働を利潤追求の手段ではなく、神から与えられた使命であると考える「天職義務」という考え方・行動様式とかかわりがあることを示し、「天職」という考え方を聖職以外の労働にまで持ち込んだのはルッターであったと指摘する。

第二章「禁欲的プロテスタンティズムの天職倫理」では、禁欲的プロテスタンティズムの「天職義務」、「世俗内的禁欲」が、資本主義に必要とされるエートスを発展させた過程をたどる。例えば、カルヴァン派の予定説では、神の選びはすでに決定されていると教えるため、人々は絶対的な孤独と不安に陥って、救いの確証を得るために職業労働（天職）に専心し、禁欲的生活態度を身につけた。そして、この生活態度によって蓄積された富が投資に向けられたことが、資本主義の社会機構を作り上げることになり、その社会機構を維持する必要性から、営利追求を倫理的義務とする「資本主義の精神」が生まれたと論じられる。最後に、ウェーバーは、資本主義の社会機構は「鉄の檻」と化し、その内に「精神のない専門人、心情のない享楽人」を住まわせることになるのではないかと予測している。

本書で展開された問題関心は、「プロテスタンティズムの教派と資本主義の精神」や『宗教社会学論集』のなかに引き継がれているので併せて参照されたい。

（柴田史子）

『宗教生活の原初形態』エミール・デュルケム著、古野清人訳、岩波書店、一九七七年。

本書は、オーストラリア先住民のトーテミズムを考察の対象に取り上げて宗教の社会的起源と機能を究明するとともに、宗教的観念とその体系の分析によって社会の本質を描き出したデュルケム（一八五八〜一九一七年）の晩年の大著である。彼はフランス社会学派の創始者と言われ、機能主義、方法論的全体主義の立場に立つ。

はじめに、彼は宗教が存在するためには「超自然」や「神格」の観念が必要だという従来の仮定を批判する。なぜなら本書で扱われた「宗教」の信念や行動の体系には、神や精霊が全く存在しないか、わずかな重要性しかもたないものがあるからである。そして、宗教を、世界を聖と俗の二領域に区分する体系であると理解したうえで、「宗教とは、神聖すなわち分離され禁止された事物と関連する信念と行事との連帯的な体系、教会と呼ばれる同じ道徳的共同社会に、これに帰依するすべての者を結合させる信念と行事」であると定義する。

さて、トーテミズムでは個人の身近な動植物をトーテムとして理解する。トーテムは神聖であり、日常それに触れたりすることはタブーである。祝祭、供犠、禁忌などの儀礼では、そうした聖物への振舞いが規定される。なかでも定期的に行なわれる集合的沸騰としての宗教的祭儀は、成員に連帯の感情をもたらすことで社会を統合し、新たな社会を創出する。一方、個人は彼自身のトーテムと系譜的なつながりをもつとされるから、彼もまた宗教性の一部を共有する。氏族集団はこの原理によって聖なるエネルギーに結びつけられ、トーテムは神と社会の象徴となる。こうした象徴論においてデュルケムは社会の本質を神として理解し、宗教とは社会の発展に伴って生み出される社会自らの表現形態であるとする。彼にとって宗教は、個人意識に外在する社会的事実によって理解されるものである。

彼の著作には、本書のほかに『社会分業論』、『自殺論』、『社会学的方法の基準』などがある。

（山田政信）

『徳川時代の宗教』ロバート・N・ベラー著、池田昭訳、岩波文庫、一九九六年。

ロバート・N・ベラーは一九二七に生まれ、ハーバード大学教授などを経て、現在カリフォルニア大学名誉教授。宗教社会学者として早くからアジアや日本に関心があり、六〇年代には日本にも研究留学して東大などで教鞭もとったが、ベトナム戦争以降は、アメリカ自身の文化の研究に移行し、近年の共著『心の習慣』は全米でベストセラーとなった。

彼の代表作『徳川時代の宗教』は、一九五五年ハーバード大学極東言語学科および社会学科に提出した学位論文を発展させたもので、日本の近代化のルーツとしての徳川時代の分析から、現代に至る日本の社会文化の発展を解明したものである。

そこで彼は、日本が非西欧国としては最も早く、また急速に近代化・産業化を成し遂げたのはなぜか、またそこに機能した日本の宗教とは何であるかを、ウェーバーの日本近代化論と、パーソンズの行為理論をふまえて宗教社会学的に分析する。

彼は日本社会の特徴的パターンが、集団への忠誠と、個人と集団の目標達成の強調にあるとし、江戸時代の宗教的価値体系が一種の経済倫理として機能することで、日本の近代化の出発点となったと見なす。彼は日本社会の担い手が、諸宗教共通の倫理的レベルの「日本宗教」であり、近代化・産業化を担った中心価値は武士階級を中心とした倫理であったとみる。

彼によれば、日本の伝統的価値体系は、ウェーバーが近代産業社会にみた経済価値の目的合理性には欠け、その特徴は経済価値よりも「政治価値」と個別主義にあった。日本においては、個人の所属する個別的な組織や集団への献身が、正義や真理などの普遍的価値への献身よりも常に優先したのである。

その他の彼の著作には、『社会変革と宗教倫理』（一九七三年）、『宗教と社会科学のあいだ』（一九七四年）、また近年では、アメリカ人の多様な個人主義を論じた共著『心の習慣』（一九九一年）がある。

（石川　都）

『見えない宗教』トーマス・ルックマン著、赤池憲昭／ヤン・スィンゲドー訳、ヨルダン社、一九七六年。

トーマス・ルックマンは、オーストリア出身で、ドイツおよびアメリカで社会学を専攻し、ニューヨーク社会研究学院大学院、フランクフルト大学、コンスタンツ大学で、教鞭をとっている。

一九六〇年代、現代科学の進歩のなかで社会は大きく変化し、世俗化の傾向のなかで宗教が衰退するという見方が広がった。ところが、どの社会においても宗教は消え去ることなく、世俗化がすなわち脱宗教に移行したわけではなかった。そうしたなかで、近代化との関連から宗教変動を考える研究者に大きな刺激を与えたのが、トーマス・ルックマンの『見えない宗教』（一九六七年に英語版として出版、日本語訳は一九七六年出版）であった。

ルックマンは、現代社会は世俗化されたというよりも、宗教から、教団組織や儀礼といった宗教の構成要素が後退し、宗教的な主題が個々人に内面化されて「見えない形」で機能するようになりつつあると指摘した。ルックマンは、「有機体が生物学的性質を超越して自己へと発展すること、この過程こそまさに宗教的と名づけるにふさわしい」と述べ、宗教の普遍的機能を教会のレベルにではなく、人間諸個人のレベルに見いだした。すなわち、宗教性を人間性とほぼ同義としたのである。

確かに現代社会では、宗教が文化一般のなかに拡散していく現象が見られる。しかし、宗教の変動は単一的ではなく、宗教が民族や国を越えて無国籍化していくグローバル化も進む一方、多くの宗教教団も衰退することなく教勢を保っている。そうした宗教の多様化に目を向けさせるきっかけを生み出したという意味で、当時の時代的制約もあわせて、必読に価する書といえよう。

これ以外の邦訳された著書としては次のものがある。『現象学と宗教社会学』D・リード／星川啓慈／山中弘訳、ヨルダン社、一九八九年。ピーター・L・バーガーとの共著『現実の社会的構成』山口節郎訳、新曜社、二〇〇三年（一九七七年の改題新版）。

（小松加代子）

『聖なる天蓋――神聖世界の社会学』ピーター・バーガー著、
薗田稔訳、新曜社、一九七九年。

社会は、人間の主観的意味によってたえず構築される主観的現実であると同時に、その造り手である人間にたえず働き返す客観的現実でもある――人間と社会を相互の所産として弁証法的に理解することによって、社会学の伝統におけるいわゆる「ウェーバー的社会唯名論かデュルケーム的社会実在論か」という方法論上の二者択一を克服したその新たな「社会構成」論で大きな反響を呼んだ著者が、知識社会学から導かれたその一般理論的視角を宗教現象に適用し、人間による不断の世界構築の営みにおいてきわだった位置を占める「宗教」の社会的役割と人間学的基盤を解明したのが本書である。宗教とは、単一の全包括的な神聖秩序、すなわち社会の日常的な意味秩序であるノモス（規範秩序）を超越的に意味づけ正当化するシンボリック・ユニバース（聖なる天蓋）を確立する人間の営み（コスモス化）であり、これによって近代以前の人間と社会は、ノモスのアノミー化（規範喪失）という絶えざる危機を克服してきたという。

本書前半における宗教現象へのその理論的構想は、さらに後半において、近代社会における宗教の経験的・歴史的状況としての「世俗化」現象を解明する歴史論へと展開する。バーガーは、「世俗化」を世俗領域が宗教の制度や象徴の支配から離脱し自律化するプロセスと見なし、その「世俗化」が制度から意識のレベルまで進んだのが近代西欧社会の特質だとする。近代の多元主義的状況における宗教は、社会のノモスに対するその神聖な正当化作用の信憑性を喪失し、もはやシンボリック・ユニバースとしての効力を失った。現代社会において宗教は「世俗化」の過程とともに終わりつつあるという。本書は、シュッツの現象学を通してマルクス、ウェーバー、デュルケムなどの社会科学諸理論を総合的に再構築しようとするバーガー社会学の野心的な試みの一所産であり、宗教についてウェーバー、デュルケム以来の新たな理解をもたらした本格的な宗教社会学の古典である。ほかに、『日常世界の構成』『故郷喪失者たち』『異端の時代』など関連邦訳書も数多い。

（笹尾典代）

◈宗教人類学

『通過儀礼』A・ファン・ヘネップ著、綾部恒雄・綾部裕子訳、弘文堂、一九八四年。

ドイツ生まれでフランスで活躍したオランダ系民族学者アルノルト・ファン・ヘネップ（一八七三〜一九五七年）が、一九〇九年に出版した書で、「通過儀礼」という学術用語を生み出した。

通過儀礼の過程は三段階に分けられている。ファン・ヘネップによれば、分離儀礼、過渡儀礼、統合儀礼の三区分がある。第一段階の分離儀礼は、従来の地位や状態からの離別を象徴する形で行なわれる。例えば、参与者は死を象徴する行為を伴ったり、旅に出たり、共同体の村から離れた別小屋に籠ったりする。第二段階の過渡儀礼は、参与者がすでにこれまでの状態でなく、しかし、まだ新たな状態にもなっていない、中間的で過渡的、無限定な状態であることを示し、来るべき社会生活に対処するための学習や修業を努める段階である。例えば、オーストラリアのカラジェリ族の成年式における過渡儀礼では、無言の儀礼のなかで身振りによって、過渡的で無限定の状態が表現される。またこの儀礼では、男の女装、女の男装という中性化、あるいは胎児化を象徴する始源的回帰運動など、過渡的不安定を象徴的に表す行為が見られる。第三段階は、分離儀礼と過渡儀礼を終えた参与者が、新しい地位や役割を与えられて社会へ復帰する統合儀礼である。例えば、カラジェリ族の場合、割礼が行なわれ、さらに藪のなかで部族の神話に基づく教育が授けられる。このように、通過儀礼は分離、過渡、統合という三つの過程をたどる。

ファン・ヘネップが生み出した「通過儀礼」というカテゴ

リーは、その後も様々な研究者によって展開された。ヴィクター・ターナーは、過渡期の集団における無構造、無体制的状態としてのコミュニタス論を展開し（V・ターナー、『儀礼の過程』新思索社）、ミルチア・エリアーデは、人間が通過儀礼を経ることによってその文化における宗教的人間の理想に近づくと見なし、独自のイニシエーション論を展開した（M・エリアーデ『生と再生』東京大学出版会）。

（谷口智子）

『金枝篇』全五冊、J・G・フレーザー著、永橋卓介訳、岩波文庫、一九五一年。

グラスゴーに生まれ、ケンブリッジ大学で古典学を修めたイギリスの社会人類学者J・G・フレーザー（一八五四〜一九四一年）の主著。全世界の民族誌資料、西洋古典・民俗学資料を博捜し、人間の宗教的思考の諸形態を集成したのが『金枝篇』全一三巻（一八九〇〜一九三六年）である。また『サイキス・タスク』（一九〇九年）、『トーテミズムと外婚制』（一九一〇年）、『旧約聖書における民俗学』（一九一八年）などの著作がある。

タイトルの由来は、イタリアの伝説による。アルバ山近郊の「ディアーナの鏡」と呼ばれるネミの湖北岸に「森のディアーナ」と呼ばれる聖なる森と聖書があった。そこには祭司王がいた。一本の禁忌の木があって、逃亡奴隷だけが、可能なら一本だけ枝をとることを許された。枝の獲得に成功すれば、祭司王と一騎打ちをする資格が与えられた。そして相手を殺すことができたら、「森の王」の称号を与えられた。この祭司職の制度は古典ギリシア、ローマのオレステースの伝説に由来し、タウラス半島（クリミア）のディアーナへの人身供犠が起源とされた。また、この枝はアエネイスが死の世界へ冒険旅行を試みたとき、巫女の命令で折った「金枝」であると考えられた。

神聖王と王殺しは他にもある。別の事例として、フレーザーはスーダン国南部に位置したかつての王国シルックをあげている。王は、その身体に初代王であり文化英雄神であるニイカングの霊が入っていると信じられ、神格視されていたが、ひとたび衰弱し始めると、小屋に隔離されて食物を絶たれ、死を迎えると論じた。このように、『金枝篇』では呪術、タブー、犠牲、穀霊と植物神、神聖王と王殺し、スケープゴート等のテーマが、世界全域の無数の事例によって論じられている。

フレーザーはフィールドワークに出かけるタイプの学者ではなく、書斎の学者であったが、博物学的な知識をもってこの書を編んだ。彼の進化論的枠組みや資料の扱いの恣意性は、後に様々な学者によって批判にさらされたが、特定の民族、宗教に限定せず、人類の宗教現象の多様性と構造の把握を体系的に行なった大著として、今日においてもその価値は失われていない。

（谷口智子）

「西太平洋の遠洋航海者」『マリノフスキー、レヴィ＝ストロース』ブロニスラフ・マリノフスキー著、寺田和夫・増田義郎訳、中央公論社、一九六七年。

ポーランド系人類学者、B・マリノフスキー（一八八四〜一九四二年）の主著（一九二二年出版）であり、東ニューギニア地方の儀礼的交換クラに関する民族誌である。クラにおいては各島民によりカヌーの遠征隊が組織され、二種の装身具が島から島へと円を描きながら受け渡されていく。彼はこれを儀礼、旅、娯楽、経済的交換など多様な要素を有した「全体的」活動として記述した。

マリノフスキーの研究は二つの点で人類学に革新をもたらした。一つは参与的観察法を研究の基礎とした点である。現地語を学び、現地人と生活を共にし、「尊敬と真の理解」をもって現象を直接・共感的に把握しようとするスタイルは、旅行者の書簡等を用いる従来の研究法と一線を画した。もう一つは、彼が事例解釈に際して機能主義と呼ばれる視座を導入した点である。すなわち、ある要素が他の要素といかに有機的に結びつき、文化全体のなかでいかなる意味をもつかということを問題にしたのである。

参与的観察法と機能論的視点は、彼が目指した「人間の科学」という理想に即応している。彼はクラが近代の功利主義的人間論からは正当に解釈できないことを繰り返し強調する。それは単なる物欲や権力欲からなされるのではない。むしろ物を分けあいたい、贈与したい、社会的な絆を創りたいという心情、あるいは「呪術的な霊感を受けていだく芸術的な高い感覚や喜び」に根ざした、深みある営みである。彼は「本当の問題は詳細な点や事実にはなくて、われわれがどうそれを学問的に扱うか」であると言う。彼は自らの学問が近代西洋に、より豊饒な人間論をもたらすことを望んだのである。

マリノフスキーの著作として他に、『未開社会における性と抑圧』（一九二七年）、『呪術・科学・宗教』（一九四八年）等がある。

（岩崎　賢）

『**構造人類学**』クロード・レヴィ＝ストロース著、荒川幾男・生松敬三・川田順造・佐々木明・田島節夫訳、みすず書房、一九七二年。

構造主義人類学の筆頭として知られるレヴィ＝ストロース（一九〇八年〜）の前期（一九四〇年代〜五〇年代）の十数編の論文をまとめたのが本書『構造人類学』（一九五八年）である。その書名の示すとおり本書はレヴィ＝ストロースによる構造主義的方法による人類学の確立を宣明するものであった。本書の刊行後六〇年代以降、「構造主義」は人類学やその周辺分野のみならず、人文・社会科学全般に大きな影響を与えることとなる。本書では、構造言語学的方法と交換理論を取り入れた人類学における親族研究の新しい視角の導入を試みた『親族の基本構造』（一九四九年）執筆と前後して書かれた親族構造に関する論考が納められるとともに、歴史学と民族学、言語学と人類学との関係、社会構造、呪術と宗教、芸術、人類学の方法と教育の問題等が構造主義の立場から論じられている。彼によれば「構造」とは、ひとつの構成要素の変化に伴って他の要素すべてが変化する体系として説明される。後に「要素と要素間の関係とからなる全体であって、この関係は一連の変形過程を通じて普遍の特性を保持する」ものとして定義された「構造」の探究は、本書の「神話の構造」分析のなかにみとめられる。彼は、神話の構成要素（神話素）をその「関係」において分節したうえで「諸関係の束」を変換可能な神話素群として抽出し、神話的思考の根底にある論理的操作を読み解く。そして、その論理が現代でいう科学的・実証的思考の基礎をなす論理と同様に厳密であり、その相違は知的作業の質によるものではなく、対象とする世界や事物の相違によるものだとした。ここで展開された神話の分析は後にライフワークとなる神話論の予告となるものであった。彼の著作は他に、彼の名を世に知らしめた回想録『悲しき熱帯』（一九五五年）、始原の思考のあり方を探求した『今日のトーテミズム』（一九六二年）、『野生の思考』（一九六二年）などがあるので併せて参照されたい。

（平良　直）

『**儀礼の過程**』ヴィクター・ターナー著、冨倉光雄訳、新思索社、一九九六年。

本書は、今日、「コムニタス」論の提唱者として象徴人類学の中心的存在とされる著者ターナーが、そのコムニタス論をはじめて体系的な論考として世に問うた記念碑的著作である。ターナーは、ザンビア北西部のンデンブ族を主とするアフリカ部族社会のインテンシブな現地調査、とりわけその儀礼的象徴の研究で早くから注目を浴びていたが、本書の後半部で展開されるコムニタス論は、その現地調査研究から得た仮説を広く人類の社会生活一般に普遍化する試みであり、それは現在でも人類学の枠を超えて、人間にとって宗教とは何か、人間の生の営みとは何かを考えるうえで大いに示唆に富む論考である。

ターナーは、アーノルド・ファン・ヘネップによる「通過儀礼」論における三段階区分、すなわち「分離─周縁─再統合」を踏まえながら、その第二段階、すなわち「周縁」あるいは「境界」状況において認識される自由で平等な実存的人間の社会関係の様式に着目し、それを「コムニタス」と称した。身分序列・地位・性別などによって固定化された秩序体系としての「(社会)構造」に対照的なこの「コムニタス」という反・構造的状況の社会モデルを措定することによって、ターナーは社会を、「構造とコムニタスという継起する段階を伴う弁証法的過程」として把握する。こうしたターナーのコムニタスの概念は、当時のイギリス社会人類学の伝統がもつ静態的な構造機能主義的社会観を超克するものであり、人間の社会文化現象一般への新たな視点を切り開いたといえる。実際、本書のコムニタス論においてターナーが扱う事例は、アフリカの部族社会の諸儀礼における境界的な状態の修練者に限らず、中世のフランシスコ修道会や仏陀、ガンディーから、千年王国運動、道化師さらには現代アメリカにおけるヒッピーや暴走族に至るまで幅広く、本書がとりわけカウンター・カルチャーが栄えた一九六〇年代から七〇年代にかけて人類学や宗教学の分野で熱狂的な支持を得た理由もここにある。ほかの邦訳書に『象徴と社会』などがある。

（笹尾典代）

◈宗教心理学

『宗教的経験の諸相（上・下）』W・ジェイムズ著、桝田啓三郎訳、岩波書店、一九七〇年。

前世紀初頭にかけての唯物的合理主義・科学主義が台頭する思想潮流のなかで、非合理なるものの価値を再評価しつつ人間心理を探求し、独自の哲学・宗教観を構築した思想家にウィリアム・ジェイムズ（William James, 一八四二〜一九一〇年）がいる。彼は人間から離れた「客観的」な主知主義的実在概念のあり方を批判する。彼がとらえた真理の実在性（reality）は一元的で静的なものではなく、人間とのかかわりにおいてはじめて意味をなす多元的なものであった。彼はプラグマティストと称されるがそれは単純な実用主義などではなく、具体的人間経験の真の構造を探求する、フッサール現象学や日本の西田哲学の先駆ともいえる新しい哲学だったのである。

『宗教的経験の諸相』は、エディンバラ大学での自然宗教に関する講義を基にした彼の主著の一つ。本書では人間の宗教的欲求のあり方が、豊富な文献事例を基に、彼が個人的宗教経験と呼ぶ宗教の心理学的側面において探求されている。

彼はまず存在命題「その起源・本質は何か」と価値命題「その意義は何か」とを分けて考える立場を宣し、前者の射程である起源論等に還元して宗教を評価することの誤りを言う。そして「その根によらず、果実によって」宗教および宗教経験をとらえていくのである。

宗教的生活の果実として挙げられるのは、「祈り」（神的なものとの内面的交わり）によってもたらされる人間的な愛・心の平静・不屈の精神などの主観的効用であり、その「効用こそが宗教の真理性の論拠」とされる。

これらは宗教的事象の心理学的事実への還元ではない。彼の議論の眼目は、生きた宗教の核心や真理の実在性を人間経験に即したところでとらえるところにこそある。

彼の実在観・真理観は、静的・客観的で絶対的な真理を人間の外に立てることを拒絶する。そしてそれは、多元的真理の共存を相対主義に陥ることなく図る可能性を有する思想として、今なおわれわれに重要な示唆を与え続けている。

ジェイムズの著作を訳本で入手するのは現在困難である。『宗教的経験の諸相』（日本教文社版もしくは岩波文庫版）、『世界の名著48パース、ジェイムズ、デューイ』（中央公論社）は図書館利用が適当。『根本的経験論』（白水社、一九九八年）のみ現在でも購入可能。Harvard University Press の *The Works of William James* (1975-) や、単著ならば Dover Publishers の *Pragmatism* (1995) を手に入れることも考慮に値する。

（海山宏之）

『宗教論——幻想の未来』 ジークムント・フロイト著、土井正徳・吉田正己訳、日本教文社、一九七〇年。

フロイト（Sigmund Freud, 一八五六〜一九三九年）の最大の業績は、人間の精神における無意識の「発見」である。だがそれは隠蔽されたものが見つけられたというより、あくまで事実の観察から彼が理論的に構築したものであり、その意味で無意識とは一つの理論的創造だと言える。彼の真価は、この無意識という理論的仮説を用いて精神分析学の体系をつくり、人間精神のなかの非合理なるものをとらえたところにあるだろう。

フロイトがとらえた人間の心の構造はエス・自我・超自我という三つの部分からなる。そして彼はこの構造論の基盤のうえに自我の防衛機制論や性と死の本能論などを紡ぎだし、さらには人間個人の精神分析を社会集団にも応用して論じていこうとしたのである。

『幻想の未来』も精神分析学的社会論の一書だ。彼は社会集団を擬人化してそこに「精神分析的観察」を加え、主に宗教論を中心に文化を語る。本書も人間社会を集団幻想によって結ばれたものと考える彼の主張が現れた一篇であり、宗教的観念が「自然の圧倒的な威力に対して自らを守る必要から（集団が）生じさせた」幻想として論じられている。彼の理論の特徴は、構造の諸要素を起源論に遡行して議論し、体系を構築しようとするところにある。社会論もこの例外ではない。この起源論による体系化は、理性による合理的な探求によりすべてが解明されるはずとする一九世紀から二〇世紀にかけての主知主義的思想風潮の産物だともいえるだろう。

フロイトは宗教が知的欲求の満足（宇宙論）・不安からの救済・倫理的要求の保持という機能を歴史的に担ってきたと説く。そして今や科学的世界観がそれに代わるべき時が至ったと考えるのである。「われわれの科学は幻想ではない」と。

直観に基づく集団への精神分析の適用や恣意的な起源論の記述など弱点も目立つ彼の著作ではあるが、大胆な仮説により理論を展開させるダイナミズムや、非合理的なものを論理的に語るその記述からは学ぶところも大きい。

フロイトの基本的な著作としては、『精神分析入門（上・下）』新潮社、一九七七年、『夢判断（上・下）』新潮社、一九六九年があり、社会論としては『モーセと一神教』筑摩書房、二〇〇三年などがある。また彼の著作は『フロイト著作集（全一一巻）』人文書院、一九七一～八四年で網羅的に読むことも可能である。

（海山宏之）

『変容の象徴』（一九五〇年）上・下、C・G・ユング著、野村美紀子訳、ちくま学芸文庫、一九九二年。

スイスの精神医学者C・G・ユング（一八七五～一九六一年）は、霊媒の精神医学的心理学的研究で学位を取得し、心の内的な分裂とその統合過程に強い関心を抱いた。初期の精神分析運動をフロイトとともに担ったが、その後、分析心理学派もしくはユング派と呼ばれる独自の学派を形成したことで知られている。フロイトとユングは、無意識の概念を共有していたが、そのなかで働く心のエネルギーの概念で違いをみせた。フロイトは、それが性欲であることを強調したが、ユングは、それが性的には中性の心的エネルギーであると主張したのである。本書の初版『リビドーの変容と象徴』（一九一二年）は、そのことをはじめて指摘した記念碑的な大著である。

ユングによれば、太陽は価値的に中立なリビドー（心的エネルギー）の象徴としては最適である。なぜなら、太陽はすべてのものにわけへだてのない恵みを与えるものと見なされるからである。これは、性欲に限定されるものではなく、様々な欲求や衝動を表している。リビドーは、様々に変容するが、それには栄養的段階、前性的段階、性的段階が認められる。リビドーそのものの象徴としての太陽は、人格像の形をとって英雄として現れる。英雄が英雄として確立されるためには、様々に表現される母なるものから解放されなければならない。また、ユングは、英雄の「夜の航海」のモチーフを取り上げて、英雄神話の基本構造を明らかにする。さらに、英雄には肉体上の母と精神上の母という二重の母がいること、また、その他、英雄神話に特徴的なモチーフをいくつも挙げている。

こうして、ユングは、フロイトのエディプス・コンプレックスの概念を超えて、心的エネルギーの概念によって広く英雄神話一般を説明しようとした。さらに、これは後年、元型論として結実していく。

（渡辺　学）

◈日本民俗学

『先祖の話』『柳田國男全集13』、柳田国男著、ちくま文庫、一九九〇年。

著者・柳田国男（一八七五〜一九六二年）は、日本民俗学の創始者にして第一人者である。彼はこの『先祖の話』において、仏教によって変容される以前の、日本人の先祖観・霊魂観を明らかにしようとしている。

本著作は、若い命が次々と戦場に散っていく、太平洋戦争末期（一九四五年）に書かれた。若者が死に、子孫の絶えた「家」は一体どうなるのか。子孫を残さずに死んだ若者の霊魂は一体誰が祀るのか。そうした疑問が、柳田の根底にある。

柳田によれば、先祖の霊魂は、常に子孫を近くで見守っている。遠いところ、ましてや別世界に行ってしまうわけではない。先祖の霊魂の典型的な居場所は、近くの山である。霊山の信仰は非常に古いものであり、死者の霊魂が山に登っていくという信仰は各地に見られる。山の神となった先祖の霊魂は、春になると里に降りてきて田の神となり、子孫に恵みを与える。そして秋になると、また山に帰っていく。

正月と盆はまったく違う行事のように思われているが、両者はいずれも先祖を祀る日にほかならない。正月の神（歳徳神）とされるのも、実は先祖の霊魂である。家々のそれぞれ異なった願いをかなえる神というのは、各々の先祖の霊魂以外にあり得ない。かつては正月と盆以外にも、先祖の霊魂を祀る日はたくさんあり、先祖の霊魂は生者にとってきわめて親しい存在であった。しかし仏教が広まるにつれ、その思いや習慣は大きく変容されてしまった。

柳田は、広範な分野にわたって膨大な著作を残している。代表作とされるものだけでも、『先祖の話』以外に『遠野物語』『木綿以前の事』『海上の道』など多数ある。

（寺石悦章）

『古代研究』『折口信夫全集』第一巻〜第三巻、折口信夫著、中公文庫、一九七五年。

『古代研究』全三巻は、民俗学者・国文学者・神道学者であり、歌人でもある折口信夫（一八八七〜一九五三年）の主著であり、大正四（一九一五）年以降に発表された国文学と民俗学に関する七二篇の論考をあつめた論文集である。『国文学篇』（全集第一巻）と『民俗学篇1』（全集第二巻）が昭和四（一九二九）年に、『民俗学篇2』（全集第三巻）が昭和五（一九三〇）年に刊行された。

本書において展開されている「まれびと」・「とこよ」という概念は、現在でも学術用語として流通している。絶対的他界としての「とこよ」と、そこから到来する絶対的他者としての「まれびと」は相補的な関係にあるのだが、これらは折口が諸現象を統合的に理解しようとして生まれた解釈概念である。すなわちこれらの概念は、それ自体としてある事例を説明するものではなく、彼が取り扱う諸事例を理解可能にするパースペクティブを表現するもの、事例として取り上げた諸現象を統合するパースペクティブを表現するものである。

例えば『民俗学篇2』所収の「霊魂の話」では、「ものゝ発生する姿」が、「外からやつて来るものがあつて、其が或期間ものゝの中に這入つて居り、やがて出現して此世の形をとる」（全集第三巻、二六三頁）と説明されているが、こうした霊魂論なども、「まれびと」の去来（『国文学篇』「國文學の發生（第三稿）」等）や、「とこよ」との交通（『民俗学篇1』「妣が國へ・常世へ」等）などが指し示しているのと共通の体験（実感）に基づいており、かつ、そうした体験を表現しようとしているのである。それゆえ彼の用いる諸概念は、一般に「折口学」と呼ばれるような彼独自のパースペクティブと切り離すことができない、というよりむしろ、彼が表現したかったのはそうしたパースペクティブそれ自体であって、そのためにこそ「まれびと」や「とこよ」といった概念が作り出されたのである。

（喜田川仁史）

『民間信仰』堀一郎著、岩波書店、一九五一年。

堀一郎（一九一〇〜七四年）は、日本の宗教および日本人の信仰の研究に関し独自の方向を模索した宗教学者であり、宗教民俗学の開拓者と言われている。彼は戦前戦後を通じ、日本宗教学の方法論的基盤の構築をリードしてきた学者の一人であり、「民間信仰」という概念を学術用語として定着させたことでも知られる。

堀の関心の中心には一貫して「日本人とは何か」という問いがある。彼は一方で柳田国男の民俗学を継承しつつ、内外の宗教学・人類学等々の研究成果を取捨適用することによってそれを批判的に発展させ、その問いを真摯に追求した。堀の研究の主眼は社会現象としての宗教のあり方にあり、彼の基本的関心は信仰受容者としての民衆の宗教生活に向けられる。『民間信仰』はこうした姿勢の結実となる代表的な著作の一つである。

本書は二部構成で、第一部では堀の宗教史学の方法論および民間信仰という視座の意義が、第二部では日本の農村社会での具体的な信仰実態に即した研究、考察が述べられている。

堀は民間信仰を「歴史・社会・文化の型に規制され、育成されてきた民族・社会の特質に基づく宗教意識、行動様式」としてとらえ、その類型を整理して法則を見いだすことにより日本人の信仰の原質や原型、日本人のエトス（国民性）というものへ辿りつくことを目指した。

本書で彼が一つの現象として総体的にとらえた農村社会の信仰実態は、同族的祖霊信仰に根ざす内包的な信仰と霊神霊仏の勧請、参詣、結縁という外延的な信仰の重層的・併存的なあり方に特徴が見られるものであり、これは今なお宗教民俗学の考察の出発点として重要な意味をもっている。

本書は、柳田の重出立証法（比較法）を超える方法論が提示されていないなどの時代的制約ももつが、当時にして宗教文化の二分論を乗り越える契機さえ見せている画期的な本であり、日本宗教学の里程標として必読の書と言えよう。

堀一郎の著作は、現在刊行中の『堀一郎著作集（全九巻）』（未來社）で読むことができる。また、『聖と俗の葛藤』（平凡社、一九九三年）には自伝的内容も描かれており、入門書として好個の一冊である。

（海山宏之）

現代の宗教研究一〇〇選

※このリストは、「第五章　宗教学を学ぶ人のための基本文献」で紹介された著者・著作は原則として対象から外し、ここ十数年間に出版された図書に限定している。

◈宗教学

阿満利麿『日本人はなぜ無宗教なのか』筑摩書房、一九九六年。

荒木美智雄『宗教の創造』法藏館、一九八七年（改訂版『宗教の創造力』講談社、二〇〇一年）。

荒木美智雄編『世界の民衆宗教』ミネルヴァ書房、二〇〇四年。

池上良正・小田淑子・島薗進・末木文美士・関一敏・鶴岡賀雄編『岩波講座　宗教（全一〇巻）』岩波書店、二〇〇三〜〇四年。

磯前順一『近代日本の宗教言説とその系譜』岩波書店、二〇〇三年。

奥山倫明『エリアーデ宗教学の展開』刀水書房、二〇〇〇年。

島薗進『スピリチュアリティの興隆——新霊性文化とその周辺』岩波書店、二〇〇七年。

西村明『戦後日本と戦争死者慰霊』有志舎、二〇〇六年。

長谷正當・細谷昌志編『宗教の根源性と現代（全三巻）』晃洋書房、二〇〇一〜〇二年。

深澤英隆『啓蒙と霊性——近代宗教言説の生成と変容』岩波書店、二〇〇六年。

細谷昌志・藤田正勝編『新しい教養のすすめ　宗教学』昭和堂、一九九九年。

山本誠作・長谷正當編『現代宗教思想を学ぶ人のために』世界思想社、一九九八年。

脇本平也『宗教学入門』講談社、一九九七年。

ミルチア・エリアーデ著、荒木美智雄監訳『世界宗教史（全八巻）』筑摩書房、二〇〇〇年。

ハンス・G・キッペンベルク著、月本昭男・渡辺学・久保田浩訳『宗教史の発見——宗教学と近代』岩波書店、二〇〇五年。

ニニアン・スマート著、阿部美哉ほか訳『世界の諸宗教（一・二）』教文館、一九九九〜二〇〇二年。

ポール・スワンソン、林淳編『異文化から見た日本宗教の世界』法藏館、二〇〇〇年。

ウィリアム・E・ペイドン著、阿部美哉訳『比較宗教学』東京大学出版会、一九九三年。

カール・ベッカー『死の体験——臨死現象の探究』法藏館、一九九二年。

ジョン・ボウカー著、石川都訳『死の比較宗教学』玉川大学出版部、一九九八年。

◈宗教哲学

石井誠士『癒しの原理——ホモ・クーランスの哲学』人文書院、一九九五年。

石田慶和『日本の宗教哲学』創文社、一九九三年。

上田閑照『上田閑照集（全一一巻）』岩波書店、二〇〇一〜〇三年。

大峯顯『宗教と詩の源泉』法藏館、一九九六年。

氣多雅子『ニヒリズムの思索』創文社、一九九九年。

武内義範『武内義範著作集（全五巻）』法藏館、一九九九年。

鶴岡賀雄『十字架のヨハネ研究』創文社、二〇〇〇年。

西谷啓治『西谷啓治著作集（全二六巻）』創文社、一九八六〜九五年。

長谷正當『心に映る無限——空のイマージュ化』法藏館、二〇〇五年。

花岡永子『宗教哲学の根源的探究』北樹出版、一九九八年。

星川啓慈『言語ゲームとしての宗教』勁草書房、一九九七年。

間瀬啓允『現代の宗教哲学』勁草書房、一九九三年。

間瀬啓允編『宗教多元主義を学ぶひとのために』世界思想社、二〇〇八年。

松山康國『風についての省察——絶対無の息づかいをもとめて』春風社、二〇〇三年。

ジョン・B・カブ・Jr.著、延原時行訳『対話を超えて——キリスト教と仏教の相互変革の展望』行路社、一九八五年。

ヒューストン・スミス著、菅原浩訳『忘れられた真理——世界の宗教に共通するヴィジョン』アルテ、二〇〇三年。

ジャネット・M・ソスキース著、小松加代子訳『メタファーと宗教言語』玉川大学出版部、一九九二年。

ハンス・ヨナス著、秋山さと子・入江良平訳『グノーシスの宗教』人文書院、一九八六年。

◆比較思想・神学

井筒俊彦『イスラーム思想史』中央公論社、一九九一年。

小野寺功『大地の神学』行路社、一九九二年。

滝沢克己『現代の医療と宗教』創言社、一九九一年。

玉城康四郎『東西思想の根底にあるもの』講談社、二〇〇一年。

中村廣治郎『イスラムの宗教思想——ガザーリーとその周辺』岩波書店、二〇〇二年。

中村元『中村元選集（全三二巻、別巻八巻）』春秋社、一九八八〜九九年。

宮本久雄『聖書の言語を超えて——ソクラテス・イエス・グノーシス』東京大学出版会、一九九七年。

八木誠一『フロント構造の哲学——仏教とキリスト教の相互理解のために』法藏館、一九八八年。

山田晶『アウグスティヌス講話』教文館、一九九四年（新地書房、一九八六年）。

メアリー・デイリー著、岩田澄江訳『教会と第二の性』未來社、一九八一年。

ジョン・ヒック／ポール・F・ニッター著、八木誠一・樋口恵訳『キリスト教の絶対性を超えて——宗教的多元主義の神学』春秋社、一九八七年。

アブラハム・J・ヘッシェル著、森泉弘次訳『人は独りではない——ユダヤ教宗教哲学の試み』教文館、一九九八年。

ウラジーミル・ロースキィ著、宮本久雄訳『キリスト教東方の神秘思想』勁草書房、一九八六年。

◆宗教社会学

石井研士『データブック現代日本人の宗教』新曜社、一九九七年。

井上順孝編『現代日本の宗教社会学』世界思想社、一九九四年。

奥田暁子編『女性と宗教の近代史』三一書房、一九九五年。

伊藤雅之・樫尾直樹・弓山達也編『スピリチュアリティの社会学』世界思想社、二〇〇四年。

金井新二『ウェーバーの宗教理論』東京大学出版会、一九九一年。

川橋範子・黒木雅子『混在するめぐみ』人文書院、二〇〇四年。

孝本貢『現代日本における祖先祭祀』お茶の水書房、二〇〇一年。

島薗進・石井研士編『消費される〈宗教〉』春秋社、一九九六年。

土佐昌樹『インターネットと宗教——カルト・原理主義・サイバー宗教の現在』岩波書店、一九九八年。

中野毅『戦後日本の宗教と政治』大明堂、二〇〇三年。

中野毅・飯田剛史・山中弘編『宗教とナショナリズム』世界思想社、一九九七年。

松村一男『神話学講義』角川書店、一九九九年。

松村一男・山中弘編『神話と現代』リトン社、二〇〇七年。

山崎亮『デュルケムの宗教学思想の研究』未來社、二〇〇一年。

渡辺雅子『現代日本宗教論』お茶の水書房、二〇〇七年。

ブライアン・ウィルソン著、中野毅ほか訳『宗教の社会学』法政大学出版局、二〇〇二年。

ホセ・カサノヴァ著、津城寛文訳『近代世界の公共宗教』玉川大学出版部、一九九七年。

タルコット・パーソンズ著、徳安彰ほか訳『宗教の社会学』勁草書房、二〇〇二年。

ロバート・ベラー著、島薗進ほか訳『心の習慣』みすず書房、一九九一年。

メレディス・B・マクガイア著、山中弘・伊藤雅之・岡本亮輔訳『宗教社会学――宗教と社会のダイナミックス』明石書店、二〇〇八年。

マーク・マリンズ著、高崎恵訳『メイド・イン・ジャパンのキリスト教』トランスビュー、二〇〇五年。

トーマス・ルックマン著、デヴィッド・リードほか訳『現象学と宗教社会学――続見えない宗教』ヨルダン社、一九八九年。

◈宗教人類学

浅川泰宏『巡礼の文化人類学的研究』古今書院、二〇〇八年。

佐々木宏幹・村武精一『宗教人類学――宗教文化を解読する』新曜社、一九九四年。

関一敏『聖母の出現――近代フォーク・カトリシズム考』日本エディタースクール出版局、一九九三年。

竹沢尚一郎『宗教とモダニティ』世界思想社、二〇〇六年。

田中雅一編『女神』平凡社、一九九八年。

山田慎也『現代日本の死と葬儀――葬祭業の展開と死生観の変容』東京大学出版会、二〇〇七年。

クリフォード・ギアーツ著、吉田禎吾ほか訳『文化の解釈学』岩波書店、一九八七年。

ジェイムズ・クリフォード著、太田好信ほか訳『文化の窮状――二十世紀の民族誌、文学、芸術』人文書院、二〇〇三年。

エドワード・W・サイード著、今沢紀子訳『オリエンタリズム』平凡社、一九九三年。

メアリ・ダグラス著、塚本利明訳『汚穢と禁忌』思潮社、一九九五年。

スタンレー・J・タンバイア著、多和田裕司訳『呪術・科学・宗教――人類学における「普遍」と「相対」』思文閣出版、一九九六年。

ルイ・デュモン著、田中雅一ほか訳『ホモ・ヒエラルキクス――カースト体系とその意味』みすず書房、二〇〇一年。

◈宗教民俗学

池上良正『民間巫者信仰の研究』未來社、一九九九年。

川村邦光『幻視する近代空間』青弓社、一九九七年。

楠正弘『庶民信仰の世界――恐山信仰とオシラサン信仰』未來社、一九八四年。

小松和彦・関一敏『新しい民俗学へ』せりか書房、二〇〇二年。

桜井徳太郎『民間信仰の研究』吉川弘文館、一九八八年。

津城寛文『日本の深層文化構造』玉川大学出版部、一九九五年。

坪井洋文『神道的神と民俗的神』未來社、一九八九年。

中村生雄『祭祀と供犠――日本人の自然観・動物観』法藏館、二〇〇一年。

宮家準『宗教民俗学』東京大学出版会、一九八九年。

宮田登『ケガレの民俗誌』人文書院、一九九六年。

山折哲雄・川村邦光編『民俗宗教を学ぶ人のために』世界思想社、一九九九年。

◈宗教心理学

島薗進・西平直編『宗教心理の探究』東京大学出版会、二〇〇一年。

湯浅泰雄『宗教経験と深層心理――自我・こころ・魂のエコロジー』名著刊行会、一九八九年。

脇本平也・柳川啓一編『宗教体験への接近』東京大学出版会、一九九二年。

渡辺学『ユング心理学と宗教』第三文明社、一九九四年。

ジョセフ・キャンベル著、平田武精・浅輪幸夫監訳『千の顔をもつ英雄』上・下、人文書院、一九八四年。

ロバート・リフトン著、渡辺学訳『終末と救済の幻想』岩波書店、二〇〇〇年。


（沈　善瑛・土井裕人・山中　弘・棚次正和）

宗教資料の調べ方

——インターネットと図書館の利用法——

宗教資料を探し、調べていくというのは、宗教学にとっては基本中の基本である。これができなければ研究を進めていくことはできない。さらに、分野や研究対象によっては現地調査（フィールド・ワーク）も重要になってくるということは、本書を通読してきた読者なら理解できることだろう。ただし、フィールド・ワークの解説となると本書の範囲をやや逸脱してしまうので、本章では、あくまでも文献等の資料に限定する。

▼対象となる資料

文献資料と言えば、基本的には図書や雑誌である。ただ、内容的には、図書にも雑誌にも学術的なものと一般的なものがあり、それぞれに、第三者的な立場から書かれたものから教学的なもの、あるいは布教を目的としたものまで様々なものが存在する。どういった種類の資料を探そうとしているのかということもはっきりさせておきたい。また、インターネット上の宗教情報も、近年では充実しつつある。特に、現在活動中の教団が配布する一次資料については、インターネット上でもかなり充実しつつある。また、電子テキスト、行政が出す各種情報、教団による公式情報など、宗教に関する様々な資料も提供されつつある。それに比べると、二次資料については、まだあまり十分とはいえない。これは著作権上の問題の解決を待たねばならないだろう。

▼紙媒体の探し方

図書館で資料を探す場合、図書館で文献検索のオリエンテーションを開催していることが多いので、そういったものに参加して、その図書館の特性をきちんと把握するのが望ましい。ここでは、あくまで一般論として簡単に触れておくことにする。

図書館での資料については、インターネットを利用した文献検索が一般化している。また、目当ての本がその図書館にない場合には、Webcat 〈http://webcat.nii.ac.jp/〉を利用するのがよい。これは、各大学の図書館の資料を横断検索してくれるサービスである。これで資料がみつかれば、あとは、送料を負担すれば、大学図書館の多くは図書館間相互貸借によって借りることができるようになっている。

探したい資料が明確でない場合には、まず、関連する文献の脚注や参考文献を参照するのが基本である。ただ、それだけでは網羅しきれないので、図書検索システムのキーワード検索機能も併用すると、より便利である。

論文の場合には、「雑誌記事索引」というのがある。これは、有料サービスであり、学術雑誌掲載論文を検索できる。大学紀要も含めかなり多くの学術雑誌を網羅しており、最初に資料を探すときには一度は使ってみたいシステムである。なお、料金は、大学で一括して支払っているところが多い。

新聞記事で宗教情報を探したい場合も、新聞記事データベースというのがあり、これもネット上で有料で利用できるようになっている。これも大学図書館等で一括して支払っていることがある。

また、宗教情報の専門図書館ともいうべき「宗教情報リサーチセンター〈http://www.riirc.or.jp/〉」では、各教団の一次資料とともに、新聞・雑誌に掲載された宗教関連の記事を収集したものをデータベース化し続けている。これは会員制サービスだが、すでに数十万件のデータが蓄積されている。

▼デジタル媒体の探し方

次に、インターネット上の情報源の探し方だが、先述のように、一次資料については数多く存在する。各教団のWebサイトのみならず、宗教情報リサーチセンターのように、独自に情報を提供しているWebサイトもある。こういった情報は、GoogleやYahoo!などといった検索エンジンを用いて検索するのがいいだろう。いずれもキーワードからの検索が可能である。また、専門分野に特化された検索エンジンもある。

▼情報の信頼性

学問という営みには検証性が必要である。そのためには、資料の記録をきちんととっておかなければならない。図書や雑誌については、奥付等を参照しておけば事足りる。難しいのはインターネットである。この場合、参照した資料の内容が変わったりなくなったりすることも少なくない。したがって、まず必要なのは、対応する紙媒体の情報を探すことである。紙媒体の情報があれば、そちらを参照した方が安全である。それがどうしても不可能な場合、記録をきちんととっておくことである。まず、参照した日時とURL（Webアドレス）、著者を記録したうえで、そのWebページ自身を保存しておくべきである。デジタル情報は、紙媒体の情報よりもきわめて容易に改竄が可能であるため、より高い検証性をもたせるためにはもう一つ大きな枠組みが必要なのだが、現在の一般的な使い方ではこれで我慢するしかないだろう。

しかし、インターネットには、さらに扱い方の難しい情報がある。それは、インターネット上のみで展開されるコミュニケーションに関する資料である。これは、最近、Web掲示板などといった形で大変流行している。匿名であることによる新しいコミュニケーションの展開の可能性が期待されることもあり、資料としての魅力は少なくない。しかし、ネット上のやりとりはデジタル情報であるため、原理的にはデータが偽造される危険性が否定できない。そこに展開されるコミュニケーションが別々の人間によるものであるということを立証するだけでも大変難しいのである。少なくとも、リモートホストやクッキーの記録を確認するなど、技術的に可能な方策はとっておくべきだろう。また、そういった記録は個人情報にあたるものとなる可能性があるため、学術利用を目的として記録を取っており、それを開示する可能性があることを利用者に事前に提示しておく必要もあるかもしれない。それでも完全に信頼していい情報とは言えない場合もあるので、インターネット以外の方法でデータの裏づけをとるなど、慎重な取り扱いが必要である。インターネット上の資料を用いる時はくれぐれも注意されたい。

（永﨑研宣）

参考文献

永﨑研宣『文科系のための情報発信リテラシー』東京電機大学出版局、二〇〇四年。
大串夏身『文科系学生のインターネット検索術』青弓社、二〇〇一年。
二木麻里・中山元『書くためのデジタル技法』筑摩書房、二〇〇一年。

統計からみた諸宗教の動向

世界の主要宗教信者数

宗教・思想名	信者数
1．キリスト教（Christianity）	21億
2．イスラーム（Islam）	15億
3．世俗，無宗教，不可知論，無神論（Secular/Nonreligious/Agnostic/Atheist）	11億
4．ヒンドゥー教（Hinduism）	9億
5．中国伝統宗教（道教，儒教を含む）(Chinese Traditional Religion)	3億9400万
6．仏　教（Buddhism）	3億7600万
7．先住民の宗教（Primal-Indigenous）	3億
8．アフリカ伝統宗教，少数異教徒集団 (African Traditional & Diasporic)	1億
9．シク教（Sikhism）	2300万
10．チュチェ思想（Juche, 主体思想）〔北朝鮮〕	1900万
11．スピリティズム（Spiritism）	1500万
12．ユダヤ教（Judaism）	1400万
13．バハイ信教（Baha'i）	700万
14．ジャイナ教（Jainism）	420万
15．神　道（Shinto）	400万
16．カオダイ教（Cao Dai, 高台教）〔ベトナム〕	400万
17．ゾロアスター教（Zoroastrianism）※	260万
18．天理教（Tenrikyo）	200万
19．新異教主義（Neo-Paganism）	100万
20．ユニテリアン派，ユニバーサリズム (Unitarian-Universalism)	80万
21．ラスタファリアニズム（Rastafarianism）〔ジャマイカ〕	60万
22．サイエントロジー（Scientology）	50万

出典：Adherents.com

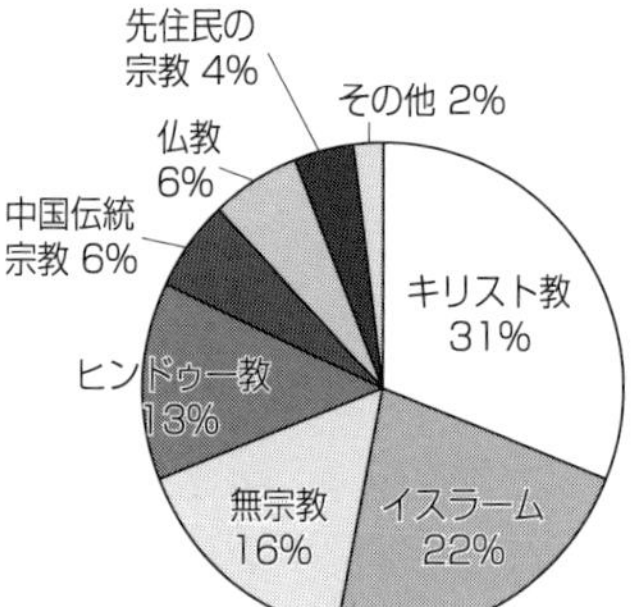

（単位：億人）

※キリスト教	カトリック	10.50	※イスラーム	スンニ派	9.40
	プロテスタント	3.50		シーア派	1.20
	東方教会	2.40		アハマディー派	0.10
	アフリカ土着セクト	1.10	※ヒンドゥー教	ヴィシュヌ派	5.80
	ペンテコステ派	1.05		バクティ派	2.20
	英国国教会	0.73		革新・改革派	0.22
	エホバの証人	0.15	※仏　教	大乗仏教	1.85
	モルモン教	0.13		上座部	1.24
	ニューソート	0.02		ラマ教	0.20

出典：Adherents.com

日本の宗教団体信者数

（平成23年12月31日現在）

宗教団体	信者数（万人）	日本の全宗教人口比（%）
神　道　系	10,771	51.2%
仏　教　系	8,708	43.0%
キリスト教系	192	1.0%
諸　　　教	949	4.8%

出典：文化庁編『宗教年鑑　平成24年版』。

文部科学大臣所轄包括宗教法人信者数

（平成23年12月31日現在，万人）

神　道　系	(A)神社神道系	9,155
	(B)教派神道系	331
	(C)新教派系	30
仏　教　系	(A)天台系	312
	(B)真言系	923
	(C)浄土系	1,712
	(D)禅　系	316
	(E)日蓮系	1,326
	(F)奈良仏教系	71
	(G)その他	1
キリスト教系	(A)旧　教	46
	(B)新　教	52
諸　　教	天理教	120
	パーフェクトリバティー教団	94
	世界救世教	84
	生長の家	62
	天照皇大神宮教	48
	円応教	46
	ほんみち	32
	善隣教	13

出典：文化庁編『宗教年鑑　平成24年版』。

※　ゾロアスター教の信者数は，インド政府による増加奨励策や9・11のテロ事件以降イランやイラクなどでの迫害緩和によって，大幅な増加が推定されている。

あとがき

これまで多くの宗教学の入門書が出版されてきている。これらの類書と比べて、本書の特徴はどこにあるのだろうか。宗教学は、研究対象の宗教を学際的に研究する「学際学」という性格が強い。そのため、これまでの入門書は、この多様なアプローチのそれぞれを概説するという段取りをとることが多かったように思われる。しかし、本書はそうした理論的視点の概略を示すよりも、まず読者が世界の諸宗教の教義、儀礼、歴史などの基本的知識を得られることに意を用いた。宗教はなによりも長い歴史過程のなかでそれが伝播した地域に定着し、そのなかでその地域に適った形態をとって息づいているからである。その具体的な様子を含めて諸宗教の基本的情報をそれぞれの宗教について第一線で活躍する研究者に解説してもらった。そのなかには、東方正教会や先住民の宗教など、これまであまり紹介されてこなかった宗教も含まれており、読者は世界の諸宗教の多様なあり方を実感されるはずである。

もう一つの個性は、宗教学に初めて関心を持たれた方になるべく使いやすいように配慮したということである。宗教学の基本的文献にどのようなものがあるのか、その内容はどんなものなのか、またインターネットで調べる場合にどうしたらよいのかなど、読者のいろいろな興味に合わせて、どの章から読んでも役に立つように工夫されている。いわば、ハンディな宗教学入門「事典」という体裁も目指されているわけである。

そして、最後の個性は、「体験」と「社会」という言葉で表現してみた、編者たちの二つの異なった視点の相違を意図的にそのままにして宗教学の入門書を編んでみようとした点である。本書の「まえがき」で強調されている「十字路」

である。宗教学の基本的アプローチを概説した第二章の部分は、宗教研究に対する編者たちの異なったアプローチが交差し、二つの立場からする宗教学の学問的イントロダクションが記されている。第三章、第四章も、この二つの立場から宗教を研究する際に重要だと思われるキーワードを選び、辞書的な定義を念頭において可能な限り平易に、しかも自分の視点からそれらに解説をつけた。キーワードの選択とその解説をめぐってそれぞれのアプローチの個性が発揮されていることで、研究者の立場にかなりの開きがあることに驚かれるとともに、宗教学という学問の広がりと奥行きの深さを知ることができるはずである。

このように、本書は入門書という性格にもかかわらず、意識的に一つのアプローチにまとめようとしなかった。しかし、人間の文化現象の重要な営みである諸宗教が複雑かつ多様なものであれば、むしろそれらを一つのアプローチだけから理解・分析しようとすることは、それらをかえって一つの鋳型に押し込めてしまうことにもなりかねない。その意味で、本書が少しでも柔軟でしなやかな複眼的な宗教研究に資すればと願っている。最後になったが、本書を担当していただいたミネルヴァ書房編集部の冨永雅史氏には大変お世話になった。心からお礼を申し上げたいと思う。

二〇〇四年七月

山中　弘

小《こ》松《まつ》 加《か》代《よ》子《こ》（元多摩大学グローバルスタディーズ学部教授，第四章・第五章）

石《いし》川《かわ》 都《みやこ》（石川クリニック，第四章・第五章）

沈《しむ》 善《そん》瑛《よん》（日本橋学館大学非常勤講師，第五章・巻末）

井《い》手《で》 直《なお》人《と》（東京理科大学他非常勤講師，第五章）

佐《さ》藤《とう》 郁《いく》之《ゆき》（財団法人国際宗教研究所研究員，第五章）

土《ど》井《い》 裕《ひろ》人《と》（筑波大学人文社会系助教，第五章・巻末）

柴《しば》田《た》 史《ふみ》子《こ》（聖学院大学名誉教授，第五章）

山《やま》田《だ》 政《まさ》信《のぶ》（天理大学国際学部教授，第五章）

岩《いわ》崎《さき》 賢《たかし》（南山大学外国語学部講師，第五章）

喜《き》田《た》川《がわ》 仁《ひと》史《し》（筑波大学大学院博士課程哲学・思想研究科単位取得退学，第五章）

永《なが》崎《さき》 研《きよ》宣《のり》（人文情報学研究所所長，巻末）

執筆者紹介（所属，執筆分担）　執筆順，＊は編者

＊棚《たな》 次《つぐ》 正《まさ》 和《かず》（京都府立医科大学名誉教授，まえがき・第一章・第二章・第三章・巻末・コラム）

＊山《やま》 中《なか》 弘《ひろし》（筑波大学特命教授・名誉教授，序章・第二章・第四章・巻末・あとがき・コラム）

渡《わた》 辺《なべ》 学《まなぶ》（南山大学人文学部教授，序章・第四章・第五章）

山《やま》 中《なか》 利《り》 美《み》（東洋大学非常勤講師，第一章）

市《いち》 川《かわ》 裕《ひろし》（東京大学名誉教授，第一章）

平《ひら》 林《ばやし》 孝《たか》 裕《ひろ》（関西学院大学国際学部教授，第一章）

リアナ・トルファシュ（Liana Trufas）（元南山大学人文学部教授，第一章・第三章）

塩《しお》 尻《じり》 和《かず》 子《こ》（筑波大学名誉教授，第一章）

木《き》 村《むら》 武《たけ》 史《し》（筑波大学人文社会系教授，第一章・第三章）

笹《ささ》 尾《お》 典《みち》 代《よ》（恵泉女学園大学名誉教授，第一章・第五章）

谷《たに》 口《ぐち》 智《とも》 子《こ》（愛知県立大学外国語学部教授，第一章・第五章）

平《たい》 良《ら》 直《すなお》（倫理研究所倫理文化研究センター専門研究員，第一章・第五章）

寺《てら》 石《いし》 悦《よし》 章《あき》（琉球大学人文社会学部教授，第一章・第五章）

酒《さか》 井《い》 真《まさ》 道《みち》（関西大学文学部教授，第一章）

佐《さ》 藤《とう》 貢《こう》 悦《えつ》（筑波大学名誉教授，第一章）

宮《みや》 本《もと》 要《よう》太《た》郎《ろう》（関西大学文学部教授，第一章・第五章）

島《しま》 薗《ぞの》 進《すすむ》（大正大学客員教授／東京大学名誉教授，第一章）

木《き》 村《むら》 勝《かつ》 彦《ひこ》（長崎国際大学人間社会学部教授，第三章・第五章）

保《ほ》 呂《ろ》 篤《あつ》 彦《ひこ》（筑波大学人文社会系教授，第三章・第五章）

星《ほし》 川《かわ》 啓《けい》 慈《じ》（大正大学特任教授，第三章）

海《うみ》 山《やま》 宏《ひろ》 之《ゆき》（茨城県立医療大学人間科学センター講師，第三章・第五章）

中《なか》 野《の》 毅《つよし》（創価大学名誉教授，第四章）

《編著者紹介》

棚次　正和（たなつぐ・まさかず）

1949年　香川県生まれ。
1973年　京都大学文学部哲学科（宗教学専攻）卒業。
1979年　京都大学大学院文学研究科（宗教学専攻）博士課程単位取得退学。
1998年　博士（文学）京都大学。
現　在　京都府立医科大学名誉教授。
主　著　『宗教の根源——祈りの人間論序説』世界思想社，1998年。
『祈りの人間学』世界思想社，2009年。
『超越する実存』春風社，2014年。
『新人間論の冒険』昭和堂，2015年。

山中　弘（やまなか・ひろし）

1953年　東京都生まれ。
1976年　早稲田大学文学部人文学科卒業。
1986年　筑波大学大学院博士課程哲学・思想研究科宗教学・比較思想学専攻修了。
文学博士。
現　在　筑波大学特命教授・名誉教授。
主　著　『宗教とツーリズム』（編著）世界思想社，2012年。
『聖地巡礼ツーリズム』（共編著）弘文堂，2012年。
『世界は宗教とこうしてつきあっている』（共編著）弘文堂，2013年。
『現代宗教とスピリチュアル・マーケット』（編著）弘文堂，2020年。

宗教学入門

2005年３月10日　初版第１刷発行　〈検印省略〉
2025年２月20日　初版第19刷発行

定価はカバーに
表示しています

編著者　棚　次　正　和
　　　　山　中　　　弘
発行者　杉　田　啓　三
印刷者　田　中　雅　博

発行所　株式会社　ミネルヴァ書房

607-8494　京都市山科区日ノ岡堤谷町１
電話代表　(075)581-5191番
振替口座　01020-0-8076番

創栄図書印刷・新生製本

ISBN978-4-623-04146-6
Printed in Japan